中山大学"985 工程"二期建设项目
"马克思主义与当代社会发展研究"成果

《马克思主义与当代社会发展研究》丛书 叶启绩 钟明华 主编

弗罗姆与马克思的批判理论

薛蓉 著

人民出版社

总　序

　　当今的时代变化万千、世界矛盾纷繁、中国和平崛起，这一切令人目不暇接，使人困惑不解，甚至让人还没有思想上的准备。人类历史的发展已经昭示这种转变的必然，世界的变化也意味着人类又一次抵达社会发展的关键转折点。这些对中国来讲，必然是一个充满着机遇与风险的困惑、发展与稳定的冲突、改革与创新的矛盾并存的时代。这不仅需要我们有坚定的信心、拼搏的勇气，而且更需要具备科学的理论水平、高超的智慧，这样我们才能站在时代的制高点，观察世界的变化，审视中华民族的过去和现在，探求中国未来发展的新方向与道路。

　　铜山西崩，洛钟东应。马克思主义传入中国后，表现出了它强大的生命力。中国革命、建设、改革的实践已充分证明，什么时候坚持它，我们就走向胜利；什么时候违背它，我们就遇到挫折。中国共产党人正是把马克思主义作为世界观和方法论来接受的。这使屈辱、贫弱的中国获得了民族独立与解放，走上了社会主义道路，并开始迈向中华民族复兴的征程。在马克思主义与中国实践相结合的过程中，形成了中国化的马克思主义，这是马克思主义在当代中国的新发展。

马克思主义随着实践的发展而发展，面对21世纪人类社会的发展、中国特色社会主义的伟大实践以及中华民族的复兴伟业，我们仍然需要马克思主义的指导，需要它的理论与智慧。同时当代社会发展的实践，又为马克思主义的新发展提供了奔涌的源泉，使之与时俱进。

基于以上的思考，我们依托中山大学国家重点培育学科"马克思主义基本原理"的建设，组织撰写了这套"马克思主义与当代社会发展研究"丛书。丛书共有五本书，各自从不同的方面研究了马克思主义与当代社会发展的关系。努力用马克思主义来把握当代社会发展的特点与规律，探索解决现实问题的途径与方法；同时通过研究当代社会发展的变化，对之进行理论的概括、思考的升华，来深入研究其对马克思主义的内涵的丰富与价值的发展。

《当代中国社会主义意识形态与文化和谐发展研究》一书在总结中国改革开放前意识形态和文化不和谐发展的教训，探究前苏联、东欧社会主义国家在处理意识形态与文化两者关系上的失误，思考西方发达国家在处理意识形态与文化两者关系上成功经验的基础上，探讨了当代中国特色社会主义和谐社会建设过程中，文化与意识形态两者之间和谐发展的特点、规律、机制；两者的和谐发展在社会主义和谐社会建设中的功能、作用、方法；发展社会主义意识形态与发展先进文化在构建社会主义和谐社会中的目标任务、基本原则和制度保障等。

《马克思主义基本原理研究》一书认为马克思主义是实现人类的解放与人的自由全面发展的科学理论体系。探究了马克思主义基本原理如何体现了目标与过程的统一，规律性与价值性的统一，科学性与意识形态性的统一；阐述了马克思主义基本原理关于实现人类的解放和人的自由全面的发展的历史进程、依靠力量、方法与途径等。从中可以看到马克思主义将不只是作为"阶级的真理"，而还将作为"个人的真理"、"人类的真理"而存在与发展。

《中国政治现代转型的轨迹》一书论述了中国共产党对民主政治的探索与建设，对中国共产党进行民主政治建设的思想理论资源——马克思主义民主理论作了最新的系统梳理与评述。同时客观地评述了毛泽东对人民民主的实现形式所做的一些虽不够成功、但可贵可鉴的探索。正是在对这些经验教训总结过程中，可以认识到中国在新时期社会主义民主法制建设中所取得的巨大成就。它有益于对民主问题关心而理论上又缺乏研究的读者，更好地认识民主建设的中国特色道路。

《弗罗姆与马克思的批判理论》一书在西方思想史的背景下，重新解读马克思的批判理论。在此基础上阐释了弗罗姆视野中的马克思思想，分析了弗罗姆对历史唯物主义的认识、理解和把握，提出了他独创性的社会心理学思想——社会性格学、社会无意识以及人性理论，并以此作为批判武器，揭露了当代资本主义社会现实的矛盾和危机。他的社会心理学也最大限度地发掘了马克思对心理学的贡献，一定意义上丰富了历史唯物主义的内涵。

《社会主义和谐社会的人学基础》一书探讨了马克思对社会构建与发展研究中的深刻的人学思想。同时通过对列宁、斯大林、毛泽东、邓小平等人的社会建构实践的理论审视与人学反思，认为他们对社会主义和谐社会建设，提供了重要的历史资源，有助于深化对社会主义的本质与价值分析。同时在分析当今中国一些方面不和谐现状因素的基础上，提出了通过制度创新、教育模式重建和人文环境优化等路径来推进人学基础建设，进而促成社会主义和谐社会的构建。

这些书中，既有哲学社会科学科研课题的最终研究成果，又有博士学位论文，作者们都为其付出了自己很多的心血，并力求有所创新。当然，由于我们的理论水平与认识能力有限，这些研究成果难免存在不足，许多问题的研究还有待我们深入地学习、探讨和深化。我们愿意向相关领域的专家、学者以及广大读者求教，努力提高新时期马克思主义与当代社会发展研究的水平。

《马克思主义与当代社会发展研究》丛书编辑委员会

2010 年 8 月于中山大学康乐园

前　言

　　批判性是马克思主义哲学的基本精神，马克思主义哲学在其创立之初就宣布：要对现存的一切进行无情的批判，而这种批判的锋芒所向就是资本主义社会。我们都很熟悉列宁对马克思主义本质特征的认定："马克思认为他的理论的全部价值在于这个理论'按其本质来说，它是批判的和革命的'。"这一性质"的确完全地和无条件地是马克思主义所固有的"。① 在这里，列宁揭示了批判是马克思哲学的本性和精神实质，抓住了马克思哲学批判的精髓，这一论断为世人所公认。马克思哲学诞生一百多年以来，其对于人类历史的一个伟大贡献，就是通过社会批判推动了社会生活的健康化。马克思主义哲学的强大生命力也正在于此。

　　然而遗憾的是，虽然大家都一致公认马克思主义的实质是批判

---

　　① 《列宁全集》第 1 卷，人民出版社 1984 年版，第 291 页。

的和革命的，但至今为止，国内以马克思的"批判理论"为主题的专著几乎找不到，文章的数量也不多。而当我们面向国外文献，用 critical theory 这个主题词来搜索时，似乎发现了一个新领域，整个西方马克思主义者，从卢卡奇到哈贝马斯，无论他们对马克思思想的研究还是后来的学者对他们思想的研究，都是这个主题词的阐发者。那么，他们对马克思批判理论的阐发，是否像有些人说的那样，"篡改了马克思主义的基本原理，打着'补充'和'发展'马克思主义理论的招牌来反对马克思主义"呢？还是马克思主义发展过程中的一个新的流派，是"当代资本主义的马克思主义"？

国内对西方马克思主义的研究自上世纪 70 年代以来就没有间断过，而我们欣喜地发现，国内近年来对西方马克思主义的解读，已经超越了传统解释模式，不再将马克思的思想与西方传统文化割裂开来，而是将它看成来自于西方文化传统并与西方思想保持批判互动关系的现代哲学思想；不再认为我们自己已经掌握了马克思主义的绝对真理，想当然地对西方马克思主义者指手画脚，甚至在不懂得他们为什么会这么说的时候，就将他们批判成马克思主义的对立面了。[①] 我们开始抱着客观的态度来了解当代资本主义社会的发展状况和特点，因为这是他们思想形成的背景；也开始以开放的态度来了解他们思想发展的基本状况，实际上他们是当代西方优秀文化成果的继承者和革命者，与马克思思想保持着承接关系。我们不但要知道他们都说了些什么，更应当深入地分析了解他们为什么会这么说，而不是按照我们所理解的绝对真理的体系去肢解他们的思想。如对卢卡奇将马克思主义理解为社会实践的本体论、强调主客体的相互作用的思想，几年前有不少学者认为这是他偏离了唯物主义而滑向唯心主义，而近几年越来越

---

① 张亮：《国内卢卡奇研究七十年：一个批判的回顾》，《现代哲学》2003 年第 4 期，第 44 页。

多的学者将实践本体论作为马克思对传统哲学、甚至是近代哲学的超越性的表现，从而开始肯定继而赞同其对马克思主义的这种阐发。从西方整个哲学发展的历程中重新解读和理解马克思的思想，为我们理解西方马克思主义的批判理论，重新认识他们和马克思主义思想之间的关系奠定了一个良好的理论平台，为本书的写作提供了一个新的视域。

作为法兰克福学派的著名的批判理论家弗罗姆，他和马克思思想的相关性是众所周知的，这包括他向西方世界介绍马克思思想，对马克思批判精神、价值理想的认同，对马克思异化理论的继承与拓展，对马克思历史唯物主义的运用和补充，也包括他对马克思思想的修正与质疑。从批判理论的角度看，他和马克思的分歧是很明显的，他们批判的角度、内容、所使用的范畴体系、内含的解放目标等方面都存在着分歧，问题在于，他究竟是放弃了马克思思想的某些观点或预见，还是从根本上否定了马克思的学说？也就是说，他的批判理论在历史观上是否与马克思主义发生了根本的分歧？这是需要认真加以考察和分析的问题。本书正是带着这个问题来考察马克思和弗罗姆的批判理论的。

从对马克思的社会批判理论的研究来说，国内学者争论最多的一个问题是：马克思的批判是科学的还是规范的？其实，无论是马克思还是弗罗姆，他们的批判既是科学的也是价值的。有人认为，弗罗姆是人本主义者，所以他的批判就一定是从先验"应该"出发的价值批判而全无经验科学的基础，这是国内普遍存在的对弗罗姆的理解。其实，这是对人本主义心理学的误解。作为心理学家，实证性研究是必不可少的方法，弗罗姆是受过严格训练和有着40年长期坚持临床治疗的精神分析医生，他同那些以推理思考、抽象思辨来建构理论的学者不同，其自称在著作中关于个人的精神方面的理论，无不建立在他对病人个人行为所作的批判性的观察基础上的，而有关社会的结论，则以他所亲历的世界大战等历史事件作为经验观察的场所，所以他的批判理论的实证经验基础是不能否认的。以他最为突出的社会性格理论来说，为了验证弗罗姆提出的社会性格有效性，两所大学的心理学院联手对他的性格类型学进行测试，弗罗姆的性格类型取向与假设的组合相比保持了较高的百分率，表明他的理论有较高的合理性和有效性。① 所以单从科学或是价值这个角度来比较他们的批判理论意义就不大。

　　为了能够从根本上找到他们的契合点，惟有对他们的批判理论进行全面的分析和剖析。本书的第二部分（第二章）从马克思的科学方法论——历史唯物主义由以产生的经济学研究作为马克思社会批判理论的主要内容，从西方学者最为重视的异化劳动批判到《资本论》所体现的经济学批判，充分利用了国内外对马克思批判理论研究的前沿成果，对马克思的批判理论的出发点、方法和具体内容进行了考察，认为马克思对资本主义生产方式、拜物教及所有制的批判，是以资本主义的全部经济事实为基础的，以现实的、具体的从事社会生产活动的人为出发点，以历史的、具体的、辩证的科学方法为武器，通过对资本主义社会经济关系的深刻剖析与细致研究，透过社会表面的大量现象、假象，抓住了被层层表象所掩盖的资本主义经济的内在本质，对资本主义社会的现实进行了无情彻底的批判。对异化劳动的批判也是马克思批判理论的重要组成部分，虽然马克思在早期的异化劳动批判还没有发生知识类型的转变，但本书试图表明，早期马克思所确立的价值理想并没有随着知识类型的转变而被抛弃，所以异化劳动批判依然是马克思批判理论不可缺少的有机组成部分，异化理论在马克思的历史唯物主义理论中的地位不是象征性的、边缘性的，而是实质性的、基础性的，并且贯彻马克思的一生。他的批判既有揭露诊断的方面，也蕴涵以人为目的的人类解放的目标，所以马克思

---

　　① Shripad G. Pendse：An Empirical Validity Test of Fromm's Personality Orientation Theory. The Journal of General Psychology，1978，99：133—139.

的批判理论无论从方法、范畴、具体的批判内容还是从终极的价值理想来看，都为以法兰克福学派为主体的批判理论家们奠定了基础，从霍克海默为"批判理论"制定的纲领性文件中可以看到他们与马克思政治经济学批判这种传承关系，而弗罗姆的批判理论正是法兰克福学派批判理论的一个组成部分。

本书第三部分（第三至五章）主要以马克思的批判理论为基础探讨弗罗姆的批判理论。本书在查阅中外学者研究弗罗姆理论成果时，发现弗罗姆实际上是一个相当有争议性的人物，如对人的研究方面，国内学者几乎一边倒地认为他是以"孤立、抽象"的方法研究人，而国外学者则没有用到这些字眼。国内对弗罗姆的研究存在的最大问题是，大多研究者还是以旧的马克思主义的解释框架，比如仍然将弗罗姆强调主体和客体不能相分离这个现代哲学的特征说成是他向唯心主义的摇摆。[①] 而且，学科界限的分明也限制了国内学者研究者的视野。弗罗姆的批判理论实际上是跨学科研究的成果，他既精通精神分析学，又具有哲学社会学背景，然而从我们现有的中文文献资料可以看出，研究弗罗姆心理学思想的学者对他的哲学基础缺乏认识，而哲学研究者则很少涉猎除弗罗姆本人著作外的心理学文献，这就很难对弗罗姆做全面客观的评价。比如，在对人性论的评价方面，弗罗姆强调人的社会性，也承认人具有生物本性，哲学研究者就认为他是抽象人性论者，但心理学者就没有这样的评价。很多心理学家都涉及对人性理论的研究，如马斯洛、阿德勒等，也都既承认人的生物性也承认人的社会性，但很少有心理学者将他们的人性论斥责为"抽象人性论"而予以否定。再比如，人本主义心理学是非常重视人的心理体验的，将人内心的体验作为他们研究的一个重要课题，比如马斯洛的"高峰体验"理论就有很大的影响。弗罗姆在探讨异化时，将异化理解为一种体验方式，受到很多学者的抨击，这

---

① 张伟：《弗罗姆思想研究》，重庆出版社 1996 年版，第 165—166 页。

种理解是否具有合理性，联系他的学科背景探讨依据就更加充分一些。所有这些问题都是本人进一步深入考察弗罗姆思想时必须予以高度重视的。

所以，本人在研读弗罗姆本人著作的同时，首先占有了大量国内外研究文献，既包括哲学社会学者的也包括心理学者的研究成果，而且特别注意对弗罗姆所属的心理学学派，如精神分析学和人本主义心理学的了解，这样就可以站在一个大的学科背景下加深对弗罗姆全面的认识和理解，也就可以较为深入地了解他对马克思思想的阐发所蕴涵的心理学内容。

对弗罗姆的批判理论，本书首先考察了他对马克思思想的阐发，这是本书第三章的内容。本书着重分析了他对历史唯物主义的认识和理解，认为如果我们将历史唯物主义理解为马克思的哲学基础及考察问题的出发点，而不是实证的社会历史资料的具体的指导原则，那么，弗罗姆对历史唯物主义的理解就是正确的。对历史唯物主义的理解，重要一点是弗罗姆将它看做是一种方法，强调这种方法的具体的、历史的、辩证的特性，并据此对当代资本主义社会进行分析批判，也将它作为修正弗洛伊德精神分析学的理论基础的依据。他以心理学家的独特视角解读历史唯物主义蕴涵的心理学思想，并以心理学对人的研究成果来补充历史唯物主义有关人的学说，这对我们理解历史唯物主义的丰富思想，对挖掘历史唯物主义的思想内涵，都有重要的理论意义。此外，这部分内容也探讨了自由资本主义到国家资本主义的变化，不同时代提出的不同课题，使马克思的政治经济学批判过渡到当代弗罗姆的社会心理学批判，本书探讨了导致这种批判领域变化的政治、经济等原因。

弗罗姆人本主义心理学的主要关注点是人，因而对马克思思想有关人的本性、人的异化问题的阐发成为必不可少的内容。弗罗姆非常认可马克思在《提纲》中对人的本质的界定，极力推崇马克思对人的自主性、能动性、对人解放和自由全面的发展的价值理想，以及马克思将人视为目的对资本主义异化的批判。然而弗罗姆人本主义理论的缺陷在这里也表现得很明显，将人性和人的本质相混淆是人本主义心理学的"根本缺陷"①（弗罗姆不仅仅混淆人性和人的本质这两个概念，在其他用语方面也不够准确严格），所以也造成了学者们对他的人性理论的误读。对马克思"人是社会关系的总和"他是认可的，不仅因为他对马克思人的本质的理解，更因为他的社会心理学事实上着重点就是人的社会性维度，但作为心理学家他更注重探讨的是人性，而不是人的本质，但他的这一"根本缺陷"使得很多学者误把他的人性论理解为人的本质，因而误解了他对马克思人的思想的阐发以及他的人性理论。

本书对弗罗姆理论的深入考察之后一个结论是：弗罗姆的社会心理学，无论是他的人性理论，还是他的心理学独创性的概念和思想，都是以历史唯物主义的方法论为基础的。人们通常所说的他对弗洛伊德和马克思的综合，实际上是他以马克思的历史唯物主义为基础对弗洛伊德精神分析学的修正。这一点他自己表白得很清楚，他说他的修正"是通过对弗洛伊德哲学基础的批判性揭示，来发展其思想中的精髓，以历史唯物主义来取代资产阶级唯物主义"。② 弗罗姆自始至终都认为，为了能够将弗洛伊德的发现真正显露它的价值，必须要修正他的机械唯物主义的理论基础。在弗罗姆看来，只有这样，才能将弗洛伊德的发现从他自己的局限性和被歪曲的意义下解放出来。我们当然不能只看其怎么说，但对他的理论进行分析考察之后，我们可以看出他事实上也是这样做的。他提出的新的理论和概念，如社会性格、社会无意识以及对人性理论重新阐释，正是以历史唯物主义为基础对弗洛伊德个体心理学修正后得出的，而这些新的理论就是他对资本主义批判的有力武器。本书仅就批判理

---

① 车文博：《人本主义心理学》，浙江教育出版社 2003 年版，第 388 页。

② 【美】弗罗姆：《弗洛伊德思想的贡献与局限》，湖南人民出版社 1986 年版，第 27 页。

论考察了他的理论贡献，事实上，他以历史唯物主义为基础对弗洛伊德的修正所提出的新的理论还有很多，如将弗洛伊德的个体自恋发展为社会自恋，对恋母情结、移情、梦的理论等等也都做了新的阐发。可以说，他对弗洛伊德的改造是全面的、整体的，而不是个别理论和个别概念。当然我们针对本书的主旨仅考察他的最重要的理论贡献。以历史唯物主义为基础修正弗洛伊德的学说从而锻造了他的批判理论的武器，这是本书第四章的内容。

本书的第五章具体考察弗罗姆的批判理论及其与马克思的相关性。社会性格理论是弗罗姆对社会心理学的重要的理论贡献，是他批判理论的一个重要组成部分，也最明显地体现了他以历史唯物主义为方法论基础对弗洛伊德理论的修正。这种修正，不仅是他将个体性格发展到社会性格，而且将形成性格的基础从力比多能量发展为社会的结构，特别强调社会的经济结构在形成人的性格当中所起的作用。他分析了资本主义几百年的发展过程中不同世纪具有的典型的社会性格特征，表明社会性格的变化也是由社会经济结构的变化引起和造成的。同时他又辩证地分析到，社会性格往往与特定的社会经济结构有着互动的关系，它通过作用于人们的思想而影响到社会的经济结构，"社会性格正是社会经济结构和一个社会普遍流行的思想、理想之间的中介。它在这两个方面，即将经济基础变为思想或思想变为经济基础的过程中都起到中介的作用。"[①] 有学者认为，弗罗姆将人的性格所产生的基本需要作为社会变革的原因违背了历史唯物主义的观点，历史唯物主义认为社会变革的根本原因不能从人的思想和心理动机中去寻找，而应从经济中去寻找。[②] 其实，弗罗姆并没有否认根本的经济原因，在对马克思思想进行阐释时恰恰非常注重这一点。但另一方面，我们不要忘记恩格斯晚年对"经

---

① 【美】弗罗姆：《在幻想锁链的彼岸》，湖南人民出版社 1986 年版，第 92 页。

② 见张伟：《弗罗姆思想研究》，重庆出版社 1996 年版，第 168 页。

济基础决定上层建筑"所作的说明,认为只是在"归根结底"的意义上来说,经济基础决定上层建筑的形成和变化,这一原理并不否认社会的变化有文化、思想、意识形态等其他方面的原因。弗罗姆这里将社会性格纳入经济基础上层建筑体系中解释社会变革的多方面的原因,的确与历史唯物主义的思想内涵相一致。

将社会性格的形成及功能作为起源于社会结构并对社会进程发生作用的一个重要因素,弗罗姆以此为框架分析当代资本主义社会性格与社会结构的相互作用,从社会心理学角度对资本主义进行批判。他提出了自二战以来当代资本主义社会极具典型的社会性格类型:权威主义性格、市场性格、重占有的性格等,分析了产生这些性格的社会经济根源以及这些社会性格出现后对社会发展进程的作用和影响,以此批判当代资本主义社会造成的人们病态的心理以及这种病态心理对社会的危害。当然,弗罗姆的社会心理学批判不仅包括社会性格批判,还包括了他的社会无意识、人性理论所蕴涵的批判思想。异化理论也是他批判理论的一个重要组成部分,本书表明他的异化理论是在当代历史条件下对马克思异化理论的拓展。当然他的社会无意识、人性理论无不是以马克思的历史唯物主义为基础形成演变而来的。

弗罗姆的批判理论像马克思的一样,不仅有依据社会科学的发现和方法,对当前危机在经验上富有成效的解释—诊断(explanation - diagnostic aspect)的方面,也有以更好的未来和更人道的社会的名义构建规范的展望——乌托邦(anticipatory - utopian)① 的方面。限于篇幅,本书在结论部分对他的第二方面与马克思的批判理论进行了对比。本书力图表明,弗罗姆的批判理论并不像国内学者所说的那样仅仅是"解释世界"的理论,他从一开始就关心人类社会的历史和现实,他对资本主义社会弊端的剖析,其最

————————————

① Benhabib, S.: Critique, Norm, and Utopia: A Study of the Foundations of Critical Theory. New York: Columbia University Press, 1986, P. 226.

终目的都在于改变世界，而且他也提出了很多具体的变革现实的方案。这些方案有些是参照马克思的设想提出的，如对未来社会，他选择的是马克思主义的"公有社会主义"的改革方案；有些是在马克思理论的基础上提出的修正，如对所有制、新社会所依靠的力量等，涉及政治、文化方面的改革方案还非常得具体，这表明在"改变世界"这一点上，他和马克思也是一致的，问题仅在于，他的方案的可实施性的程度、途径以及社会变革最终目标的内涵理解。当然，在很多具体的变革现实的观点上，他和马克思有明显的分歧，如他反对暴力革命，也放弃了马克思的无产阶级阶级斗争理论。

　　通过对他们批判理论的考察，本书表明了：尽管他们面对的是不同时代的资本主义，批判的内容也大不相同（一个是政治经济批判，一个是社会心理批判），具体依据的经验科学不同（一个是经济学，一个是精神分析心理学），批判的角度也不一样（一个是宏观的经济，一个是微观的心理），对未来社会的设想更是存在很大的差异，然而，恰恰在批判理论的根本点上，他们存在着一致性，即他们的批判理论都以历史唯物主义为根本的出发点和基础，他们的相同之处还不仅于此，他们批判理论的实践本性以及对社会现实的关涉，他们对资本主义社会异化现象的批判、对人的自主性和能动性的强调；在价值取向上，他们都将人看做目的而不是手段，都将人的自由和解放的看成终极目标，在所有这些重要方面他们都存在着契合性。这正如刘放桐教授所说，对马克思主义和西方人本主义的比较研究，对他们的不同和差异要进行具体的分析，"但更重要的是要善于发现它们的共性。"[①] 本书正是本着前辈学者的这一宗旨力图有所发现，这无论是对发现马克思思想自身的价值，还是在新的历史条件下对马克思主义的发展，都是极为重要的。

　　在考察马克思和弗罗姆的批判理论之前，第一部分试图考察发

---

　　① 刘放桐等著：《马克思主义与西方哲学的现代走向》，人民出版社 2002年版，第188页。

端于马克思的批判理论的基础，即在马克思之前，在批判的范畴之下，前人都做了哪些准备工作。在做这方面资料的准备中，本人发现，尽管现在学者们对把马克思放在西方哲学的背景之下探讨已没有异议，而且已有很多的学者为探讨马克思与西方哲学的内在渊源联系付出了很多的努力，如对马克思和黑格尔的关系，"劳动"、"异化"、"实践"等范畴的探讨非常深入，但仍有很多细致的工作需要我们去做，如人们都承认康德哲学所蕴涵的批判精神改变了哲学的运思方式，① 然而问题是，康德的批判哲学和马克思批判理论联系和渊源表现在哪些方面？又如"理性"、"实践"这些范畴是怎样经过康德、黑格尔，之后被马克思、法兰克福学派吸收和改造的？诸如此类问题还有待于去探讨，本人被这些理论问题所困扰，但要解决这些问题决非本人力所能及，而本人也只能在批判的议题之下，对这些问题做一点皮毛工作。

批判理论研究的现实意义是显而易见的。社会批判功能正是马克思哲学当代性的体现，特别是作为对市场经济校正机制的批判功能。从经济、政治等现实生活之外对市场经济进行批判，是一个社会要求哲学等理想性文化的一种独特的社会校正机制，任何一个社会的健康发展都不能没有一种校正机制。而在市场经济条件下，社会的政治、经济、伦理领域是相互分离的，各领域的价值亦趋于分离，理想性的精神文化价值对于现实生活的规范或校正便只能从其外部分离地进行，其主要方式就是一种对于现实社会生活的弊端的批判，通过批判以及基于批判的变革、改造和构建，使社会得以健康地发展。② 不言而喻，中国市场经济社会的健康发展，也不能没有批判理论的校正作用，这正是马克思主义哲学作为批判理论的责无旁贷的职责。而当代中国社会的现实常常出现批判话语缺失的现象，

---

① 俞吾金：《从康德到马克思》，广西师范大学出版社 2004 年版，第82 页。

② 参阅王南湜：《马克思哲学当代性的三重意蕴》，《中国社会科学》2001年第 5 期。

作为社会良知的知识分子更加应借鉴他们的批判理论，为中国社会的健康发展尽自己的绵薄之力。

第一章

批判理论的基础

第一节　什么是批判理论

　　狭义的批判理论是指法兰克福学派的"批判的马克思主义"，是对现代社会尤其是现代资本主义社会进行多学科分析批判而形成的哲学—社会学理论，是西方马克思主义中影响最大的思潮。

　　广义的批判理论则众说纷纭。虽然探讨"批判理论"的著述不下十余种，但几乎所有著者都认为很难给批判理论下一个确切的定义，如 Robert Antonio 在他的文章《作为批判核心的内在批判》开篇就列举了一些论者认为批判理论难以界定的观点；Joan Always 认为，"批判理论"这个术语本身缺乏明确所指，从一开始，批判理论就既没有一个统一的观点也没有一个明确的思想体系。[①] 法兰克福学派的成员马丁·杰伊也认同这种观点，特别是对批判理论没有形成一个思想体系而言："批判理论的核心是对封闭的哲学体系的厌恶，如果以为它是封闭的体系，那就会扭曲它本质的开放性、探索性和未完成性。……批判理论正如其名字所提示的，是通过对其他思想家和传统哲学的一系列批判来表述的，其发展是对话式的，其起源是辩证的，这也是它运用到社会现象上去的方法。"[②] 更多的研究者则绕开这个话题，直接探讨批判理论家和他们的思想。

----

　　① 见 Alway, Joan: To interpret and to change the world: Critical Theory as theory with practical intent, P1 Dissertation Abstracts International, Volume: 53—05, Section: A. Proquest 学位论文全文检索 http://proquest.calis.edu.cn/umi/detail_usmark.jsp? searchword = author% 3DAlway% 3F + Joan&singlesearch = no& channelid = % CF% B8% C0% C0&record = 1.

　　② 【美】马丁·杰伊：《法兰克福学派史》，广东人民出版社 1996 年版，第 51 页。

　　尽管难以界定，但这仍是论者不可回避的话题。Benhabib 从词源学的角度来探讨批判理论的含义，认为"批判"（critique）和"危机"（crisis）"在希腊语中有相同的字源，意为区分、选择、判断和决定……'批判'指的是涉及到冲突和有争议的过程即危机时主观的评价和决定。"① 这种词源学的解释对我们理解批判理论的确有所启示，即批判总是和危机联系在一起，Benhabib 在他的书中揭示了马克思的社会理论中"批判"和"危机"之间的关系。Antonio 也持有同样的观点，认为马克思的批判方法给了我们一个视角，即批判理论"必须面对当今社会最严重的危机"。② 弗罗姆也强调认识危机对于批判理论的重要性，他认为："心理学家刻不容缓的任务是对认识当前的危机做出自己的理论贡献。"③

　　Murakami 在探讨 Ben Agger 的批判理论时，认为一种理论要被认为是批判理论就必须包括几种核心成分：社会批判理论不应包含实证主义的对外在是什么（what is out there）的探寻，或像康德所说，它不是关于"是"的问题，而是关于"应该"的问题，批判理论以控制、剥削、压抑以及将来有可能对这种现象的消除为特征。④

　　所以，尽管对"批判理论"没有一个大家都认可的含义，但有一点是大家都不否认的，就是"批判理论"作为一种社会思想体系，首先它一般地被理解为与实证主义的社会学完全不同的理论体系，它不是将对社会的科学分析作为自身的目的，而仅把它作为使这个

---

　　① Benhabib, S.：Critique, Norm, and Utopia：A study of the Foundations of Critical Theory. New York：Columbia University Press, 1986, P. 19.

　　② Robert J. Antonio：Immanent critique as the core of critical theory：its origins and development in Hegel, Marx and Contemporary thought. British Journal of Sociology, Volume 32 Number 3 September 1981, P. 331.

　　③ 【美】弗罗姆：《逃避自由——前言》，国际文化出版公司 2002 年版，第 1 页。

　　④ Murakami, Thomas：New critical theory for the new Millennium：on Ben Agger's Critical Social Theories - An Introduction. Philosophy and Social Criticism, 2000, Vol 26 no 6：109—112.

世界变为满足人的需要的必不可缺少的一个过程；其次，这种思想体系也被理解为"既是来自于马克思主义，同时也是对马克思主义的响应"。① "尽管存在着分歧的因素，批判理论确有可界定的核心。这一点常常被忽略，这是因为批判理论是一种历史分析的应用逻辑而不是固定的理论或经验内容。批判理论建立在对马克思思想解读的基础上。它采用了马克思的分析范畴，继续他对资本主义的批判并包含了他的解放目标。"②

当然一般认为霍克海默对批判理论的解释是最为经典的，他不仅第一次提出"批判理论"这个概念，而且对批判理论进行了比较系统的阐述，表明了批判理论的对象、性质、特征、方法以及要达到的目标，指出批判理论与建立在自然科学基础上以实证主义为主体的传统理论根本区别：传统理论以经验事实为对象，把具体的客观事实、对事实概念的运用都看成是外在于理论思维的、纯客观的，而理论只是尽可能接近事实、有效地描述事实，并对之进行安排、整理。这种理论离开了与人的关联来思考客体，使理论与实际、价值与研究、认识与行动呈现出两极分离，人也陷入消极无为的境地。批判的理论以人为对象，运用辩证的方法，关心人与自然、人与人之间的关系怎样确定，并提供价值判断。它通常也以发生的各类事件为基础，但不忽视人这一主体的参与作用，"一般说来，它与传统理论概念的对立，与其说产生于客体的不同，不如说产生于主体的不同……对具有批判思想的人来说，事实不是外在的东西"③，客观

---

① Alway，Joan：To interpret and to change the world：Critical Theory as theory with practical intent. P2 Dissertation Abstracts International，Volume：53—05，Section：A. Proquest 学位论文全文检索 http：//proquest. calis. edu. cn/umi/detail_usmark. jsp? searchword = author% 3DAlway% 3F + Joan&singlesearch = no&channelid = % CF% B8% C0% C0&record =1.

② Robert J. Antonio：Immanent critique as the core of critical theory：its origins and development in Hegel，Marx and Contemporary thought. British Journal of Sociology，1981，Volume 32，Number 3，P. 330.

③ 【德】霍克海默：《批判理论》，重庆出版社 1989 年版，第200页。

现实被认为是社会——包括人的自我决定——的产物，因而失去了纯事实的特征。批判理论的建立需要自我再创造，而这种创造性思维在整个理论中所起的作用比经验证明更重要。

所以，批判理论主要是用历史—社会方法对社会经济—文化现象作批判性考察："批判的社会理论则把其整体性中作为他们自身历史生活方式之生产者的人，作为它研究的对象。作为科学之出发点的现实情景并不仅仅被看作依照或然律去证实和预见的原始材料。每一原始材料都不仅仅依赖自然，而且还依赖人类对它施加的力量。对象、知觉的类型、所提及的问题以及答案的意义，都证明着人类能动性的存在和人类脊力的程度。……（批判理论）不仅仅是人类当下事业中显示其价值的一种研究假说，更是创造出一个满足人类需求和力量的世界之历史性努力的根本成分。……该理论的目的绝非仅仅是增长知识本身。它的目标在于把人从奴役中解放出来。"①霍克海默对批判理论的阐述使得以下几个因素成为批判理论的特征：它是揭示社会矛盾和危机的/非实证主义的/强调人的主体性和创造性思维的。

随着当代资本主义进入到后现代晚期资本主义时期，批判理论也发展到了以凯尔纳、阿格尔、戴维斯等为代表的第三代批判理论家的批判的社会理论，虽然它的涵盖范围更加大广泛，不仅包括法兰克福学派的批判理论，同时还包括后现代理论、女权主义理论、多元文化主义及文化研究等理论思潮，但从这一理论的特征：如反对实证主义、反对学科合法性、反对经济决定论和暴力革命论，强调历史性，主张跨学科研究，强调人的自由本性和能动性，强调宏观革命与微观革命的结合，设想一种未来的"好生活"，具有强烈的政治性，直接反抗资产阶级的统治和压迫等，可以明显看出它与第一代批判理论的思想关联。

批判理论对人的主体性、对自我创造性思维的强调，使我们在

---

① 【德】霍克海默：《批判理论》，重庆出版社1989年版，第230—232页。

对批判理论"寻根",追问它的基础和根据的时候,自然地就会追溯到康德这位哲学史的巨人。批判理论虽然将传统理论作为它的对立面,但并非对所有传统理论都一概加以拒斥,它只是拒斥属于实证主义之列的理论,而对康德唯心主义的某些东西却另眼相看。虽然批判理论不去建造类似康德的封闭的哲学体系,但却以康德的某些观念为其理论的核心,霍克海默明确指出批判的社会理论与德国唯心主义有着某种契合之处:"从康德开始,唯心主义就强调关系中的动态成分,反对对事实的崇拜以及由此带来的社会调和主义。"① 批判理论回到了康德关于人的自主性的唯心主义观念。"批判理论得自于由康德发起的超验哲学的方法论革命,这场革命由费希特和黑格尔拓展,并由马克思最终实现。"② 这一观点是批判理论研究者们的共识。

第二节　康德对批判理论基础的奠定

康德将他所处的时代叫做"真正的批判时代",将他的著作称为"批判",那么,他的"批判"的含义是什么?他的批判哲学又在什么意义上对后来的批判理论产生了影响?

康德和其他启蒙思想家一样,把人类理性放到至高无上的地位,声称包括宗教法律在内的一切神圣的东西,都必须接受批判。理性不承认任何外来的权威,它本身就是衡量一切的准绳,贯穿《纯粹理性批判》全书的基本倾向是对传统宗教神学的批判和对人及人的理性的肯定,即反神学的人本主义倾向。

---

① 【德】霍克海默:《批判理论》,重庆出版社 1989 年版,第 231 页。
② Schroyer, Trent: The Critique of Domination; the Origins and Development of Critical Theory. New York: G. Braziller 1973, P. 103.

但康德并没有像其他启蒙思想家那样去批判当时的法律、政治制度和宗教体制，而是致力于推翻它们的哲学基础，即当时在德国和欧洲大陆正在盛行的莱布尼茨—沃尔夫形而上学体系的理论基础。康德写道："我所说的批判……指那种……'可以不依靠任何经验而独立求得一切知识'的一般理性能力的批判。因此，这种批判将决定一般的形而上学可能或不可能，而且确定它的各种来源，范围与限度——这一切都是按照原理而定的。"① 在这里康德确立了他的批判对象、批判的出发点和范围。他的批判对象是人类理性能力，也就是主体的一般认识能力，要看理性是否真有能力提供先天的（不依赖于经验的）知识，以及它在这方面能够认识什么和认识多少，其有效性范围如何，以便为一门"作为科学的形而上学"提供坚实的理论基础。

康德对批判理论所产生影响并不是他的批判所指涉的内容，而是他的批判所遵循的原理。众所周知，在对理性认识能力进行批判考察时，康德考察数学、自然科学走上科学道路的历程并受到了极大的启发，认为，既然数学和物理学通过思维方式上的革命而成为了科学，那么，哲学要成为科学，是否也可以效法它们在思维方式上来一个革命。他认为过去的哲学陷于困境的原因在于，它在知识与对象的关系上遵循的是一种无批判的思维方式：即假定知识必须依靠对象，对象却不依赖于知识，这样一来，关于对象的知识就只能是后天的、经验的，形而上学企图从概念出发、通过推理获得关于对象的知识、以建立起关于世界的最实在的绝对知识体系的主张就成为完全不可能的了。所以康德认为哲学要成为科学，必须把知识与对象的关系颠倒过来，即对象依赖知识。"康德把他在知识与对象的关系问题上提出的这个假设自豪地称之为'哥白尼式的革命'，

---

① 【德】康德著，韦卓民译：《纯粹理性批判》，华中师范大学出版社1991年版，第6页。

它就是康德进行理性批判时所遵循的根本指导思想或根本原理。"①

康德把"对象依照知识"这个假设当做根本的指导思想，对人类整个认识能力进行了批判的考察，在哲学上实现了一个思维方式的重大革命。"对象依赖知识"，使以往的主体围绕客体转，转向客体围绕主体转，主体原则代替了客体原则，这就从哲学认识论的高度上道出了人类改造周围世界的主体能动性作用。人之所以能够建立自然界的知识，最重要的就是得力于以"先天综合"的方式认识自然的能力，这种能力代表人的主动性与创造性，所以康德说"人为自然立法"。这也就是霍克海默所说的"事实不是外在的东西"，正是因为主体的不同，使批判理论与传统理论区别开来，而这要归功于康德。

康德的"哥白尼式的革命"，不仅引起了哲学思维方式的重大变革，使近代西方哲学主题完成了由本体论向认识论的转变。更重要的是它实现了近代哲学由认识论向人本主义的转变，他以认识论的革命的方式确立了人在宇宙本体论的根据，这在他所引起的哲学另一大变革中表现得更为突出，这同样对后来的批判理论产生了重大的影响。

康德引起哲学的另一个重大的变革是：将传统本体论从认知转向实践，从思转向行，这就为西方哲学的发展开辟了新的思路：本体论问题不是认识、求知而是实践、信仰的问题，哲学不仅要为知识寻求基础，而且要为行为寻求基础、根据。② 康德说："我因此就得扬弃知识，以便替信念留有余地。"③ 这意味着，对于人的精神境界的追求，实证知识是无能为力的，必须从理论理性上升到实践理性，正是实践理性才打通了自然与人文的阻隔，实现了从知识到价

①　杨祖陶、邓晓芒：《康德〈纯粹理性批判〉指要》，人民出版社 2001 年版，第 39 页。

②　黄颂杰：《论西方哲学的转向》，《浙江学刊》2004 年第 1 期，第 72 页。

③　【德】康德著，韦卓民译：《纯粹理性批判》，华中师范大学出版社 1991 年版，第 25 页。

值的转化、从知识主体到实践主体的转化。这种转化的重大意义就在于人的主体性的确立。人的主体性不仅仅表现在对自然的认识，更表现在自身对自身的规范，这才是康德"主体性"的真正含义。[①]康德并不认为社会的发展与人的解放可以惟一地依靠知识的进步，他更强调了人的道德进步与精神成长的重要意义。

康德的理性概念有广义与狭义之分，广义的理性既包括理论理性也包括实践理性；理论理性自身又分为感性、知性和理性，这里的理性是狭义的理性。康德认为，通过感性，我们获得了感觉材料，而知性是建构的，它使实证知识得以成立。理性是辩证的或超越的，它使我们了解到实证知识的局限性，必然去追求超出经验之外的存在即自在之物，但这不是理论理性所能胜任的，因此我们必须迈向实践理性，"理性"并不满足于感性"给予"的材料，总可以说"不"，我们有理性的人之所以有"行动"，要"改变"、"改造"这个世界，而不像动物那样只是适应这个世界，其根据就在于"理性"不受感性世界任何"给予"的限制，"理性"自身就有实践的功能，它是一种否定的力量，只有依赖于实践理性，才能使我们通向自在之物的领域，实现人之为人的价值。因此，实践理性属于本体世界，不再是一个认识问题，而是一个道德的问题，道德律必定是"意志的自律"或"自由律"，即意志不受经验世界的规律的支配和影响，自己为自己立法，这种意志的自律在本质上也就是自由。

也就是说，实践理性面对的不再是先天综合判断何以可能的问题，而是一个自由何以可能的问题。因为道德是从自由的性质中引伸出来的，[②] 人只有是自由的，道德才有立足之地。康德认为，人是双重的存在者：作为感性的存在者，属于现象界，受欲望和自然必然性支配，人之具有相对价值，无自由可言；作为理性存在者，人

———————

① 参见钱广华：《重读康德的理性概念》，《学术月刊》2002 年第 10 期，第 23 页。

② 【德】康德：《道德形而上学原理》，人民出版社 2002 年版，第 71 页。

则属于超验的本体界，受理性自身创立的法则支配，具有绝对价值和至上的尊严，人的本质就在于自己立法，自己遵守，自己是自己的主人，因而人是自由的。把自由看作是人的最高本质，突出地表现了康德哲学人本主义倾向的显著特征。

不仅如此，康德还断定人是自然界最高目的。在《判断力批判》一书中，康德通过考察作为目的的事物同作为手段的事物之间的关系，断定能够且必须视为目的的东西只能是人，因为能够成为自然之终极价值和最终目的的只是具有内在价值的存在，而在整个自然界，除了有理性的人以外，任何事物都不具有内在价值，所以只有人才是自然之终极目的："如果人类或者某种的有理性的存在者不存在于其中，就会没理由地存在着的。换句话来说，如果没有人类，整个自然界就会成为一个单纯的荒野，徒然的，没有最后的目的的了。"① 既然人是具有终极价值的目的性存在，那么自然界的其他事物都只能是为目的服务的手段，而没有独立的存在价值。

康德的《实践理性批判》使用的演绎法所演绎的是同一个结果："人是目的"。"人是目的"就是通常被斥之为空洞形式的"善良意志"和"绝对命令"等道德律令的最丰富具体的内容，也就是康德要求的"普遍的立法形式"和一切能够成为"普遍法则的准则"。康德把"本体"看作实践理性的对象，表明它不是认识论意义上的本体，而是价值本体，在康德那里，这个本体性的存在就是人，或者说是人的价值和尊严。把人视为本体性的存在，就是为了表明人的价值和尊严的崇高性，因为本体存在就是绝对无条件的存在，而且其根据就在它自身。所以，康德的形而上学体系是人本主义的，也就可以理解为什么黑格尔把康德概括为"为了人"的哲学。

---

① 【德】康德著，韦卓民译：《判断力批判》（下卷），商务印书馆1985年版，第109页。

这两个转变是康德批判哲学和先验主义的结果，它们都是以理性的认识能力和活动范围与理性的实践能力和活动范围做出明确的划分和规定为前提和基础的。理性的认识功能和实践功能说到底就是向自然和社会颁布法律。康德所说的理性当然是人的理性，人也就成了自然和社会的立法者。康德实际上把理性人置于形而上学的中心，人的存在本身就有一种绝对价值，它就是目的本身。康德所进行的哲学转向的两个方面都是理性人的主体地位和作用的表现，他的形而上学就是由其三大《批判》构成的以人的价值为本体的人本主义哲学。这就是康德为批判理论提供的基础。马克思和法兰克福学派是西方理性主义传统的继承者，批判理论实质上就是在确立了人的主体性的作用下对社会立法，而最根本的是，他们对资本主义的批判都是将人作为最高的目的和价值，是"经济为人服务而不是人为经济服务"。

批判理论所高扬的主体性的作用，就被霍克海默所强调，在《传统理论和批判理论》中，他论道："由于批判态度的构造旨在超出通行的社会活动方式……一般说来，它与传统理论概念的对立，与其说是产生于客体的不同，不如说是产生于主体的不同。"①

自康德之后，人类进入了批判的时代，马克思的批判精神来自于康德。当然，康德与马克思的批判不同：康德哲学是将思想者的"主观判断"与社会历史的"客观过程"区别开来，马克思的《资本论》揭露的是整个社会的矛盾和隐藏危机的本性，在这个意义上是分析批判的。这种从康德"批判"术语的哲学意义转向马克思的批判，只有通过黑格尔对康德和启蒙运动的纯粹批判的拒斥才能理解。②

---

① 【德】霍克海默：《批判理论》，重庆出版社 1989 年版，第 200 页。

② Benhabib, S.: Critique, Norm, and Utopia: A study of the Foundations of Critical Theory. New York: Columbia University Press, 1986, P. 20.

第三节　黑格尔的贡献

当我们追溯"批判理论"形成演化时，必须首先明确黑格尔从康德理论中获益多少。黑格尔对理性的"自我认识"的理解比康德更加激进。认为理性的自我反思是建立在预设的基础上的，这种预设也包含了批判本身的权力和行动。这种激进的理性自我反思不能仅仅局限于分析构成经验的客体性的预设，它还必须拓展到分析主体性构成或认识主体的基础的预设。因为由康德起始的"哥白尼式革命"将认识主体的活动放在认识过程的中心，黑格尔对主体性和客体性构成的分析也就不可避免地转向了主体。黑格尔需要表明一种激进的认识批判，或主体环节的批判，必然会导向去分析主体性和客体性的统一以及它们之间关系的融合。

如前所述，在康德那里，纯粹理性批判是从理论理性的批判到实践理性的批判，因此，康德的纯粹理性批判首先是以认识批判的形式出现的。这种形式的认识批判的基本宗旨就是要批判地考察认识的可能性前提，并因此找到它确定自身有效性的方式。黑格尔对康德的这种认识批判提出了质疑。黑格尔指出，康德对认识的可能性前提的批判，无异于在认识之前先已认识，就如在下水之前已学会了游泳一样。康德不可能在否定任何前提的情况下考察认识的可能性前提，他用以考察认识的可能性前提的方式本身实际上就是一种前提。对认识的可能性前提的考察最终只能回到某种实际存在的知识本身，这是任何试图寻求科学认识方法的认识论所必然会陷入的圆圈。在黑格尔看来，康德的认识批判中实际存在的"圆圈"表明，一方面康德对认识的可能性前提的考察是站不住脚的，另一方面康德把理论理性与实践理性分开并单独地拿出来加以分析的做法是错误的。理论理性不可能以抽象的形态存在于历史和社会中，理论理性是具有它的现实的社会规定性的，它是与具体的社会实践的生活方式连在一起的。我们不能说理论理性遵循一种目的原则，实践理性遵循另一种目的原则。① 在黑格尔理性观的形成时期，就已经对康德的理性观进行了批判，意识到了理论理性和实践理性、知性与理性的统一，真正将辩证法引入了理性概念。②

黑格尔不同意康德理性有限以及理论理性与实践理性的划分。黑格尔之所以能够改变康德而形成自己规模宏大的哲学体系，就在于他对理性发生了全新的看法，但是在某种程度上这种创新仍然受惠于康德。黑格尔在康德的"二律背反"中看到了理性的特殊能力，这种能力可以超越知性水平之上的某种思想界限，但他批评康德不是从理性矛盾出发去超越知性的局限，由理性、思维自身发展出无限的范畴、辩证的概念去把握理性所追求的对象，而只是宣布对象可望而不可即，这未免过于谦卑、软弱了。对于康德的理性要寻求无限的认识时必然陷入矛盾（即理性的二律背反），黑格尔的观点是这样的："认识的限度或缺陷之所以被规定为限度、缺陷，也只是由于有一个普遍的理念，一个全体或完整的理念在前面与它相比较。因此，只是由于没有意识才会看不到，正是当一件事物被标明为有限或受限制的东西时，它即包含有限或无限制东西的真实现在的证明。这就是说，只有无限的东西已经在我们意识里面时，我们才会有对于限制的知识。"③ 黑格尔从限制推导出对限制的超越，从有限中推导出无限，实际上是从对立面中推演出自身复又将对立面作为一个环节包含于自身，在黑格尔这里，理性所追求的、实现的是矛盾的对立统一："理性矛盾的真正积极意义，在于认识一切现实之物都包含有相反的规定于自身。因此认识甚或把握一个对象，正在于

---

① 参见刘钢：《从黑格尔的元批判出发的一种认识批判》，《复旦学报（社会科学版）》1998 年第 6 期，第 51 页。

② 俞吾金：《论黑格尔理性观的发展》，《康德黑格尔研究》，上海人民出版社 1986 年版，第 280—282 页。

③ 【德】黑格尔：《小逻辑》，商务印书馆 1980 年版，第 148—149 页。

意识到这个对象作为相反的规定之具体的统一。"① 理性的最高目标就是把握对立统一。

黑格尔认为理性的这种能力的积极意义就在于：辩证法是一个逻辑规定到另一个逻辑规定的内在演进，它不是从任何假设性断定开始，而是随着概念的自我运动，在思想自身的逐步展开过程中呈现出它的内在结论。借助于辩证法，黑格尔赋予理性以无限的能力，不仅看到了理性、思维的矛盾，而且看到了事物的矛盾，把矛盾看作宇宙万物的真正内容和本质，看作事物及对事物认识的根本原则。他还看到了矛盾的统一，肯定了矛盾规律、对立统一规律的普遍性。因此，"黑格尔把康德留下的道道鸿沟都填平了，知性与理性、有限与无限、现象与本质、理论与实践都是辩证的统一。"②

能够为批判理论提供理论基础的，正是黑格尔理性中所蕴涵的辩证思想。这也是批判理论家马尔库塞所强调的。作为法兰克福学派批判理论的思想基础，在《理性与革命》中，他极力要表明的就是黑格尔理性概念中的否定性、革命性和批判性，认为理性是黑格尔哲学的基础，理性决定一切，决定历史的发展，决定国家和社会的发展，黑格尔哲学的核心论断就是理性能够主宰现实。③ 他说："黑格尔的理性概念具有鲜明的批判和辩证的特征。""在黑格尔体系的概念结构中，现实改变了它的含义。'现实'并不意味着实际存在的一切（实际存在的一切更应该成为现象），而是仅指在形式上与理想原则相一致存在的一切。'现实'并非都是合理的，惟独合理的才是现实的。"④ 理性必然决定现实，因为理性是现实的本质形式，理性能构筑现实、改造现实，能够否定现存社会中不合理的现实，推翻非理性及反人道的压迫者和统治者。理性按照自身的要求不断地否定不合理的现实，以达到现实和理性的一致性。黑格尔辩证法

---

① 【德】黑格尔：《小逻辑》，商务印书馆 1980 年版，第 133 页。
② 黄颂杰：《论西方哲学的转向》，《浙江学刊》2004 年第 1 期，第 73 页。
③ 【美】马尔库塞：《理性与革命》，重庆出版社 1993 年版，第 6 页。
④ 【美】马尔库塞：《理性与革命》，重庆出版社 1993 年版，第 10 页。

的核心就是否定："辩证法的力量存在于批判的确信中，全部辩证法都被一种弥漫着本质否定的存在形式的概念联系着。这种概念的内容和运动也是被否定所限定的。"① 马尔库塞认为，作为批判理论的基础的否定性应着眼于人类的理想，不能把自身建立在既定的事实上，只能建立在理性要求的基础上。

马尔库塞对黑格尔的理性概念的解读未必全面准确，② 黑格尔的方法受制于保守的、唯心体系，不可能是彻底革命的，但这并不掩盖黑格尔辩证法的革命的、进取的精神，对此，恩格斯也给予了高度的评价："黑格尔的思维方式不同于所有其他哲学家的地方，就是他的思维方式有巨大的历史感作基础。形式尽管是那么抽象和唯心，他的思想发展却总是与世界历史的发展平行着，而后者按他的本意只是前者的验证。真正的关系因此颠倒了，头脚倒置了，可是实在的内容却到处渗透到哲学中。"③ 马尔库塞将黑格尔的理论作为批判理论的基础，是可以理解和接受的。

黑格尔的这一方面尤为马克思所重视并汲取。马克思将辩证法看成是革命的、否定的方法，并将它运用到自己的政治经济学批判当中，而这种方法就是在扬弃了黑格尔的辩证方法的基础上建立起来的，恩格斯讲得很明确："马克思过去和现在都是唯一能够担当起这样一件工作的人，这就是从黑格尔逻辑学中把包含着黑格尔在这

---

① 【美】马尔库塞：《理性与革命》，重庆出版社 1993 年版，第 24 页。

② 如麦金太尔就认为，马尔库塞对待黑格尔及黑格尔派的态度，既不是黑格尔本人的，也不是马克思的。马尔库塞应被列入左派或青年黑格尔派。见麦金太尔著《马尔库塞》，中国社会科学出版社 1989 年版，第 49 页，但事实上，马尔库塞很清楚黑格尔的局限，马尔库塞在对比了马克思和黑格尔的理论的基础上，认为，"在黑格尔的体系中，所有的范畴终止于存在着的秩序中，与此同时，在马克思的理论中，所有的范畴则是触及到这些存在着的秩序的否定。……就所有的概念都是对现存秩序总体的一个谴责而言，马克思的理论是一个'批判'的理论。"见马尔库塞：《理性与革命》，重庆出版社 1993 年版，第 235、236 页。

③ 【德】恩格斯：《卡尔·马克思〈政治经济学批判. 第一分册〉》，《马克思恩格斯选集》第 2 卷，人民出版社 1995 年版，第 42 页。

方面的真正发现的内核剥出来，使辩证方法摆脱它的唯心主义的外壳并把辩证方法在使它成为唯一正确的思想发展形式的简单形态上建立起来。马克思对于政治经济学的批判就是以这个方法作基础的，这个方法的制定，在我们看来是一个其意义不亚于唯物主义基本观点的成果。"①

　　成熟时期的马克思，确立了历史唯物主义作为考察人类社会的基础和前提，这种历史唯物主义同时就是辩证唯物主义，也就是说历史唯物主义有着辩证的性质。马克思强调的辩证法不是以抽象的物质或抽象的自然界为承担者的辩证法，而是以人类的生存实践活动——劳动为承担者和主体的辩证法，人类的历史就是在这种劳动的辩证法的基础上展示出来的。而且，马克思强调的辩证法是"否定的辩证法"："辩证法在对现存事物的肯定的理解中同时包含对现存事物的否定的理解，即对现存事物的必然灭亡的理解。"② 这种否定性，表明它和实证主义有着本质的区别，因为辩证法就其实质而言是批判的、革命的，它并不崇拜外部世界的任何现存的东西，它用批判的眼光审查一切，哪怕是人们早已通过教化而接受的传统信念。这种否定性，就是马克思批判理论的核心内涵。所以，马克思的政治经济学批判即便以科学的实证研究为基础，这并没有使他的政治经济学批判成为实证主义的经济主义，成为具体科学的经济学，而仍然是哲学，这不仅因为马克思的理论关注的是作为一个整体社会的广泛的视野，马克思考察历史的唯物主义前提，更为重要的是将辩证法作为方法论在政治经济学中的运用，这些都为以法兰克福学派为主体的批判理论家们——包括弗罗姆——提供了重要的基础。而从辩证法这一重要的批判理论的要素而言，马克思从来没有否认自己和黑格尔的渊源，公开承认他是这位大思想家的学生。那么，

————————

① 【德】恩格斯：《卡尔·马克思〈政治经济学批判. 第一分册〉》，《马克思恩格斯选集》第 2 卷，人民出版社 1995 年版，第 42、43 页。

② 【德】马克思：《资本论》第 1 卷，《马克思恩格斯全集》第 44 卷，人民出版社 2001 年版，第 22 页。

马克思从黑格尔的思想中汲取了什么，又批判了什么？这是我们考察马克思的批判理论首先要解决的问题。对现实的批判离不开理论的批判，理论批判是现实批判的先导，所以我们下一章的首要内容就是从批判理论的角度来考察马克思与黑格尔的关系。

第二章

马克思的批判理论——
政治经济学批判

马克思一生当中对资本主义的批判涵盖了方方面面，如宗教批判、政治批判、哲学批判、政治经济学批判、历史批判等等，本书着重考察马克思的政治经济学批判，这是因为，经济学研究是马克思生平理论活动的主要方面。从 1843 年底直到逝世前夕，他用了近40 年的时间来研究经济学。特别是在 50—60 年代，《资本论》的创作几乎占据了他的全部理论活动。在经济学研究中所运用的方法具有更重要的价值，马克思曾说过要把"对资产阶级社会经济结构的科学研究作为唯一牢靠的理论基础。"[①] 《资本论》是马克思毕生心血的结晶，是他最主要的理论著作，《资本论》的创作史，集中体现了马克思哲学思想和历史唯物主义观点、方法的发展过程。这部巨著不仅有其严密的逻辑和辩证法思想，更有作为理论灵魂的历史唯物主义基本理论。从这个意义上说，马克思的哲学思想和历史唯物主义观点，正是集中体现在《资本论》中。马克思本人也是这样看的，他不仅把《资本论》看作是自己一生最好年月的作品，而且在著名的《政治经济学批判》序言中，把唯物史观看作是从研究经济学中得出并一经得出就用以指导经济学研究的基本结论。

从方法上来说，马克思从各个社会经济形态中取出一个形态（即资本主义商品经济体系）加以研究，并根据大量材料（他花了不下 25 年的工夫研究这些材料）把这个形态的活动规律和发展规律做了极详尽的分析。《资本论》成功地再现了资本主义发生、发展和必然走向灭亡的全过程，不仅雄辩地证明了只有坚持唯物史观的历史主义观点和方法，才能科学地认识资本主义这一社会形态的具体历史性质；而且通过对资本主义历史地位的分析，证实了人类社会由"自然共同体"走向"自由个人联合体"这一历史发展的总趋势。

将政治经济学批判作为马克思批判理论的主体部分也有着作为

[①] 《马克思恩格斯全集》第 14 卷，人民出版社 1964 年版，第 465 页。

狭义批判理论的确立者霍克海默的指认。虽然他对马克思的批判理论提出了很多的异议，但明确指出了马克思政治经济学批判对批判理论的贡献和影响："批判理论从不否认它的原则是由政治经济学这门特殊学科确立起来的，它说明，在人的条件给定了的情况下（当然，这种条件在交换经济的影响下发生变化），交换经济必然导致社会紧张关系的加剧，而这种紧张关系在当今时代里又必然导致战争和革命。"① 也就是说，马克思政治经济学批判所揭示的资本主义社会特有的生产方式——为追逐剩余价值而生产，必然导致社会关系的危机和冲突，从而导致战争和革命。马克思所确立的批判理论这些原则，无疑为法兰克福学派的批判理论奠定了基础。

马克思对批判理论的贡献最重要的是他的整个哲学的前提和基础——历史唯物主义、他的辩证的否定的方法。所以，对马克思批判理论的考察着重点就在于他的批判理论的这种哲学出发点和辩证的方法以及政治经济学批判的具体内容。

批判理论是在黑格尔的辩证法的理论基础上确立和发展起来的，康德、黑格尔只是为批判理论提供的基础，只有到了马克思，真正意义上关涉现实、变革现实的批判理论才确立起来，那么，马克思是怎样继承并扬弃黑格尔的辩证法使得批判理论在思想上、方法上成熟起来呢？本人认为，关键是对黑格尔辩证法的最主要成果：劳动辩证法的扬弃。对劳动辩证法的继承也是马克思哲学最重要的特征：实践特性的起源："黑格尔对劳动活动构成的发现，是马克思作为形成历史、变革活动的实践概念的起源。"② 黑格尔"作为推动原则和创造原则的否定性"辩证法，以及"把人的自我产生看作一个过程"，"把对象性的人、现实的因而是真正的人理解为他自己劳动

---

① 【德】霍克海默：《批判理论》，重庆出版社 1989 年版，第 215 页。

② Benhabib, Seyla：Critique, Norm, and Utopia：A Study of the Foundations of Critical Theory. New York：Columbia University Press，1986. P. 67.

的结果"的思想是马克思实践观的"理论来源"。① 这就足以证明劳
动辩证法作为马克思批判理论基础的重要性。

第一节 对黑格尔劳动辩证法的扬弃

应当指出，马克思对黑格尔辩证法乃至整个黑格尔哲学的态度
是随着马克思本人的理解演进的不同阶段而改变的。在《莱茵报》
时期，对黑格尔法哲学的批判性分析，使他确立了法的关系和国家
形式根源于物质的生活关系，② 并使他转向政治经济学的研究。随着
对黑格尔唯心主义基础的扬弃，坚信经济和社会关系对于历史发展
有着根本意义，马克思接受了黑格尔《精神现象学》中劳动的基础
上人的自我创造过程的辩证法，并发现了黑格尔哲学的秘密和诞生
地，直至在《1857—1858 年经济学手稿》中马克思从黑格尔的创造
现实的方法中制定出从抽象到具体的政治经济学的科学方法，此时，
马克思已把黑格尔的辩证方法从它的神秘化和被歪曲的境况中解放
出来，阐述了关于辩证法本身的一些批判性的思想，正是在这一基
础上，马克思才在《资本论》中公开、系统地表述自己的辩证法与
黑格尔的辩证法的本质区别以及对它改造后的具体运用。可见，社
会现实的政治、经济状况和发展不断推动马克思去把握历史辩证法
的精髓要义。③

在黑格尔和马克思那里，辩证法的最根本的含义不是体现在抽

---

① 王东、刘军：《马克思哲学革命的源头活水和思想基因》，《理论学刊》
2003 年第 5 期，第 26 页。

② 【德】马克思：《〈政治经济学批判〉序言》，《马克思恩格斯选集》第
2 卷，人民出版社 1995 年版，第 32 页。

③ 朱进东：《辩证法概念：马克思与黑格尔的异同再考察》，《江苏教育学
院学报（社会科学版）》2002 年第 18 卷第 6 期，第 68 页。

象的、与人相分离的自然上，而是体现在人改造自然的最基本的社会活动——劳动上。① "黑格尔历史辩证法的形成是与他对现代劳动问题的理解直接相关的。"② 辩证法是历史发展的创造和推动原则。根据这一原则，黑格尔将世界历史看作为人的自我创造和发展的过程。在这一过程中，人把自己的力量和本质对象化，创造出独立于自身的外部世界，同时也就产生了人与自己对象的对立，即主客观之间的对立，也产生了扬弃这种对立的活动，即劳动。

在被马克思称为黑格尔哲学的"真正诞生地和秘密"的《精神现象学》中，辩证法的承担者是劳动。按照黑格尔的定义，劳动是构成、构造、建设的行为，它使得自我意识在劳动产品中获得具体的对象性。劳动意识，即劳动的人，通过劳动觉察到自己的独立性、自己的力量和能力，人的独立和支配权在他的劳动产品中客观地显现出来，人成了自然的主人，并在其劳动产品中给予自身，即给予自己内在的能力和本质的力量以物的形式，于是意识通过劳动认识到，它自身是自在的，又是自为的，它是真正的、独立的存在。黑格尔关于人通过劳动不仅改变了外部自然，而且改变了人的内在本质、改变了人自身的观点，在某种程度上已接近辩证唯物主义，③ 然而由于他的唯心主义立场，他惟一知道并承认的劳动是抽象的精神劳动，而且他只注意到劳动的积极方面而未注意到劳动的消极方面，所以真正的劳动辩证法不会由黑格尔，而只能由马克思揭示出来。

黑格尔对劳动辩证法的贡献还表现在，劳动成了政治经济学的本质和核心。早在 19 世纪初，黑格尔就对古典经济学进行了较全面的研究，而劳动问题成为他思考的主要对象。政治经济学就是从

---

① 俞吾金：《重新认识马克思的哲学和黑格尔哲学的关系》，《哲学研究》1995 年第 3 期，第 21 页。

② 张一兵：《回到马克思——经济学语境中的哲学话语》，江苏人民出版社 1999 年版，第 77 页。

③ 【德】施蒂勒：《〈精神现象学〉论劳动与人》，《国外学者论黑格尔哲学》，南京大学出版社 1986 年版，第 191—196 页。

"需要和劳动的观点出发，然后按照群众关系和群众运动的质和量的规定性以及它们的复杂性来阐明这些关系和运动的一门科学"。① 按照张一兵教授的阐述，这里的劳动又可以分为以下三个逐步深化的方面：第一，是劳动在人类自我形成方面的作用，即劳动一方面是人类改变外部对象的有技巧的能动的活动，劳动的本质是利用对象改造对象，另一方面劳动实际上是使人类主体建构出来的客观活动。人类在劳动过程中，一方面改造外部对象，另一方面则将自己确立为主体的人。第二，黑格尔关于劳动的论说，已经不是一种非历史的空洞的规定，而恰恰是从现代商品生产条件出发的具体确证，黑格尔在这里已经接近了劳动一般的现实规定，这实际上是现代分工与交换基础上产生的社会劳动。第三，黑格尔已经接近对具体劳动和抽象劳动的区分，当然他的具体劳动和抽象劳动与马克思的截然不同，他将传统劳动形式视为具体劳动，而他所描述的抽象劳动实际上只能出现在大工业的机器生产过程中。②

对市民社会作为需要的体系，黑格尔也是以劳动为核心来把握的。"所谓'需求体系'恰恰可以叫做一种'劳动的哲学'"。③ 黑格尔认为，市民社会的本质是"通过个人的劳动以及通过其他一切人的劳动与需要的满足，使需要得到中介，个人得到满足——即需要的体系。"④ 黑格尔不仅把劳动看成是满足人们各种欲望的手段，而且在哲学史上第一次把劳动同需要放在对立统一的范畴中考察。⑤ 他认为他人的需要和劳动就是彼此满足的条件，由于劳动能满足别人的需要，需要又使劳动社会化，具有普遍的性质，所以黑格尔认为

---

① 【德】黑格尔：《法哲学原理》，商务印书馆1961年版，第204页。

② 张一兵：《回到马克思——经济学语境中的哲学话语》，江苏人民出版社1999年版，第77—81页。

③ 【德】柏耶夫：《黑格尔的实践哲学》，《国外黑格尔哲学新论》，中国社会科学出版社1982年版，第8页。

④ 【德】黑格尔：《法哲学原理》，商务印书馆1961年版，第203页。

⑤ 杨桂森：《黑格尔的市民社会的思想及马克思主义对它的批判改造》，《惠州大学学报》1995年第1期。

劳动使孤立的抽象的需要以及满足的手段和方法都成为具体的，即社会的。"我既从别人那里取得满足的手段，我就得接受别人的意见，而同时我也不得不生产满足别人的手段。于是彼此配合，相互联系，一切个别的东西就这样成为社会的。"① 所以黑格尔的劳动表现为一种社会普遍的、具有社会意义的、而多半要在社会里才能完成的劳动。

黑格尔劳动概念中包含科学的要素，这些要素包括三个有机联系的环节："行动最初出现为对象，当然是一种属于意识的对象，亦即是说，最初出现为目的，因而，是一种与现存着的现实对立的东西。行动的第二环节是被想象为静止不动的目的的运动，是目的的实现。即是说，是目的与纯形式的现实之间的关系，因而也可以说是一种过渡，或达到目的的手段。最后，第三个环节是那已经不再是目的的对象，这种对象，不再是行动者的意识中的目的，它已经离开行动者而成了行动者的一个他物。"② 这些要素与马克思（在《资本论》中）以唯物主义为基础纠正并精密规定了的那些定义是非常吻合的，我们看马克思对劳动的规定："劳动过程的简单要素是：有目的的活动或劳动本身、劳动对象和劳动资料。"③ 也就是说，在马克思的不同时期，对黑格尔的思想都有批判地继承和扬弃。

马克思在《1844 年经济学哲学手稿》（以下简称《手稿》）"对黑格尔的辩证法和整个哲学的批判"一文中，高度评价了黑格尔《精神现象学》中内含着的革命的批判的因素："《现象学》是一种隐蔽的、自身还不清楚的、神秘化的批判；但是，因为《现象学》坚持人的异化，——尽管人只是以精神的形式出现，——所以它潜在地包含着批判的一切要素，而且这些要素往往已经以远远超过黑

---

① 【德】黑格尔：《法哲学原理》，商务印书馆 1961 年版，第 207 页。

② 【德】黑格尔：《精神现象学》（上卷），商务印书馆 1979 年版，第 264 页。

③ 【德】马克思：《资本论》第 1 卷，《马克思恩格斯全集》第 44 卷，人民出版社 2001 年版，第 208 页。

格尔观点的方式准备好和加过工了。"①

在对黑格尔的辩证法进行全面的分析批判的同时，马克思肯定了黑格尔的劳动学说所蕴涵的辩证法思想："黑格尔的《现象学》及其最后成果——辩证法，作为推动原则和创造原则的否定性——的伟大之处首先在于，黑格尔把人的自我产生看作一个过程，把对象化看作非对象化，看作外化和这种外化的扬弃；可见，他抓住了劳动的本质，把对象性的人、现实的因而是真正的人理解为他自己的劳动的结果。"② 黑格尔把对象化、外化并克服对象化和外化的劳动当做人生成的依据，这正是他辩证法的最深刻的地方和最重要的成果，而他的问题在于，他所理解的劳动仅仅是一种"抽象的精神的劳动"："因此，黑格尔把一般说来构成哲学本质的那个东西，即知道自身的人的外化或者思考自身的、外化的科学，看成劳动的本质。"③ 马克思对黑格尔辩证法的改造主要体现在辩证法的承担者上，在马克思那里，辩证法的承担者不再是抽象的精神劳动，而是现实的人类劳动，即作为人类实践活动的最基本形式的生产劳动。所谓对象化、外化、异化以及这种对象化、外化、异化的扬弃，在黑格尔那里都只是在纯粹思想的范围内、在想象中的克服，这正是黑格尔虚假的实证主义、即他的只是似是而非的批判主义的根源，是他总是对现存的宗教、国家等等采取迁就态度，表现出软弱妥协的根源。黑格尔的辩证法的保守性归根到底是由他的这种唯心主义哲学立场决定的。而马克思的批判思想及方法正是在扬弃了黑格尔的这种唯心主义的辩证法的基础上确立的。

---

① 【德】马克思：《1844 年经济学哲学手稿》，人民出版社 2000 年版，第 100 页。

② 【德】马克思：《1844 年经济学哲学手稿》，人民出版社 2000 年版，第 101 页。

③ 【德】马克思：《1844 年经济学哲学手稿》，人民出版社 2000 年版，第 101 页。

第二节　异化劳动批判

通过对《精神现象学》和国民经济学著作的批判性解读，马克思提出了"异化劳动"的新概念，并创立了以现实的人为载体或承担者的新的辩证法。

在《手稿》中，马克思批判了黑格尔把人及其意识看成是精神产物的唯心主义立场，进而指出"现实的、感性的活动"——生产劳动为人及其意识存在的基础。马克思发展出了一种关于人的活动的统一理论，即把生产劳动主要地看作生命活动和主体的对象化，看作一种人类活动的基本理论或社会生活本体论的组成部分。在马克思看来，正是人的对象化活动，才具体生成着人的社会特性，生成着人的自由自觉性。

一、劳动的对象化和异化

《1844 年经济学哲学手稿》规划了马克思思想的发展方向，其中的政治经济学批判是以异化劳动为主题的国民经济学批判，共产主义学说是以异化的积极扬弃为核心的共同理想，哲学基础是以劳动为基础的生存本体论①。

异化这个概念作为一个重要的哲学概念，公认是从黑格尔开始的。② 在《精神现象学》中，黑格尔认为，从感性意识开始，意识就同它的对象斗争，双方在整个过程中不断扬弃对方，从而否定自己，取得了发展的种种形态，最后意识终于扬弃了它同对象之间的全部对立，达到了对自己的绝对知识。意识这时知道了全部对象世界都不过是精神自身的异化或外化，从而认识到精神才是世界的绝对本质，因此，在黑格尔看来，对象只不过是意识为了认识和实现自身的一种手段，对象不过是自我意识的一个环节，一个产生而且注定要消失的环节。③ 黑格尔已经认识到对象化的过程就是"异化"的过程，自我意识外化为对象的结果是自己同自己相分离、相异化，它创造出来的东西既是一个对象性的东西，也是一个跟自己相对立的东西，是一个异己的存在物、异己的客观力量。但是，他存在两个致命的错误：第一，他无视物质生产活动在人类历史中的基础作用，把对象化和异化完全等同起来，主张不加区别地扬弃对象性；第二，他没有认识到，克服和扬弃与人相对立的异己存在如私有财

① 在《手稿》中，马克思已明显拒斥传统的形而上学问题，他明确提出关于"谁生出了第一个人和整个自然界"、关于"这一无限的过程"，请你"不要那样想，也不要那样向我提问，因为一旦你那样想，那样提问，你把自然界和人的存在抽象掉，这就没有任何意义了。"而真正有意义的问题，是马克思在吸收了黑格尔有关对象化和克服对象化的劳动是人生成的基础这个重要思想的基础上进行的："整个所谓世界历史不外是人通过人的劳动而诞生的过程，是自然界对人来说的生成过程，"（91、92 页）在这里，马克思拒绝讨论超感性的本体论问题，只讨论人与自然的关系问题，而思维与存在的关系这个哲学的基本问题蕴涵在人与自然的关系之中，这样，传统本体论意义上的唯物论和唯心论的对立就被消解了。马克思终结了传统的本体论，建构起新的唯物主义本体论，这就如卢卡奇所说是劳动本体论，或实践本体论，《手稿》是这种新的本体论的发源地。

② 李蜀人：《黑格尔的历史哲学与马克思的历史哲学比较》，《西南民族大学学报》2003 第 7 期，第 109 页。

③ 李蜀人：《黑格尔的历史哲学与马克思的历史哲学比较》，《西南民族大学学报》2003 第 7 期，第 108 页。

产和国家等等，决不是通过认识和理解所能达到的，必须依靠实践的力量加以革命的改造，这两点正是马克思后来集中加以研究和解决的问题。

所以黑格尔的主体对象化和异化含义是：人类主体观念本质的物化，同时也就是外化和异化。一开始，观念本质是通过对象化为物质存在实现的，但从自身异化出去也就是过度性地肯定自己，因此异化等于对象化。

马克思对对象化和异化的区分、肯定对象化而反对异化，这自然有着费尔巴哈的理论贡献，但这不是我们所能展开讨论的，我们这里探讨的是马克思对黑格尔的扬弃。马克思指出，黑格尔这种思想的主要问题是"意识的对象无非是自我意识；或者说，对象不过是对象化的自我意识、作为对象的自我意识。（设定人＝自我意识。）"① 在人的规定中包含了对象性的东西，这就是人的自我意识。黑格尔的对象是非独立存在的，它只能存在于与自我意识的有用关系中。而马克思在这里就是要唯物主义地确证对象存在的客观性。在马克思看来，对象化是人的本质力量的表现，对象化是自然的，与任何异化无关，马克思的这段话指出了劳动对象化的真正性质："正是在改造对象世界中，人才真正地证明自己是类存在物。这种生产是人的能动的类生活。通过这种生产，自然界才表现为他的作品和他的现实。因此，劳动的对象是人的类生活的对象化：人不仅像在意识中那样在精神上使自己二重化，而且能动地、现实地使自己二重化，从而在他所创造的世界中直观自身。"② "劳动产品是固定在某个对象中的、物化的劳动，这就是劳动的对象化。劳动的现实

---

① 【德】马克思：《1844 年经济学哲学手稿》，人民出版社 2000 年版，第102 页。

② 【德】马克思：《1844 年经济学哲学手稿》，人民出版社 2000 年版，第58 页。

化就是劳动的对象化。"① 劳动活动的结果作为人的作品,体现着人的需要和目的,凝聚着人的智慧和力量,现实地复现着人自身,因而,它就是人的对象化。人们改造对象世界的活动和过程,是主观见之于客观、理想变为现实的活动和过程,是表现和确证自身本质力量的过程,也是人的对象化过程。人的对象化,实质是人的需要和本质力量的对象化,是人的外化、观念的物化,赋予对象以人的特性,从而使对象能满足人的需要。

在马克思看来,"人直接地是自然存在物",② 人作为自然的、肉体的、感性的、对象性的存在物,同动植物一样,是同人周围的自然界、自然力量不可分离的存在物,在这个意义上,人是受动的;另一方面,人具有自然力、生命力,包括意识和自我意识的能力,"是能动的自然存在物,"③ "当现实的、肉体的、站在坚实的呈圆形的地球上呼出和吸入一切自然力的人通过自己的外化把自己现实的、对象性的本质力量设定为异己的对象时,设定并不是主体;它是对象性的本质力量的主体性,因此这些本质力量的活动也必须是对象性的活动。"④ 因此,人将自己的本质力量外化到人之外的自然对象上,加工这些对象,建立了既是人化的对象又是独立于人的对象,这样的"设定"活动只能是人的客观本质力量的一种主体的能动性,而劳动恰恰就是人的本质力量的活动。这就是马克思所说的劳动的"应该",是马克思对人的本质的界定。马克思认为,"一个种的整

---

① 【德】马克思:《1844 年经济学哲学手稿》,人民出版社 2000 年版,第52 页。

② 【德】马克思:《1844 年经济学哲学手稿》,人民出版社 2000 年版,第105 页。

③ 【德】马克思:《1844 年经济学哲学手稿》,人民出版社 2000 年版,第105 页。

④ 【德】马克思:《1844 年经济学哲学手稿》,人民出版社 2000 年版,第105 页。

体特性、种的类特性就在于生命活动的性质"①，而人作为一个物种的生命本质就是他的生产性，即人是一种将自己的生命本身作为对象来加以生产的存在物，劳动就是这种生产生命的活动；既然如此，劳动就理应成为它自己的目的，成为生命本身的目的，而不应成为达到其他目的的手段。但在一定的历史条件下，劳动却成为达到某种目的的手段，这就是异化，这样马克思就把对象化和异化区别开来。

将劳动看作是人的本质，是马克思理论创新道路上迈出的关键一步。劳动是人兽区别的根本标志，是人自身本质与价值的确证和实现，人的社会本质是在劳动中形成并在劳动中发展的，人与人之间的现实关系是在劳动基础上形成和演变的。因此，劳动成为马克思打开人和社会发展奥秘的钥匙，而追求劳动解放，使人的劳动成为真正自由自觉的活动，并在这种活动中实现人的全面发展，成为马克思的最高理想。

对象化和异化的区分，也是马克思实践观的确立。因为，对象性活动就是实践的本质内容。② 人在劳动中实现的自身对象化，是实践的核心内容和本质特征，是人的能动性的集中体现，把握人的对象化，是科学把握实践范畴的内在要求。实践是人按照自身和物的尺度有目的地改造或创造对象世界的感性活动，所以，马克思实践观的确立也是他批判尺度的确立，因为"动物只是按照它所属的那个种的尺度和需要来构造，而人懂得按照任何一个种的尺度来进行生产，并且懂得处处都把内在的尺度运用于对象。"③ 这里的"内在尺度"即价值尺度，就是人的尺度，与"外在尺度"即历史尺度，

① 【德】马克思：《1844 年经济学哲学手稿》，人民出版社 2000 年版，第 57 页。
② 王东、刘军：《马克思哲学革命的源头活水和思想基因》，《理论学刊》2003 年第 5 期，第 27 页，论者认为马克思哲学革命的起点不是《提纲》，而是《手稿》，认为在《手稿》中马克思已经系统地表达了自己的实践观思想，本人赞同这种观点。
③ 【德】马克思：《1844 年经济学哲学手稿》，人民出版社 2000 年版，第 58 页。

共同构成了批判的尺度、批判的标准，而马克思对异化劳动的批判
就是在这两种尺度的标准下进行的。

二、劳动异化批判的出发点——人的本质："自由的有意识的活动"

就马克思的异化劳动的概念而言，它在理论前提上附属于另外
一个问题的思考：关于人的本质的哲学思考。从方法论上讲，在
《手稿》中，马克思对异化劳动的批判是基于把人的本质界定为
"自由的有意识的活动"[①]，运用价值尺度和历史尺度相统一的标准，
对异化劳动进行批判。

马克思认为，人直接地就是自然存在物，是对象性的存在物，
在自身之外有自己的自然界，而"非对象的存在物是非存在物……
非对象性的存在物，是一种非现实的、非感性的，只是思想上的即
只是想象出来的存在物，是抽象的东西。"[②] 但是人不仅仅是自然存
在物，而且是自为地存在着的存在物，因而是类存在物，"有意识的
生命活动把人同动物的生命活动直接区别开来。正是由于这一点，
人才是类存在物。"[③] 正因为人是类存在物，他才把自己的生活作为
对象，即对自己的生命活动有意识，有所认识。马克思这里所说的
是，人的存在是对象性的，无论作为自然存在物还是作为自为地存
在着的存在物都是如此。所以，当人的对象，即自然界、劳动、类、

---

① 【德】马克思：《1844 年经济学哲学手稿》，人民出版社 2000 年版，第
57 页。对马克思《手稿》中异化劳动批判这一出发点学者们大都没有异议，争
论的焦点是：异化劳动批判是以抽象人的本质的为出发点的人本主义的批判逻
辑，以孙伯揆（《马克思社会批判方法论的创新研究》，《扬州大学学报》2002
年第 7 期）、俞吾金（《从"道德评价优先"到"历史评价优先"》，《中国社会
科学》2003 年第 2 期）为代表；认为《手稿》异化劳动批判中对人的本质的规
定是一种成熟的理论，以张奎良（《哲学变革的源头和对"历史之谜"的解
答》，《现代哲学》2004 年第 1 期）为代表，本人倾向张奎良的观点。

② 【德】马克思：《1844 年经济学哲学手稿》，人民出版社 2000 年版，第
106、107 页。

③ 【德】马克思：《1844 年经济学哲学手稿》，人民出版社 2000 年版，第
57 页。

他人等等被剥夺时，即对象不再成为他的对象时，人就处于异化状态；人由于失去了对象，失去了能够表现他的本质的对象，人也就成了抽象的存在物。可见，马克思对异化概念的界定是以人的本质的规定为前提的。

工人的劳动也应是对象化的活动，凭借自然界、凭借感性的外部世界，工人在劳动活动中应当创造出自己的产品，自然界既是工人劳动的对象，也是工人生活资料的来源，但是，在资产阶级社会的生产过程中，工人劳动对象化的结果却表现为工人在以上两个方面丧失对象："工人越是通过自己的劳动占有外部世界、感性自然界，他就越是在两个方面失去生活资料：第一，感性的外部世界越来越不成为属于他的劳动的对象，不成为他的劳动的生活资料；第二，感性的外部世界越来越不给他提供直接意义的生活资料，即维持工人的肉体生存的手段。"① 工人劳动对象化的结果不仅使他丧失了对象，而且使他"成为自己的对象的奴隶"，"工人在他的产品中的外化，不仅意味着他的劳动成为对象，成为外部的存在，而且意味着他的劳动作为一种与他相异的东西不依赖于他而在他之外存在，并成为同他对立的独立力量；意味着他给予对象的生命是作为敌对的和相异的东西同他相对立。"② 这就是马克思对异化的解释。

在马克思转向政治经济学批判的时候，有一门现有的科学，即马克思所说的"国民经济学"。对既有的国民经济学的探讨，使马克思发现了这门科学本身的问题，劳动价值学说的提出，虽然标志着国民经济学已经达到自身的成熟，但这门成熟的科学却在自身中包含着根本的悖谬：它一方面肯定了劳动是财富的惟一源泉，另一方面又实证地确认了劳动同时是对劳动者的贫困状况的生产。当国民经济学达到劳动价值说时，它首先承认了私有财产是属人的物质财

---

① 【德】马克思：《1844 年经济学哲学手稿》，人民出版社 2000 年版，第 53 页。

② 【德】马克思：《1844 年经济学哲学手稿》，人民出版社 2000 年版，第 52、53 页。

富，而不是自然界的恩赐，这也就等于承认了劳动执行着自然对人的本质的关系，而财富则是这种关系的感性的实现。这种对劳动的承认本来构成了国民经济学的真正起点，但他却仅仅从经济学范畴的角度来承认劳动，劳动的全部意义是资本的价值增殖。而且按照国民经济学对私有财产运动的描述，对财富的生产必须以对贫困的生产为基础，但这门科学却承认这种矛盾，并把它作为当然的事实接受下来。

马克思认为要揭示私有财产的本质，不能像国民经济学家那样，先验地预设一个虚构原始状态的模式，用它作为现实历史由之而出的根据，而这样做，无异于神学家"用原罪来说明恶的起源"[①]，马克思摈弃一切对历史基础的形而上学虚构，他只从一项实际呈现的经验事实入手，"我们且从当前的经济事实出发"，这种"经验事实"是马克思站在工人立场上看到的另一幅图景：工人生产的财富越多，他的产品的力量和数量越大，他就越贫穷。工人创造的商品越多，他就越变成廉价的商品。[②] 国民经济学虽然看到了不同于自然物质的社会财富，但他们只看到劳动的物化（对象化）现象，而无法看到劳动与劳动者主体的本质关系，特别是与这种物质过程同时发生的人的社会存在的异化。所以，上述马克思对对象化和异化的区分就具有基础的意义。"劳动的产品，作为一种异己的存在物，作为不依赖于生产者的力量，同劳动相对立。"在资本主义制度下，劳动的实现表现为人愈加失去现实的主体性，"对象化表现为对象的丧失和被对象奴役，占有表现为异化、外化"。所以，"工人生产的对象越多，他能够占有的对象就越少，而且越受自己的产品即资本的统治。""工人在劳动中耗费的力量越多，他亲手创造出来反对自身的、异己的对象世界的力量就越强大，他自身、他的内部世界就越

---

① 【德】马克思：《1844 年经济学哲学手稿》，人民出版社 2000 年版，第51 页。

② 【德】马克思：《1844 年经济学哲学手稿》，人民出版社 2000 年版，第51 页。

贫乏，归他所有的东西就越少。"① 马克思发现，在"对人漠不关心"的国民经济学关注的物质世界之外，还有一个人的世界，并且是个"物的世界的增值同人的世界的贬值成正比。"② 这表明马克思的价值批判，马克思对异化劳动的第一个规定就已经体现了历史批判和价值批判的统一。

在马克思开始指出异化劳动的第一个规定时，他的独立的哲学创造就开始起步了：异化被看成是"活动的异化"，而不是某种既成主体之异化。如果说在这里毕竟有什么东西已被认定，那么，这就是：这种"活动"执行着"自然对人的本质关系"，这关系不是一种精神上的关系，而是活生生的感性生命的关系，活动使这关系凝结为人的感性对象，成为这对象自身持久的存在，也就是说，它成为人的直接的、感性的财富。这财富不是与人无关的自然界的现成的存在物，乃是人的生命活动，这确实发生了对"活动"之为活动的先行认定，但却不是关于活动的某种先验规定，因为若无这种活动，便不会有什么属人的感性世界存在，相应地也就不会有什么私有财产，私有财产若不首先作为人的感性财富，它就不是什么现实的"财产"，而是某种幻想出来的存在物。③

而马克思异化劳动的第二个规定：劳动活动本身的异化是从第一个规定中推论出来的，马克思这样论道："如果工人不是在生产行为本身中使自身异化，那么工人活动的产品怎么会作为相异的东西同工人对立呢？产品不过是活动、生产的总结。因此，如果劳动的产品是外化，那么生产本身必然是能动的外化，活动的外化，外化

① 【德】马克思：《1844 年经济学哲学手稿》，人民出版社 2000 年版，第 52 页。

② 【德】马克思：《1844 年经济学哲学手稿》，人民出版社 2000 年版，第 51 页。

③ 王德峰：《论异化劳动学说对历史唯物主义的奠基意义》，《复旦学报（社会科学版）》1999 年第 5 期，第 48 页。

的活动。在劳动对象的异化中不过总结了劳动活动本身的异化、外化。"① 劳动活动本身的异化，不像第一个规定那样同时是一项经济的事实，却更鲜明地表明了马克思依据人的劳动的价值设定批判资本主义的劳动异化，真正形式的劳动是人类的真正的自我实现的手段，是人的自然力的有意识的运用，是自由生命的表现，它将满足人的需要和享受，是生活的乐趣。然而"在私有制的前提下，它是生命的外化，因为我劳动是为了生存，为了得到生活资料。我的劳动不是我的生命。……在私有制的前提下，我的个性同我自己外化到这种程度，以致这种活动为我所痛恨，它对我来说是一种痛苦，更正确地说，只是活动的假象。因此，劳动在这里也仅仅是一种被迫的活动，它加在我身上仅仅是由于外在的、偶然的需要，而不是由于内在的必然的需要。"② 劳动，对于工人来说，不是属于他自己的，不是自由地肯定自己的本质的活动，而是否定自己的强制性活动。因此，结果是，人只有在运用自己的动物机能的时候，才觉得自己在自由的活动，"而在运用人的机能时，觉得自己只不过是动物。动物的东西成为人的东西，而人的东西成为动物的东西。"③ 马克思认为，人和动物的区别是人的活动是"产生生命的生活"，即劳动，是"自由的有意识的活动"。④ 人也有与动物同样的一些机能，如"吃、喝、生殖"，人只有运用这种机能时，才觉得自己是自由的，而在运用人的机能时，在劳动时，却"使自己的肉体受折磨、

---

① 【德】马克思：《1844 年经济学哲学手稿》，人民出版社 2000 年版，第54 页。

② 【德】马克思：《1844 年经济学哲学手稿》，人民出版社 2000 年版，第184、185 页。

③ 【德】马克思：《1844 年经济学哲学手稿》，人民出版社 2000 年版，第55 页。

④ 【德】马克思：《1844 年经济学哲学手稿》，人民出版社 2000 年版，第57 页。

精神遭摧残"。① 马克思这里的批判是基于对人的活动的价值设定展开的，而这种价值设定所提供的理由不是别的，正是人和动物的区别，这可以认为是他价值批判的事实判断成份。

现实的劳动虽然实际创造着属人的物质财富，却同时使这种创造具有动物的性质，因为它不是自由的活动，而是消极的受动，这样，在人的生命活动中就包含了反生命的要素，这样的活动不得不表述为活动之异化。

接着，马克思从上两个规定推出第三个异化劳动的规定，这就是人与自己的类本质的异化。马克思在这里沿用了费尔巴哈人本学把人作为类的存在物的表述，但是我们切不可把表述上的沿用等同于思想上的直接承袭，马克思这时在对人和人的本质的理解上远远超越了费尔巴哈。费尔巴哈重视人，但他并不真正了解人，他把人理解为一个"类"，并认为意志、情感、理性就是人的"类本质"或"类特性"。针对费尔巴哈直观唯物主义的弊病，马克思在哲学史上第一次推出了对人的本质的科学理解，马克思这时的"人"已经是从事对象性的实践活动的人，而不是费尔巴哈的与实践活动割裂的"孤立抽象的人"："正是在改造对象世界中，人才真正地证明自己是类存在物。这种生产是人的能动的类生活。通过这种生产，自然界才表现为他的作品和他的现实。因此，劳动的对象是人的类生活的对象化。"② 异化劳动把这种关系颠倒过来，从人那里夺去了他的生产对象，也就从人那里夺去了他的类生活，把人对动物所有的优点变成缺点；同时，使人的这种生命的表现畸变为仅仅是"维持人的肉体生存的手段。"③ 这两者与人相异化，成为人的异化了的类

---

① 【德】马克思：《1844 年经济学哲学手稿》，人民出版社 2000 年版，第55、54 页。

② 【德】马克思：《1844 年经济学哲学手稿》，人民出版社 2000 年版，第58 页。

③ 【德】马克思：《1844 年经济学哲学手稿》，人民出版社 2000 年版，第58 页。

本质。

异化的第四个规定，按照马克思的说法，是前三个规定的直接结果，就是人同人相异化。当工人与自己的产品、活动相对立的时候，这些东西必然属于一个他人，这就必然表现为人与他人的对立和异化。"人同自身和自然界的任何自我异化，都表现在他使自身和自然界跟另一些与他不同的人所发生的关系上……通过异化劳动，人不仅生产出他对作为异己的、敌对的力量的生产对象和生产行为的关系，而且还生产出他人对他的生产和他的产品的关系，以及他对这些他人的关系。……他也生产出不生产的人对生产和产品的支配。"① 也就是说，异化劳动不仅产生了人的生产劳动的异化关系，而且还产生了人与人之间的社会关系，即生产出一种不生产的人，他们却对生产劳动的一切具有支配和决定权——资本家。资本家就是私有财产的真正代表。正是马克思的这一洞见，为历史唯物主义奠定了基础，因为马克思考察资本主义工人的异化劳动，已接近于把财富当做一种社会关系，当做一种人与人之间的关系，而不是人与物之间的关系。② 因此，异化的扬弃就必须要从内部改造社会关系。

至此，马克思得出了一个重要的结论："私有财产是外化劳动即工人对自然界和对自身的外在关系的产物、结果和必然后果。"③ 这样马克思就解决了国民经济学所不能解决而只能当做前提——私有财产这一事实的问题，从而指出了古典经济学的根本错误在于将异化劳动当成了劳动本身，这就颠覆了当时流行的将异化劳动看作结果、私有财产看成原因的观念，"尽管私有财产表现为外化劳动的根

---

① 【德】马克思：《1844 年经济学哲学手稿》，人民出版社 2000 年版，第60—61 页。
② 对马克思异化劳动的这种观点，也有论者提出，见王德峰：《论异化劳动学说对历史唯物主义的奠基意义》，《复旦学报（社会科学版）》1999 年第5 期。
③ 【德】马克思：《1844 年经济学哲学手稿》，人民出版社 2000 年版，第61 页。

据和原因，但确切地说，它是外化劳动的后果……后来，这种关系就变成相互作用的关系。"① 由此，马克思深刻地揭示出了私有财产的本质。

这里，马克思实际上把他对现实的批判归结为两个因素：异化劳动和私有财产。他认为，"我们也可以借助这两个因素来阐明国民经济学的一切范畴，而且我们将重新发现，每一个范畴，例如买卖、竞争、资本、货币，不过是这两个基本因素的特定的、展开了的表现而已。"②

批判并不是马克思的最终目的，马克思的最终目的是通过批判、通过揭示资本主义的内在矛盾为工人阶级指出解放的道路。正因为异化劳动是私有财产的原因，所以，马克思的结论是："社会从私有财产等等解放出来、从奴役制解放出来，是通过工人解放这种政治形式来表现的，这并不是因为这里涉及的仅仅是工人的解放，而是因为工人的解放还包含普遍的人的解放；其所以如此，是因为整个的人类奴役制就包含在工人对生产的关系中，而一切奴役关系只不过是这种关系的变形和后果罢了。"③

"通过外化和重新占有的自我实现的规范模式，是批判的尺度（标准），黑格尔和马克思正是利用了这个标准去衡量资产阶级和资本主义社会。对黑格尔来说，这种自我实现是通过思想的思辨过程的尽头获得的；对马克思来说，则必须依靠变革的斗争才能实现。"④ 也就是说，马克思的异化劳动批判从一开始就蕴涵了人的解放的目标，这表明马克思哲学的实践本性：重要的在于改变世界。

---

① 【德】马克思：《1844 年经济学哲学手稿》，人民出版社 2000 年版，第 61 页。

② 【德】马克思：《1844 年经济学哲学手稿》，人民出版社 2000 年版，第 63 页。

③ 【德】马克思：《1844 年经济学哲学手稿》，人民出版社 2000 年版，第 62—63 页。

④ Benhabib, Seyla: Critique, Norm, and Utopia: A Study of the Foundations of Critical Theory. New York: Columbia University Press, 1986, pp. 66—67.

　　马克思对异化劳动的批判，并没有止于《手稿》，而是贯穿于他的生命始终，并在各个阶段不断地深化。在《德意志意识形态》（以下简称《形态》）中，马克思和恩格斯更加深入地分析了资本主义私有制社会的异化。进一步深入分析的一个新契机在于他认识到生产资料私有制基础上的劳动分工构成人自我异化的基础。强调了社会主义社会之前劳动分工和阶级分裂的必然性，因而异化被解释为一定生产关系的特征和表现形式。在《政治经济学批判大纲》中，有两个思想环节发生作用，第一个环节是对异化的总体性认识：既有工人的异化，又有资本家的异化，尽管他们异化的形式不同；第二个环节是关于资本主义社会中个人关系客体化的论述。这两个环节在《资本论》中得到进一步的发展，马克思指出，在资本主义社会里，异化不仅支配着工人，也支配着资产者，它标志着个体在资产阶级社会中的地位，对商品拜物教的批判，集中表现了后期马克思的异化的批判。

　　这时的马克思主要从经济学角度研究资本主义社会，运用唯物史观和历史辩证法分析、解剖资本主义社会的结构——生产关系，对资本主义的异化现象做了相当透彻的分析，提出了一种新的异化理论，把异化和生产关系的物化联系起来，指出，在商品社会中，物化有两种：一种是劳动的对象化或物化，即劳动中人的具体活动形式凝结在对象上，物化为劳动对象或产品，这实际上就是劳动的对象化。另一种物化则是人与人之间的社会关系的物化，即人与人的关系转变为物与物的关系，这样社会关系的主题就不再是人而是物。社会关系的物化不是通过劳动产生的，不是人的劳动活动的结果，而是通过人与人之间的产品交换产生的。生产者各自用自己的劳动产品互相进行交换，这种交换一旦在社会规模上进行，成为一种普遍现象之后，人与人之间的关系就变成为物与物的关系。

　　异化劳动理论贯穿于马克思的生命的始终，而且在马克思的整个思想中处于基础的、核心的地位。它对西方马克思主义者的影响也是非常的明显。卢卡奇在解读《资本论》而没有接触过《手稿》

的情况下，观照到了资本主义的物化现象，指出商品关系及其运作机制已经全面渗透到人际关系层面和思想意识层面，人与人的关系变成了物与物的关系，人的本性与其存在相冲突，人的活动"变成了客观的、不以自己的意志为转移的某种东西，变成了依靠背离人的自律力而控制了人的某种东西。"① 当马克思的《手稿》在1932年首次发表之后，法兰克福学派的批判理论家们运用马克思的劳动异化论分析全部社会生活领域，揭示出现代资本主义社会的异化具有总体性，异化渗透到了政治、经济、技术、消费、心理等各个方面，不仅外在的社会生活是异化的，而且内在的情感、人格等也异化了，发达工业社会使一切都遭到物化—异化旋涡的无情吞噬。以异化理论批判资本主义社会是马克思对当代批判理论家们的一大理论贡献。

第三节　《资本论》创作期间
对资本主义社会的批判

马克思写作政治经济学的主旨在于，揭露资本主义剥削实质，阐明资本主义社会的发展规律。在《资本论》第一卷付印前夕，马克思告诉自己的朋友、第一国际著名活动家贝克尔，说他的书"是向资产者（包括土地所有者在内）脑袋发射的最厉害的炮弹。"② 马克思正是以历史唯物主义为基础，通过对"资本主义生产方式以及和它相适应的生产关系和交换关系"③ 的研究，具体而科学地揭示

---

① 【匈】卢卡奇：《历史与阶级意识》，重庆出版社1989年版，第96页。

② 《马克思恩格斯全集》第31卷，人民出版社1972年版，第542—543页。

③ 【德】马克思：《资本论》第1卷第1版序言，《马克思恩格斯全集》第44卷，人民出版社2001年版，第10、8页。

了资本家怎样通过对工人劳动的剩余价值的占有从而实施了对工人的剥削的。

一、历史唯物主义——批判理论基础的确立

1846 年，马克思完成了创立新的社会历史观的伟大任务，在《德意志意识形态》中，马克思对这个新世界观进行了概括："这种历史观就在于：从直接生活的物质生产出发阐述现实的生产过程，把同这种生产方式相联系的、它所产生的交往形式即各个不同阶段上的市民社会理解为整个历史的基础，从市民社会作为国家的活动描述市民社会，同时从市民社会出发阐明意识的所有各种不同理论的产物和形式……这种历史观和唯心主义历史观不同，它不是在每个时代中寻找某种范畴，而是始终站在现实历史的基础上，不是从观念出发来解释实践，而是从物质实践出发来解释观念的形成。"① 这就是通常被人们理解成为"历史唯物主义"的新世界观，从此，人类历史被看成一个类似自然的历史过程，被这种新的历史理论当做出发点的，不是任意提出的，也不是什么教条，而是"一些现实的个人，是他们的活动和他们的物质生活条件，包括他们已有的和由他们自己的活动创造出来的物质生活条件。"② "人们的活动和物质生活条件"被马克思当做全部人类历史的第一个前提，也是他研究的出发点。这正如俞吾金教授在谈到历史唯物主义时所指出的，历史唯物主义是马克思全部学说的基础、核心，是马克思探究一切问题的前提和出发点，也同样是马克思政治经济学批判的基础和出发点。从历史唯物主义出发，就是从从事实际活动的、现实的

---

① 【德】马克思、恩格斯：《德意志意识形态》，《马克思恩格斯选集》第 1 卷，人民出版社 1995 年版，第 92 页。

② 【德】马克思、恩格斯：《德意志意识形态》，《马克思恩格斯选集》第 1 卷，人民出版社 1995 年版，第 67 页。

人出发。①

从现实的人出发，即从人生活于其中的社会现实的客观基础出发，根据历史发展的客观进程，具体地把握体现着人的现实社会差别的本质。这种本质并不表现为人的抽象的规定性，而是在社会现实的生产和生活中活生生展现出来的东西。所以，当我们不是从通常的角度来理解"历史"，而是把马克思的历史唯物主义当成方法来理解时，这里的"历史"并不是通常所理解的时空范畴中的社会历史，而是把事物当做"过程"而不是当做"实体"来理解的辩证思维方法。辩证法的特点不是就事物看待事物，而是就过程看待事物，把事物放在历史过程中，从其产生发展的具体过程中来加以研究，所以辩证的观点同时就是历史的观点，辩证唯物主义与历史唯物主义就是同一个"主义"，而不是两个"主义"。

50 年代，马克思在写《经济学手稿（1857—1858）》之前的一篇文章《〈政治经济学批判〉导言》中，将人的活动具体化为"生产活动"："在社会中进行生产的个人，——因而，这些个人的一定社会性质的生产，当然是出发点。"② 从"生产的个人"出发来考察社会，就必然要面对以下两个方面的辩证关系问题：一是人和自然的关系，二是人与人的关系，这两个方面又以后者为重。这不仅因为在社会中进行生产的个人必然要形成一定的生产关系，马克思最为关注的就是现实的人实践活动和他们的命运，他的批判理论要揭示的就是现实的生产关系何以至此的根源，而且因为这是马克思变革现实的实践哲学所要致力于改变的重要内容。以这个出发点为基础对资本主义的批判，马克思具体关注的就是"资本家和工人的关

---

① 俞吾金：《重新认识马克思的哲学和黑格尔哲学的关系》，《哲学研究》1995 年第 3 期，第 26—27 页。

② 【德】马克思：《经济学手稿（1857—1858 年）》，《马克思恩格斯全集》第 30 卷，人民出版社 1995 年版，第 22 页。

系为前提",① 即以资本主义的生产关系为前提来考察生产过程。

这个新的出发点的确立与早期异化劳动出发点之间是一种什么样的关系呢?

马克思唯物史观的确立,同时也是他完成了从哲学到科学的知识类型的转变,马克思对自己学说的信心,很大程度上基于他对这种学说所属的知识类型的信心,② 马克思的理论观点的变化是显性的,知识观的变化是隐性的,在确立"科学—知识"类型之前,马克思的一些观点,如对资本主义私有制和市场制度的否定,对人的全面发展和人类解放的价值理想的信念,对历史运动的辩证过程的觉解,对无产阶级的历史使命和革命的必要性的确认等,这些观点虽然是通过"哲学"的抽象思辨的方式获得的,但这些观点在马克思后来"科学"地研究问题的时期并没有被抛弃,而是被整合进了"科学"的理论体系之中。如果因为承认马克思知识类型的转变而丢掉了马克思学说中哲学成分,马克思所主张的价值理想和革命精神就会被根本销蚀。

这里我们对马克思政治经济学批判理论出发点的确立和我们探讨马克思对异化劳动批判的出发点的观点并不矛盾,异化劳动是以人的价值本质为出发点,而政治经济学的出发点是"以一定的方式进行生产活动的一定的个人"③,是现实的、具体的人,是一个社会事实上的主体和他们的活动,这个出发点的确立并不表明马克思已经摒弃了他早年所确立的人的价值本质,而只是辩证地将这两者整合到一起,将他所确立的人的价值理想客观化到物质生产的历史过程之中,让物质生产的客观规律内在地包含人的价值本质,从而达

① 《马克思恩格斯全集》第 26 卷(第 3 册),人民出版社 1974 年版,第 500 页。
② 徐长福:《求解"柯尔施问题"》,《哲学研究》2004 年第 6 期,第 5 页。本节下面的论述也参考了此文。
③ 【德】马克思、恩格斯:《德意志意识形态》,《马克思恩格斯选集》第 1 卷,人民出版社 1995 年版,第 71 页。

到物质生产的规律性和人的价值的目的性的辩证统一。① 马克思对资本主义的经济学批判，就是基于"现实的个人"的被剥削、受压迫、为价值增殖而生产的悲惨命运，揭示造成工人阶级这种命运的深刻的经济根源。对资本主义社会生产方式的探索就是要让人们认识到它的对抗、危机、冲突和灾难的历史，让人们认识到这种生产方式在客观上和主观上为全面发展的个人创造了充分的条件和基础，最终实现作为目的本身的以人类能力发展为根本价值目标的自由王国，在此，"现实的个人"和人的价值本质达到辩证的统一。

恩格斯对政治经济学研究主题的揭示验证了马克思的关注点："政治经济学从商品开始，即从产品由个别人或原始公社相互交换的时刻开始。进入交换的产品是商品。但是它成为商品，只是因为在这个物中、在这个产品中结合着两个人或两个公社之间的关系，即生产者和消费者之间的关系，在这里，两者已经不再结合在同一个人身上了。在这里我们立即得到一个贯穿着整个经济学并在资产阶级经济学家头脑中引起过可怕混乱的特殊事实的例子，这个事实就是：经济学所研究的不是物，而是人和人之间的关系，归根到底是阶级和阶级之间的关系；可是这些关系总是同物结合着，并且作为物出现。"② 这又一次说明，马克思研究经济学批判的范畴，如商品、货币、资本、剩余价值，看似经济学的范畴，但体现的是人与人之间的关系，也就是说，马克思批判理论的出发点和最终的关注点始终是人的活动和他们之间的关系。

以历史唯物主义为基础对资本主义的批判，当然也包括了将历史唯物论作为方法，解剖资本主义生产方式，揭示其产生、发展和灭亡的规律。马克思是在生产方式的矛盾运动的意义上来阐释资本主义经济运动规律的，他注重生产关系的分析和解剖，以揭示剩余

---

① 此观点参考了徐长福：《人的价值本质与事实本质的辩证整合》，《中山大学学报（社会科学版）》2003 年第 5 期，第 7—12 页。

② 【德】恩格斯：《卡尔·马克思〈政治经济学批判.第一分册〉》，《马克思恩格斯选集》第 2 卷，人民出版社 1995 年版，第 44 页。

价值的秘密为中心，以对典型的资本主义生产方式的批判为主要内容，把资本主义的生产过程作为整个资本主义生产方式解剖的基础来看待，因为剩余价值正是资本在生产领域中对工人剥削的直接结果。因为批判，马克思深入到资本主义经济运动的内部中去，从这种生产方式矛盾运动的各个细节的有机的相互联系和矛盾运动中，揭示出这种运动所趋向于一个新的发展阶段。马克思的政治经济学批判显示出，历史唯物主义不是一种静态的理论，而是要求在事物的运动中考察事物，在事物的发展中把握住它前进的方向。

历史唯物主义方法论的确立为西方马克思主义批判理论家们提供了锐利的思想武器。卢卡奇认为历史唯物主义是"提供给我们历史地因而是科学地观察现实的观点，从而使我们能够透过历史表层，洞察到在现实中控制着事件的深层的历史力量。……是所有无产阶级的武器中最重要的武器之一。"[1] 马尔库塞也认为历史唯物主义"是揭露使人受物质生产盲目结构奴役的社会批判工具。"[2] 弗罗姆的社会心理学批判同样是将历史唯物主义作为其基础而展开的（对此内容后文再述）。马克思唯物史观的发现的确在方法论上为批判理论奠定了基础。

马克思对他之后的批判理论产生重大影响的不仅是唯物史观的理论基础，也包括批判理论的内容，特别是政治经济学批判，这可以从狭义批判理论的创始人霍克海默以及对批判理论有深入研究的学者们的论述中得到确认："批判理论不否认它的原则是由政治经济学这门特殊学科确立起来的。"[3] Postone 也认为考察半个世纪以来社会历史的发展，马克思主义理论（这里指作者重新阐释和建构的马克思主义的批判理论）为重新思考资本主义的性质以及它的可能的

---

① 【匈】卢卡奇：《历史与阶级意识》，重庆出版社 1989 年版，第 240 页。
② 【美】马尔库塞：《理性与革命》，重庆出版社 1993 年版，第 267 页。
③ 【德】霍克海默：《批判理论》，重庆出版社 1989 年版，第 215 页。

历史变化提供了一个起点丰富的基础。① 而他的著作《时间、劳动和社会控制——对马克思批判理论的重新解读》着重考察的就是马克思的政治经济学批判，而且是马克思思想成熟后最重要的著作《1857—1858 年经济学手稿》之后的批判思想。

在对批判理论的介绍性著作中，赫尔德持同样的观点。他认为，马克思的政治经济学为批判的社会理论起了奠基的作用，这表现在，尽管法兰克福学派成员对资本主义发展的评价有很大的差异，但从一开始，他们各自的分析都拥有人们熟悉的马克思主义的原则，如：我们生活在一个由资本主义生产方式占有支配地位的社会中，这是一个以交换价值为主的、商品的社会。产品的生产主要是用来实现它们的价值和利润，而不是为了满足人们的愿望和需要。产品的商品特征并非简单的由它们的交换价值决定的，而是由它们的抽象的交换价值决定的。建立在抽象劳动时间基础上的交换，影响了生产过程的客观形式和主观的形式。它通过决定产品和劳动的形式影响前者，通过使人的关系贬值影响后者；资本主义整体上说不是一个和谐的社会。无论是在商品生产的范围还是在意识形态的领域都建立在矛盾的基础上。居于统治地位的生产关系束缚了生产力的发展并产生了一系列的对抗，由社会所引起的意识形态和现实的矛盾导致了危机。一个总的趋势是企业的资本集中并且资本集中日益增长。自由市场逐渐的由垄断和寡头所取代，等等。② 在霍克海默的著作中，马克思对资本主义研究的贡献得到了认可："社会批判理论就其总体而言是个别存在判断的呈现。从广义上说，批判理论指出，作为近代史基础的、历史地给定了的商品经济的基本形式，本质上包含了当今时代的内部和外部的紧张关系。当今时代以越来越强的形

---

① Postone, Moishe: Time, Labor, and Social Domination: A Reinterpretation of Marx's Critical Theory. New York: Cambridge University Press, 1993, P. 389.

② Held, David.: Introduction to Critical Theory: Horkheimer to Habermas. London: Hutchinson, 1980, pp. 40—41.

式一再产生出这些紧张关系。"①

　　当西方进入后资本主义全球化时代，马克思的历史唯物主义以及依据历史唯物主义对资本主义的分析和批判依然有着强大的生命力，马克思主义在 21 世纪的今天依然没有过时，其中一个重要原因是孕育和产生马克思主义的土壤——资本主义的情势依然存在。后现代主义同时也是晚期马克思主义的主要代表人物詹姆逊就认为，资本主义进入后现代时期，确实出现了前所未有的新特点，然而按照马克思的观点，资本主义的根本特征是资本的无止境扩张，这一特征在当今资本主义那里没有发生根本性的变化。他明确指出："我的核心观点是，今日的资本主义并未发生根本性的变化。"② 虽然资本主义是一种最富有弹性和适应能力的生产方式，并千方百计地企图消除其危机，然而无论是资本主义世界体系的扩张，还是新型商品的推出，这两大策略都没有也不能消除其危机，当代资本主义必然处于危机之中。他断定："马克思主义是关于资本主义的科学，或者更恰当地说，是关于资本主义内在矛盾的科学。一方面，这意味着庆贺'马克思主义死亡'，宣告资本主义和市场体系决定性胜利的做法是不合逻辑的。另一方面，资本主义的'矛盾'不是某种无形的内在消解……"③ 另一位晚期马克思主义者凯尔纳也有类似的论述，"只要我们还生活在资本主义社会，那么马克思主义将仍然是合乎时宜的……只要巨大的阶级不平等、人类痛苦和压迫还存在，就有必要存在马克思主义这样的批判理论和它的社会变革思想。"④

　　持有同样观点的还有一些西方的非马克思主义者，他们认为尽

---

　　① 【德】霍克海默：《批判理论》，重庆出版社 1989 年版，第 215—216 页。

　　② 【美】詹姆逊："论现实存在的马克思主义"，俞可平：《全球化时代的"马克思主义"》，中央编译出版社 1998 年版，第 71 页。

　　③ 【美】詹姆逊："论现实存在的马克思主义"，俞可平：《全球化时代的"马克思主义"》，中央编译出版社 1998 年版，第 73 页。

　　④ 【美】道格拉斯·凯尔纳："正统马克思主义的终结"，俞可平：《全球化时代的"马克思主义"》，中央编译出版社 1998 年版，第 35 页。

管当前资本主义社会与马克思那个时代有了明显的变化，但其资本主义的根本性质并没有改变，马克思主义关于资本主义的一些基本判断依然有效，生产——资本的逻辑仍然是当前社会的主要内容。在西方理论界有一定影响的美国著名经济学家海尔布隆纳说："只要资本主义存在着，我就不相信我们能在任何时候宣布他（马克思）关于资本主义内在本性的分析有任何错误。"① 海氏的这个观点，用加拿大马克思主义学者艾伦·伍德的观点可以得到很好的说明，她认为我们所处的时代，资本主义第一次真正成为一种普遍的制度。资本主义的普遍性不仅仅是就其全球化的发展而言，也不仅仅是指当今世界的各种经济成分（包括资本主义经济最远的外围）都在以这种或那种方式，按照资本主义的规律在运转，而且其规律——包括积累、商品化、利润最大化、竞争等——已经渗透到了几乎人类生活和自然本身的所有方面，其方式也是发达资本主义国家在二三十年前所不能比拟的。所以，马克思比以往更加具有重大的现实意义，因为与以往及现在的其它任何人相比，他都更加有效地解释了资本主义制度的规律。②

二、资本对劳动剥削机制的揭示

批判的主要工作是揭露。马克思对政治经济学批判直接指向资本主义的现实：通过揭示利润掩盖了被资本家无偿占有了的剩余价值来揭示资本家剥削工人的秘密。这种"揭露"就是实质地说明了资本和劳动的关系。马克思之所以能够对资本主义社会进行彻底的批判，就在于马克思发现了资本家剥削工人的秘密，彻底弄清了资本和劳动的关系。

马克思在这方面的理论成果不止一次地被恩格斯强调，恩格斯

① 【美】海尔布隆纳：《马克思主义——赞同和反对》，中国社会科学院情报研究所1982年版，第62页。
② 【美】艾伦·伍德著，许由译：《回到马克思》，乌有之乡网站，http://www.wyzxsx.com/Article/Class17/200712/28866.html。

在认真阅读了马克思寄给他的《资本论》第一卷的清样后，高度评价了马克思的辉煌成就，他说："……我还祝贺你，实际上出色地叙述了劳动和资本的关系，这个问题在这里第一次得到充分而又相互联系的叙述。"① 恩格斯说剩余价值理论是马克思的第二个伟大发现，因为这一发现彻底弄清了资本和劳动的关系："揭示了在现代社会内，在现存资本主义生产方式下，资本家对工人的剥削是怎样进行的。"②

"马克思批判的一个基本目的，就是去揭示表面的平等交换下面存在的阶级剥削。"③ 其实，早在40年代马克思已经知道了资本家剥削工人的秘密。他写的《哲学的贫困》、《雇佣劳动与资本》、《工资》这些文稿表明，当时马克思"不仅已经非常清楚地知道'资本家的剩余价值'是从哪里'产生'的，而且已经非常清楚地知道它是怎样'产生'的。"④

1847年，马克思在《雇佣劳动与资本》这篇文章中，为了揭示雇佣工人受剥削的秘密，对雇佣劳动这种特殊商品的使用价值和交换价值做了区分。虽然在用语中马克思还未明确区分劳动和劳动力，把工人出卖劳动力还称为出卖劳动，从而表现出新事物出现时所必然带有的旧理论形式上的痕迹，但实际上马克思着重分析了这种特殊商品的使用价值和交换价值的不等，指出是工人维持自身再生产之外的剩余劳动成了资本家剩余价值的来源，从而论证了工人为争取公平工资的合理性。

资本和劳动之间的不平等交换，这是在现象上可以观察到的，

---

① 【德】恩格斯：《恩格斯致马克思》，《马克思恩格斯全集》第31卷，人民出版社1972年版，第329页。

② 【德】恩格斯：《卡尔·马克思》，《马克思恩格斯选集》第3卷，人民出版社1995年版，第337页。

③ Postone, Moishe: Time, Labor, and Social Domination: A Reinterpretation of Marx's Critical Theory. New York: Cambridge University Press, 1993, pp. 52—53.

④ 【德】恩格斯：《序言》，《马克思恩格斯全集》第24卷，人民出版社1972年版，第12页。

这也是古典经济学家承认的事实，而在这篇文章中马克思已经用价值规律去说明这种现象：“工人拿自己的劳动力换到生活资料，而资本家拿他的生活资料换到劳动，即工人的生产活动，亦即创造力量。工人通过这种创造力量不仅能补偿工人所消费的东西，并且还使积累起来的劳动具有比以前更大的价值。”① 这说明，正是在资本与劳动的交换中隐藏着资本增殖的秘密。工人为了换到生活资料，正是把这种贵重的再生产力量让给了资本家：“资本只有同劳动力交换，只有引起雇佣劳动的产生，才能增加。”②

以上这些论述清楚地表明，马克思已经把握了整个资本主义生产关系得以再生产的秘密之所在，他已经看到了通过劳动与资本的交换，工人为资本家创造着价值增殖，这个价值增殖就是马克思政治经济学的中心范畴。由于马克思当时还没有创立科学的劳动价值论，更没有对资本主义条件下生产商品的劳动的二重性进行科学的分析，因而还无法解决劳动力价值的决定问题。这正如恩格斯所说，“在 40 年代，马克思还没有完成他的政治经济学批判工作，这个工作只是到 50 年代末才告完成。”③

50 年代，马克思研究了大量经济学家的著作，在总结资产阶级政治经济学史上关于剩余价值产生问题的研究时强调指出：剩余价值问题“实质上是关于资本和雇佣劳动的概念的问题，因而是在现代社会制度的入口处出现的基本问题。”④ 马克思经济理论的核心是揭示劳动同资本的对立，揭示资本主义生产关系的本质。古典政治经济学已经研究了资本和劳动的交换关系，并且感觉到那个剩余价

---

① 【德】马克思：《雇佣劳动与资本》，《马克思恩格斯选集》第 1 卷，人民出版社 1995 年版，第 347 页。

② 【德】马克思：《雇佣劳动与资本》，《马克思恩格斯选集》第 1 卷，人民出版社 1995 年版，第 348 页。

③ 【德】马克思：《雇佣劳动与资本，恩格斯写的 1891 年单行本导言》，《马克思恩格斯选集》第 1 卷，人民出版社 1995 年版，第 321 页。

④ 【德】马克思：《经济学手稿（1857—1858 年）》，《马克思恩格斯全集》第 30 卷，人民出版社 1995 年版，第 288 页。

值就是在这种交换中产生的，但是它不能在价值规律的基础上说明这个剩余价值的产生。斯密没有剩余价值范畴，只有利润和地租概念。他认为劳动是价值的源泉，也是剩余价值的源泉。"但是，劳动创造剩余价值，其实也只是因为余额在分工中表现为社会的自然赐予，表现为社会的自然力。"① 李嘉图对剩余价值的理解是建立在劳动价值论的基础上的，认为利润是商品的价值超过工资的余额，地租是商品的价值超过工资加利润的余额。因此，马克思说他是"所有经济学家中唯一懂得剩余价值的人。"② 但是，李嘉图也和斯密一样，没有把剩余价值本身作为一个专门范畴同利润和地租这些特殊形式区别开来。在剩余价值理论问题上，马克思的意见是和所有前人直接对立的，他认为，问题不在于像资产阶级经济学家那样，简单地确认资本主义社会存在利润这样一种经济事实，利润这一概念根本不可能看出资本家对工人的剥削；也不在于像空想社会主义者那样，指出资本家剥削工人这种经济事实和"永恒公平"、"真正道德"相冲突，这种道德谴责很难让资本家信服。"而是在于这样一种事实，这种事实必定要使全部经济学发生革命，并且把理解全部资本主义生产的钥匙交给那个知道怎样使用它的人。"③ 这一事实，就是剩余价值的存在，而这一事实，是马克思最早发现的。

1. 剩余价值生产的前提：从资本和劳动的对立看马克思对剥削
机制的揭示

揭示剥削的实质，阐明剩余价值的来源，马克思将"资本"作为一个关键词。恩格斯这样论述马克思研究资本的方法："在阐述资本时，马克思从简单的众所周知的事实出发，这就是资本家通过交

---

① 【德】马克思：《经济学手稿（1857—1858年）》，《马克思恩格斯全集》第30卷，人民出版社1995年版，第291页。

② 【德】马克思：《经济学手稿（1857—1858年）》，《马克思恩格斯全集》第30卷，人民出版社1995年版，第287页。

③ 【德】恩格斯：《序言》，《马克思恩格斯全集》第24卷，人民出版社1972年版，第21页。

换而增殖了他的资本的价值：他用他的货币去购买商品，后来又把商品卖出去，使其所得的货币，多于开始时所投入的。"① 为探索这一现象背后的原因，马克思从唯物史观出发，充分利用古典经济学的理论成果，对此做出了科学的阐述。

马克思在讲到资本的起源时指出，无论是在历史上或是在资本主义现实中，资本最初总是表现为一定数量的货币。然而，作为货币的货币和作为资本的货币是有区别的。他们的区别，首先在于它们具有不同的流通形式。马克思着重分析了隐藏在二者形式上的区别后面的内容上的区别，指出资本流通形式最重要的特点就在于"原预付价值不仅在流通中保存下来，而且在流通中改变了自己的价值量，加上了一个剩余价值，或者说增殖了。正是这种运动使价值转化为资本。"② 那么，这个增殖额或剩余价值是如何产生的呢？货币转化为资本的条件是货币所有者在市场上购买到一种特殊的商品，这种特殊的商品具有一种特殊的使用价值，这种特殊的使用价值必须是价值的源泉。具有这种特殊的使用价值的商品就是劳动力。因此，劳动力成为商品是货币转化为资本、资本价值增殖的前提和基础。

马克思论证了劳动力商品这一范畴的资本主义性质："有了商品流通和货币流通，决不是就具备了资本存在的历史条件。只有当生产资料和生活资料的占有者在市场上找到出卖自己劳动力的自由工人的时候，资本才产生；而单是这一历史条件就包含着一部世界史。因此，资本一出现，就标志着社会生产过程的一个新时代。"③ 而资本主义生产过程的起点就在于从事生产活动的人与生产资料相分离，

---

① 【德】恩格斯：《卡尔·马克思〈资本论〉第一卷书评》，《马克思恩格斯选集》第2卷，人民出版社1995年版，第590页。

② 【德】马克思：《资本论》第1卷，《马克思恩格斯全集》第44卷，人民出版社2001年版，第176页。

③ 【德】马克思：《资本论》第1卷，《马克思恩格斯全集》第44卷，人民出版社2001年版，第198页。

马克思分析到："要使货币转化为资本，只有商品生产和商品流通的存在还是不够的。为此首先必须有下列双方作为买者和卖者相对立：一方是价值或货币的占有者，另一方是创造价值的实体的占有者；一方是生产资料和生活资料的占有者，另一方是除了劳动力以外一无所有的占有者。所以，劳动产品和劳动本身的分离，客观劳动条件和主观劳动力的分离，是资本主义生产过程事实上的基础或起点。"① 正因为劳动力的占有者除了自身之外一无所有，既无生产资料，又无生活资料，只有依靠出卖自己的劳动才能维持劳动力，这是资本主义生产关系得以产生的基础和条件。

劳动力作为商品，自然也有他的价值和使用价值。而劳动力的使用价值却与其他商品完全不同，他的特殊性就在于它的使用能创造价值，创造的价值大于它自身的价值。"劳动力的价值和劳动力在劳动过程中的价值增殖，是两个不同的量。资本家购买劳动力时，正是看中了这个价值差额。"②

劳动力的买和卖是在流通领域进行的，而流通领域是不创造价值和剩余价值的。流通领域的劳动力的买卖只不过为货币转化为资本、剩余价值生产提供了可能性，其现实性在于对劳动力的使用和消费，即进行生产劳动。因此，必须深入分析资本主义生产过程，才能最终揭示剩余价值生产的秘密。马克思的批判理论从"揭露"这一环节来说，着重研究和分析的就是资本的生产过程，而对生产过程的分析，生产关系是它的前提和基础，这充分表明了唯物史观方法论的基础作用。

2. 剩余价值的生产过程：从抽象到具体的方法

在考察资本主义的具体的生产过程之前，马克思首先撇开了各

---

① 【德】马克思：《资本论》第 1 卷，《马克思恩格斯全集》第 44 卷，人民出版社 2001 年版，第 658 页。

② 【德】马克思：《资本论》第 1 卷，《马克思恩格斯全集》第 44 卷，人民出版社 2001 年版，第 225 页。

种特定的社会形式抽象地考察了一般劳动过程，即生产产品、使用价值的劳动过程，这种抽象是建立在对具体实在和现象进行深入研究基础上的抽象，他认为："劳动首先是人和自然之间的过程，是人以自身的活动来中介、调整和控制人和自然之间的物质变换的过程。"这种专属于人的劳动形式是一种有意识、有目的的活动，"劳动过程结束时得到的结果，在这个过程开始时就已经在劳动者的表象中存在着，即已经观念地存在着。"① 同时分析了劳动过程的组成要素以及作为结果的产品的规定性。马克思之所以要抽象地考察撇开了各种特定社会形式的劳动过程，是因为把生产的一切时代的某些共同标志和共同规定提出来，免得重复。这"是一个合理的抽象"②。撇开特定时代的劳动过程，一切时代的生产劳动的共性是："劳动过程……是制造使用价值的有目的的活动，是为了人类的需要而对自然物的占有，是人和自然之间的物质变换的一般条件"，"劳动过程的实质在于生产使用价值的有用劳动。"③ 当然，马克思的政治经济学并不专门研究"生产一般"，它的对象是社会生产的特殊形式，即资本主义的劳动过程。马克思将资本主义的生产过程描述为劳动过程和剩余价值形成过程的统一，他首先得要寻求在基本的逻辑层面上理解这个过程，也就是说，将这个过程理解为劳动过程和价值形成过程。

这是马克思《资本论》中从抽象到具体的方法在论述劳动过程的具体运用。马克思在这里考察的顺序是：任何社会都存在的一般劳动过程；商品生产社会共有的劳动过程；资本主义社会特有的劳动过程。

---

① 【德】马克思：《资本论》第 1 卷，《马克思恩格斯全集》第 44 卷，人民出版社 2001 年版，第 207—208 页。

② 【德】马克思：《〈政治经济学批判〉导言》，《马克思恩格斯选集》第 2 卷，人民出版社 1995 年版，第 3 页。

③ 【德】马克思：《资本论》第 1 卷，《马克思恩格斯全集》第 44 卷，人民出版社 2001 年版，第 215、227 页。

在商品生产的条件下，"正如商品本身是使用价值和价值的统一一样，商品生产过程必定是劳动过程和价值形成过程的统一。"① 为此，马克思首先把商品生产过程作为价值形成过程进行了考察。在这个过程中，商品生产的劳动一方面是具体劳动，作为具体劳动创造商品的使用价值，同时又转移消耗的生产资料的旧价值；另一方面又是抽象劳动，抽象劳动创造新价值。商品生产过程的目的不仅仅是生产使用价值，生产使用价值的目的仅仅是因为它是价值的载体。"然而，这就改变了生产过程中劳动的意义了"②。在价值形成的过程中，所涉及的不再是劳动的质，即劳动的性质和内容，而只是劳动的量，③ 它才是价值形成的源泉。马克思在这里引申到，同劳动本身一样，原料和产品从质的方面看也不再有意义，原料在价值形成过程中的功能就是充当一定量劳动的吸收器，而产品只是所吸收劳动的测量器。由此我们可以看出，在价值形成过程中，劳动的消耗不是其他目的的手段，作为手段，它本身变为"目的"。这里的劳动已经和马克思所说的"生产使用价值的有用劳动"异化了，直接的人类生产劳动已经变成价值形成过程的"原料"。因为价值形成的过程同时就是劳动的过程，劳动似乎继续是为了满足人们需要的有目的的活动，而它真正的意义却是作为价值源泉的作用。

以价值形成过程的分析作为逻辑的起点，马克思开始分析价值增殖过程，即剩余价值形成过程。当劳动力的价值少于劳动力在劳动过程中的价值增殖时，剩余价值就产生了。在这里，马克思概括价值形成过程和价值增殖过程的区别仅仅表现为量的不同："价值增殖过程不外是超过一定点而延长了的价值形成过程。如果价值形成

① 【德】马克思：《资本论》第1卷，《马克思恩格斯全集》第44卷，人民出版社2001年版，第218页。

② Postone, Moishe: Time, Labor, and Social Domination: A Reinterpretation of Marx's Critical Theory. New York: Cambridge University Press, 1993, P. 280.

③ 【德】马克思：《资本论》第1卷，《马克思恩格斯全集》第44卷，人民出版社2001年版，第220—221页。

过程只持续到这样一点，即资本所支付的劳动力价值恰好为新的等价物所补偿，那就是单纯的价值形成过程。如果价值形成过程超过这一点而持续下去，那就成为价值增殖过程。"① 它们对应于性质不同的生产过程："作为劳动过程和和价值形成过程的统一，生产过程是商品生产过程；作为劳动过程和价值增殖过程的统一，生产过程是资本主义生产过程，是商品生产的资本主义形式。"②

那么，资本主义形式的劳动过程有些什么样的特点呢？马克思首先注意到这里所涉及的所有权关系。资本关系以劳动者和劳动条件的所有权之间的分离为前提，资本家要购买劳动过程的一些必要的因素，如劳动工具和劳动力，结果，工人就在资本家的控制下，他的劳动和他的产品都属于资本家。马克思分析到：工人是在资本家的监督下劳动的，他的劳动属于资本家。资本家购买了劳动力，就把工人的劳动当做活的酵母，并入同样属于他的生产资料的死的要素中，进行发酵。劳动过程是资本家购买的各种物之间的过程，是归他所有的各种物之间的过程。因此，这个过程的产品归他所有，正像他的酒窖内处于发酵过程的产品归他所有一样。③ 这里，马克思借助于数据假定资本家用于购买生产资料、劳动力以及最终产品的具体数量，细致地分析说明在生产劳动过程中，这些因素在资本家的价值增殖过程中所占的份额，雄辩地说明了："劳动力维持一天只费半个工作日，而劳动力却能发挥作用或劳动一整天，因此，劳动力使用一天所创造的价值比劳动力自身一天的价值大一倍。"而这种情况对买者是一种特别的幸运，对卖者也绝不是不公平。这是因为，"劳动力的卖者，和任何别的商品的卖者一样，实现劳动力的交换价

---

① 【德】马克思：《资本论》第1卷，《马克思恩格斯全集》第44卷，人民出版社2001年版，第227页。

② 【德】马克思：《资本论》第1卷，《马克思恩格斯全集》第44卷，人民出版社2001年版，第229—230页。

③ 【德】马克思：《资本论》第1卷，《马克思恩格斯全集》第44卷，人民出版社2001年版，第216—217页。

值而让渡劳动力的使用价值。他不交出后者，就不能取得前者。劳动力的使用价值即劳动本身不归它的卖者所有，正如已经卖出的油的使用价值不归油商所有一样。"而对资本家来说，他"支付了劳动力的日价值，因此，劳动力一天的使用即一天的劳动就归他所有。"① 所以，资本主义的公正是虚伪的，然而这种虚伪却为表面的公正所掩盖，如工资，仅仅是劳动力的价值，而资本家将它作为劳动的价值。工资表面上是工人获得的劳动价值。"如果说预付在工资上的价值额不仅在产品中简单地再现出来，而且还增加了一个剩余价值，那么，这也并不是由于卖者被欺诈，——他已获得了自己商品的价值，——而只是由于买者消费了这种商品。"②

在这种看似公平的交易中，马克思发现了资本家剥削工人的秘密，即剩余价值的来源："资本不仅像亚当·斯密所说的那样，是对劳动的支配权。按其本质来说，它是对无酬劳动的支配权。一切剩余价值，不论它后来在利润、利息、地租等等哪种特殊形态上结晶起来，实质上都是无酬劳动时间的化身。资本自行增殖的秘密归结为资本对别人的一定数量的无酬劳动的支配权。"③

"劳动力发挥作用的结果，不仅再生产出劳动力自身的价值，而且生产出一个超额价值。这个剩余价值就是产品价值超过消耗掉的产品形成要素即生产资料和劳动力的价值而形成的余额。"④ 剩余价值就是由剩余劳动形成的。剩余价值这一范畴深刻地揭示了资本和雇佣劳动的生产关系中的剥削实质，揭穿了资本主义剥削的秘密。

马克思对剩余价值生产过程的研究分析，具体运用研究和叙述

---

① 【德】马克思：《资本论》第 1 卷，《马克思恩格斯全集》第 44 卷，人民出版社 2001 年版，第 226 页。

② 【德】马克思：《资本论》第 1 卷，《马克思恩格斯全集》第 44 卷，人民出版社 2001 年版，第 675 页。

③ 【德】马克思：《资本论》第 1 卷，《马克思恩格斯全集》第 44 卷，人民出版社 2001 年版，第 611 页。.

④ 【德】马克思：《资本论》第 1 卷，《马克思恩格斯全集》第 44 卷，人民出版社 2001 年版，第 242 页。

的方法是有区别的，研究是从实在具体到抽象思维，结果就到达抽
象规定，叙述主要采取从抽象到具体、从本质回归的现象的逻辑思
维形式。历史唯物主义也是一种认识方法，但不是叙述的方法，它
的重要性在于为人们的认识提供了一个世界观基础，是人们观察、
解释及变革世界的更为根本的方法，"从抽象到具体的方法，只有建
立在历史唯物主义的方法的基础上，才是科学的和可行的。"①

3. 生产剩余价值：资本主义生产方式的实质

由对剩余价值来源过程的考察，马克思揭示了资本主义生产的
实质："资本主义生产不仅是商品的生产，它实质上是剩余价值的生
产。"② 资本主义生产的实质是由资本的嗜血本性决定的："作为资
本家，他只是人格化的资本。他的灵魂就是资本的灵魂。而资本只
有一种生活本能，这就是增殖自身，创造剩余价值，用自己的不变
部分即生产资料吮吸尽可能多的剩余劳动。资本是死劳动，它像吸
血鬼一样，只有吮吸活劳动才有生命，吮吸的活劳动越多，它的生
命就越旺盛。"③ 这种本性决定了资本家不惜一切代价、通过各种方
式：如延长工人的劳动时间、提高劳动强度、提高劳动生产率以及
把工资压低到劳动力价值以下等等残酷地剥削工人。"资本主义生
产——实质上就是剩余价值的生产，就是剩余劳动的吮吸——通过
延长工作日，不仅使人的劳动力由于被夺去了道德上和身体上正常
的发展和活动的条件而处于萎缩状态，而且使劳动力本身未老先衰
和过早死亡。"④ 为了更多地生产剩余价值，为了尽快地发财致富，

———————

① 高新军：《揭开历史发展之谜——〈资本论〉历史唯物主义思想研
究》，中央编译出版社 2002 年版，第 57 页。

② 【德】马克思：《资本论》第 1 卷，《马克思恩格斯全集》第 44 卷，人
民出版社 2001 年版，第 582 页。

③ 【德】马克思：《资本论》第 1 卷，《马克思恩格斯全集》第 44 卷，人
民出版社 2001 年版，第 269 页。

④ 【德】马克思：《资本论》第 1 卷，《马克思恩格斯全集》第 44 卷，人
民出版社 2001 年版，第 307 页。

贪得无厌的资本家疯狂而残酷地剥削工人的剩余价值，"不仅突破了工作日的道德极限，而且突破了工作日的纯粹身体的极限。"① 对工人阶级身体和精神的极度摧残成为这种生产方式的直接后果，马克思在这方面的批判可谓彻底。

马克思的论述方式，涉及复杂的逻辑和历史的关系。马克思辩证地以商品为起点来揭示资本的本质特征，从商品到货币再到资本，这种范畴的逻辑，也是一种历史的阐释。马克思在对资本主义的批判中，范畴的逻辑和历史是融合在一起的，这与《资本论》的方法是一致的。马克思对资本主义的分析，隐含着辩证逻辑，所表达的内容是实际的资本主义社会，也就是说，这样一种历史逻辑是不能够先于资本形式的实际充分发展而存在的，以这种方式，马克思通过具体的历史逻辑去发现黑格尔历史哲学的"理性内核"，即人类历史被理解为辩证的展开过程，这隐含着黑格尔的历史哲学批判，在这种批判的结构中，一般人类历史是历史的存在的，而不是超历史的存在的。②

剩余价值的发现，是马克思以历史唯物主义为基础揭示资本主义的剥削机制所取得的理论成果，同时也是对资本主义生产方式实质的揭示，是对社会生产关系两极分化的阶级对立的揭示，剩余价值的生产过程实质就是资本主义社会人与人之间的关系的生产过程，而这种关系也是马克思变革现实的主要内容。

马克思对剥削机制分析的意义不仅因为揭示剥削秘密本身是他批判理论的一个关键内容，而且因为剥削所造成的阶级对立是社会发展的一个重要的推动要素。正是在这个问题上，我们和"后马克思主义者"对马克思批判理论的解读和建构发生了分歧，如 Postone 认为，马克思所揭示的资本主义的基本矛盾既非生产力与生产关系

① 【德】马克思：《资本论》第 1 卷，《马克思恩格斯全集》第 44 卷，人民出版社 2001 年版，第 306 页。

② Postone, Moishe: Time, Labor, and Social Domination: A Reinterpretation of Marx's Critical Theory. New York: Cambridge University Press, 1993, P. 285.

的矛盾，也非资产阶级与无产阶级之间的阶级矛盾，阶级关系本身
并不能构成社会发展的动力，它们能够成为动力是因为它们内在的
由社会调节的形式构成的。

他所说的社会调节形式指的是这样的内容，马克思在讲到工作
日的界限时认为"商品交换的性质本身没有给工作日规定任何界
限……资本家要坚持他作为买者的权利，他尽量延长工作日……工
人也要坚持他作为卖者的权利，他要求把工作日限制在一定的正常
量内。于是这里出现了二律背反，权利同权利相对抗，而这两种权
利都同样是商品交换规律所承认的。在平等的权利之间，力量就起
决定作用。所以，在资本主义生产的历史上，工作日的正常化过程
表现为规定工作日界限的斗争，这是全体资本家即资本家阶级和全
体工人即工人阶级之间的斗争。"① 他将这种由商品交换所构成的调
节系统称为"半客观的社会调节形式"（quasi - objective form of so-
cial mediation）②，认为，阶级冲突是根植于这种调节形式中的，因
为，工人和资本家的关系涉及这样几个因素：工作日的长度、劳动
力的价值、剩余劳动时间和必要劳动时间的比率等，所以，他们的
关系就不是"既定的"，而是可以在任何时候协商或斗争的，这表明
在资本主义社会，剩余价值的生产者和它的占有者之间的关系并非
是最基本的关系，相反，它最终是由社会的商品调节形式构成的，
所以他认为马克思的资本理论并没有局限于自由资本主义，马克思
的分析已经隐含了资本主义向后自由资本主义时代的转变，在这样
的分析中，无产阶级就不是革命的主体，将会在未来的社会主义社
会实现它自身。他认为，按照马克思的分析，随着资本主义工业的
发展，物质财富的创造变得越来越少地依靠直接的人力劳动，虽然
作为剩余价值的生产人的劳动仍然起着不可替代的作用，所以他认

---

① 【德】马克思：《资本论》第 1 卷，《马克思恩格斯全集》第 44 卷，人
民出版社 2001 年版，第 271—272 页。

② Postone, Moishe: Time, Labor, and Social Domination: A Reinterpretation of
Marx's Critical Theory. New York: Cambridge University Press, 1993, P. 317.

为，马克思的目的是取消无产阶级而不是无产阶级革命。①

本人认为，Postone 为了使马克思的批判理论适应当代资本主义的现实所作的重新阐释的确有可取之处，但他对马克思所论述的资本主义的根本矛盾做了错误的理解。马克思着重研究并解决了历史发展的动力问题，即在《政治经济学批判》序言中所阐发的生产方式的矛盾运动，这种生产方式不是人们自由选择的，而是由生产力的发展水平和分工的发展阶段所决定的，但这种生产方式不是一个脱离人和忽视人的概念，它指的正是人的存在方式即生存活动方式，所以，生产方式作为一种描述性的概念其内容恰恰指的是人，是处于动态的社会系统中的、具体历史条件下的现实的人。具体到马克思对资本剥削机制的揭示，资本主义生产方式的特征就是劳动过程和价值增殖过程，是生产剩余价值，它是资本主义社会向前发展的强大动力。这样看来，似乎推动历史向前发展与人无关，人在资本主义时代似乎变成了资本的奴隶，而资本成了这个时代的主体，然而"资本显然是关系，而且只能是生产关系。""资本家和雇佣工人的产生，是资本价值增殖过程的主要产物。"② 资本所体现的，正是资本家对工人的剥削关系，"整个雇佣劳动制度，整个现代生产制度，正是建立在经营资本家和雇佣工人的这种关系上的。"③ 所以，资本主义生产方式从它诞生的那天起，就不断地为自己的灭亡准备着客观的物质条件，它一方面创造了人的全面发展能力和巨大的社会物质财富，另一方面又把这种能力局限于资本增殖范围内，使劳动者创造的巨大物质财富仅仅成为他们再生产劳动力的物质条件。

---

① Postone, Moishe: Time, Labor, and Social Domination: A Reinterpretation of Marx's Critical Theory. New York: Cambridge University Press, 1993, pp. 318, 356, 388.

② 【德】马克思：《经济学手稿（1857—1858 年）》，《马克思恩格斯全集》第 30 卷，人民出版社 1995 年版，第 510、508 页。

③ 【德】马克思：《工资、价格和利润》，《马克思恩格斯选集》第 2 卷，人民出版社 1995 年版，第 82 页。

这种产生于资本主义生产方式内部的不可克服的对抗关系，随着资本主义生产方式矛盾的发展而日益积累、发展和激化起来，从而必然导致社会革命的发生，达到无产阶级的解放。

从马克思对资本主义生产关系的论述中可以看出，作为变革社会现实的事实上的历史的主体只能是无产阶级。但要变革现实，需要的是主客观两个方面时机的成熟。单靠改变无产阶级的主观意识，像卢卡奇所说的那样，未免带有理想和浪漫化的色彩。在这个问题上，本人赞同孙伯鍨教授的观点，要将事实上的历史主体、社会批判的历史主体及社会革命的主体区分开来，"真正的革命主体是在革命实践过程中自我发现，自我确证、自我实现的。"① 而要将事实上的历史主体变为社会变革的历史主体，发扬无产阶级的主体性，还要有很多的主客体中间环节需要考察，仅仅诉诸无产阶级的阶级意识，难免失之于片面和空想。

马克思对资本主义剥削机制的揭示，不仅令人信服地看到了资本主义存在的剥削这一事实，让人们认识到资本主义存在着两大对立的阶级，这两大阶级的对立及资本主义生产方式的矛盾运动可能导致的社会危机，他的研究和考察的方法也为批判理论提供了里程碑式的贡献。他在发现剩余价值过程中所使用的范畴，从抽象到具体的方法的运用，对资本主义生产方式具体的历史的确认，他的辩证的否定的批判，他的历史唯物主义的考察前提，都为批判理论提供了可供借鉴的方法。霍克海默就非常认同马克思对批判理论的独特贡献："社会批判理论也从抽象的规定开始。在研究当今时代时，它从以交换为基础的经济特征的描述开始。当具体的社会关系被判定为交换关系时，当货物的商品特征问题存在时，马克思使用的概念，诸如商品、价值和货币等，就起着种的作用。"② 所以，马克思为批判理论提供的不仅仅是历史唯物主义的前提和基础，政治经济

---

① 孙伯鍨：《卢卡奇与马克思》，南京大学出版社 1999 年版，第 167 页。
② 【德】霍克海默：《批判理论》，重庆出版社 1989 年版，第213—214 页。

学批判的范畴以及具体的研究方法和批判的内容，都为后来的批判理论做出了重大的贡献。

三、资本主义生产方式的批判

对资本主义剥削机制揭示，马克思也揭示了资本主义特殊的生产方式，实质上就是剩余价值的生产，所以，对资本主义生产方式的批判，就是对这种为追逐价值增殖而导致的一切剥削手段——分工、协作、机器的使用的批判，但马克思不是一般地反对分工、协作和机器的使用，而是反对这些手段在资本主义生产方式下的具体的运用，这些剥削手段造成了资本的权力越来越膨胀和发达，而工人的劳动则越来越空虚和衰弱。"马克思以历史的具体的分析为基础对资本主义劳动所作的批判，已经将建立在劳动价值论的基础上的社会批判的性质由'实证的'变为'否定'的批判。"①

生产规模的扩大必然产生相互间的协作，协作极大地提高了劳动生产率，同时减少了生产商品所需要的社会必要劳动时间。然而这种协作所产生的生产效益却被资本家无偿占有了，因为，资本家支付给工人的报酬是作为单个商品所有者，即作为独立的劳动力，而不是作为联合起来（combined）的劳动力，"劳动的社会生产力就无须支付报酬而发挥出来……因为劳动的社会生产力不费资本分文。"②

工场手工业的分工加强了对工人的剥削，导致了工人片面畸形的发展，但马克思对资本主义生产方式的批判并非在批判一般的分工。在马克思看来，资本主义分工指的是资本主义发展初期的工场手工业分工，马克思说："整个社会内的分工，不论是否以商品交换为媒介，是各种社会经济形态所共有的，而工场手工业分工却完全

---

① Postone, Moishe: Time, Labor, and Social Domination: A Reinterpretation of Marx's Critical Theory. New York: Cambridge University Press, 1993, P. 63.

② 【德】马克思：《资本论》第 1 卷，《马克思恩格斯全集》第 44 卷，人民出版社 2001 年版，第 387 页。

是资本主义生产方式的独特创造。"① 他还说过："从某种意义上说，分工无非是并存劳动，即表现在不同种类的产品或者更确切地说，商品中的不同种类的劳动的并存。在资本主义的意义上，分工就是生产某种商品的特殊劳动分为一定数量的简单的、在不同工人之间分配而又相互联系的工序，它以行业划分这种社会内部即作坊外部的分工为前提。"②

工场手工业分工的一个显著特征，是使整个人终生固定从事某种局部操作，这种分工下的工人被马克思称为"片面的局部工人"③。但工场手工业的这种分工在资本主义发展到大工业时期就已不复存在。这是因为，"现代工业通过机器、化学过程和其他方法，使工人的职能和劳动过程的社会结合不断地随着生产的技术基础发展变革。这样它也同样不断地使社会内部的分工发生革命，不断地把大量资本和大批工人从一个生产部门投到另一个生产部门。因此，大工业的本性决定了劳动的变换、职能的更动和工人的全面流动性。"④ 当然，工场手工业分工的消失并不等于片面的局部工人的消失，因为"大工业从技术上消灭了那种使一个完整的人终生固定从事某种局部操作的工场手工业分工，而同时，大工业的资本主义形式又更可怕地再生产了这种分工：在真正的工厂中，是由于把工人转化为局部机器的有自我意识的附件；在其他各处，一部分是由于间或地使用机器和机器劳动，一部分是由于采用妇女劳动、儿童劳

---

① 【德】马克思：《资本论》第1卷，《马克思恩格斯全集》第44卷，人民出版社2001年版，第415—416页。

② 《马克思恩格斯全集》第26卷（Ⅲ），人民出版社1974年版，第295—296页。

③ 【德】马克思：《资本论》第1卷，《马克思恩格斯全集》第44卷，人民出版社2001年版，第393页。

④ 【德】马克思：《资本论》第1卷，《马克思恩格斯全集》第44卷，人民出版社2001年版，第560页。

动和非熟练劳动作为分工的新基础。"① 这也就是说，在大工业时期，是大工业的资本主义形式，即资本主义的生产关系，又再生产出类似工场手工业那样的旧分工，再生产出类似工场手工业工人那样的"片面的局部工人"。所以，看似马克思批判的是劳动分工，而实际上，马克思所批判的是建立在私有制基础上的、不平等的、异己的分工，是分工的资本主义性质，这种分工扼杀了人的全面发展："只要分工还不是出于自愿，而是自然形成的，那么人本身的活动对人来说就成为一种异己的、同他对立的力量，这种力量压迫着人，而不是人驾驭着这种力量。"② 这表明，他所说的个人的全面发展的实现是指消灭资本主义生产关系，而不是指消灭资本主义分工即工场手工业分工，因为这种分工早已被大工业的发展所消灭。

按马克思的观点，工场手工业也是以生产规模的扩大和工人之间的协作为起点的。由于分工，工场手工业的劳动生产力也提高了，所以，一方面，分工表现为社会的经济形成过程中的历史进步和必要的发展因素，另一方面，它表现为文明的和精巧的剥削手段，工场手工业分工作为社会生产过程的特殊的资本主义形式，它只能在资本主义的形式中发展起来："工场手工业分工不仅只是为资本家而不是为工人发展社会的劳动生产力，而且靠使各个工人畸形化来发展社会的劳动生产力。"③

工场手工业产生的第一个后果是："由许多单个的局部工人组成的社会生产机构是属于资本家的。因此，由各种劳动的结合所产生的生产力也就表现为资本的生产力。"④ 工场手工业的另一个后果是

---

① 【德】马克思：《资本论》第1卷，《马克思恩格斯全集》第44卷，人民出版社2001年版，第557页。
② 《马克思恩格斯选集》第1卷，人民出版社1995年版，第85页。
③ 【德】马克思：《资本论》第1卷，《马克思恩格斯全集》第44卷，人民出版社2001年版，第422页。
④ 【德】马克思：《资本论》第1卷，《马克思恩格斯全集》第44卷，人民出版社2001年版，第417页。

它使工人的劳动方式发生了彻底的革命，从根本上侵袭了个人的劳动力。"工场手工业把工人变成畸形，它压抑工人的多种多样的生产志趣和生产才能，人为地培植工人片面的技巧……而且个体本身也被分割开来，转化为某种局部劳动的自动的工具……工场手工业工人按其自然的性质没有能力做一件独立的工作，他只能作为资本家工场的附属物展开生产活动。……分工在工场手工业工人的身上打上了他们是资本的财产的烙印。"① 所以它生产了资本统治劳动的新条件。

随着资本主义机器大工业的出现，社会的劳动生产率得到了很大的提高，但是这种由历史所构成的力量的形式却不能使工人从部分的、重复的劳动中解放出来，相反，它使工人自己从小就转化为局部机器的一部分。因为这种生产方式比工场手工业的分工更细致更具体："虽然机器从技术上废弃了旧的分工制度，但是这种旧制度……被资本家当做剥削劳动力的手段，在更令人厌恶的形式上得到了系统的恢复和巩固。过去是终身专门使用一种局部工具，现在是终身专门服待一台局部机器。"② 而且这种机器大工业使工人更严重地依赖资本家。

从对工人的影响来说，机器生产产生了极端负面的结果：妇女和儿童被雇佣来做重复的、低收入的工作，"机器把工人家庭的全体成员都抛到劳动市场上，就把男劳动力的价值分到他全家人身上了，因此，机器使男劳动力贬值了。"③ 机器的使用无限度地延长了工作日："机器消灭了工作日的一切道德界限和自然界限。由此产生了经济学上的悖论，即缩短劳动时间的最有力的手段，竟变为把工人及

---

① 【德】马克思：《资本论》第 1 卷，《马克思恩格斯全集》第 44 卷，人民出版社 2001 年版，第 417—418 页。

② 【德】马克思：《资本论》第 1 卷，《马克思恩格斯全集》第 44 卷，人民出版社 2001 年版，第 485、486 页。

③ 【德】马克思：《资本论》第 1 卷，《马克思恩格斯全集》第 44 卷，人民出版社 2001 年版，第 454 页。

其家属的全部生活时间转化为受资本支配的增殖资本价值的劳动时间的最可靠的手段。"① 这种经济学上的悖论只能造成更为严重的剥削，工作的智力水准降低了，劳动的强度也提高了。

这些负面的结果，不仅仅局限于直接生产的核心，这种生产方式损害了工人的安全，它造成了可任意处置的人口以提供给资本家需要剥削的时候利用。马克思通过对比机器生产的潜在表现以及它的实际结果时，论述劳动的性质、劳动的社会分工，概括了大工业生产方式对工人造成的负面影响："机器就其本身来说缩短劳动时间，而它的资本主义应用延长工作日；因为机器本身减轻劳动，而他的资本主义应用提高劳动强度；因为机器本身是人对自然力的胜利，而它的资本主义应用使人受自然力奴役；因为机器本身增加劳动者的财富，而它的资本主义应用使生产者变成需要救济的贫民。"②

所以，在资本主义私有制特定的生产关系中，社会生产力是在对人的控制、对人的发展有害的情形下发展的。为此，马克思尖锐地批判了那些将工业生产只做纯粹技术上的理解，不能区分"机器的资本主义运用"和"机器本身"的"经济学辩护士"，这些人不能想象机器除了有资本主义运用之外还有其他的用途，所以强烈反对所有技术进步的敌人对先进生产方式的批判。

马克思对工业生产分析的要点，是表明大工业生产劳动分工的特征如何既非根据技术的必然，也非偶然，而是大工业资本主义内在特征的一种表达。这就是说，马克思批判理论的重要目的是从社会的方面来理解资本主义的工业生产方式。因为资本主义的生产目的是剩余价值，这最终导致了用作为物质财富的主要社会源泉的一般社会知识的生产力去取代直接人类劳动，同时，——这很关键——资本主义生产是并且建立在人类劳动时间花费的基础上恰恰

---

① 【德】马克思：《资本论》第 1 卷，《马克思恩格斯全集》第 44 卷，人民出版社 2001 年版，第 469 页。

② 【德】马克思：《资本论》第 1 卷，《马克思恩格斯全集》第 44 卷，人民出版社 2001 年版，第 508 页。

因为它的目的是剩余价值。

在这种生产方式中，所有的劳动条件和资本一样，取得了对工人的支配权，即不是工人使用劳动条件，相反地，而是劳动条件使用工人，"不过这种颠倒只是随着机器的采用才取得了在技术上很明显的现实性。由于劳动资料转化为自动机，它就在劳动过程本身中作为资本，作为支配和吮吸活劳动力的死劳动而同工人相对立。"①

"马克思将工业生产，作为物质化了的价值增殖过程，在这个过程中，物质财富的生产仅仅是作为生产剩余价值的手段，而不是生产的最终目的；因此，在这个过程中，活劳动就被当做了生产的对象和价值的源泉。"② 在这个意义上讲，生产力的最终作用就是去"吸收"尽可能多的活劳动力。在这样的生产方式下，活劳动仍然是生产的本质、机器用来作为增加剩余价值的工具，劳动的具体生产力方面构成了作为资本的生产力的活劳动的对立面。

马克思对资本主义生产方式的批判表明了，在资本与劳动这一对立关系中，随着大工业的发展，前者变得越来越强大，而后者越来越弱小："生产过程的智力同体力劳动相分离，智力转化为资本支配劳动的权力，是在以机器为基础的大工业中完成的。变得空虚了的单个机器工人的局部技巧，在科学面前，在巨大的自然力面前，在社会的群众性劳动面前，作为微不足道的附属品消失了；科学、巨大的自然力、社会的群众性劳动都体现在机器体系中，并同机器体系一道构成'主人'的权力"。③

所以，随着大工业的发展，资本的权力不再被认为是那些在异化形式下的总体工人，而是比后者变得更大。这种发展的另一方面，

---

① 【德】马克思：《资本论》第 1 卷，《马克思恩格斯全集》第 44 卷，人民出版社 2001 年版，第 487 页。

② Postone, Moishe: Time, Labor, and Social Domination: A Reinterpretation of Marx's Critical Theory. New York: Cambridge University Press, 1993, P. 342.

③ 【德】马克思：《资本论》第 1 卷，《马克思恩格斯全集》第 44 卷，人民出版社 2001 年版，第 487 页。

是工人的技术和工人个体以及工人集体权力的衰落。因而，在生产力的异化和活劳动之间存在着结构的对立，在这里当前者变得越发达，后者就越变得空虚和零碎（fragmented）："甚至减轻劳动也成了折磨人的手段，因为机器不是使工人摆脱劳动，而是使工人的劳动毫无内容。"① 大工业生产的逻辑，意味着工人技术的长期的衰退。在价值增殖过程中作为价值的源泉的人类劳动的作用，变成了在工业劳动过程中的物质的表达。

　　在工业生产中形成的客观的生产力和活劳动之间的对立关系是社会地形成的。按照马克思的观点，这种对立和矛盾的特征，随着持续提高生产力的动力以及必要的直接劳动时间的花费而变得更加紧张。在工场手工业中，社会劳动过程的组织纯粹是主观的，是局部工人的结合；在机器体系中，大工业具有完全客观的生产有机体，这个有机体作为现成的物质生产条件出现在工人面前。② 随着大工业的发展，工人已经变成了生产过程的客体，而生产本身则变成了主体。按照马克思的说法，机器自动机是主体，而工人只是作为有意识的器官与自动机的无意识的器官并列。马克思描述大工业和他早期描述资本使用了同样的术语，这暗示我们前者应当被看作后者的物质表现。通过对大工业的分析，马克思一方面试图通过巨大的生产力特征来社会地理解大工业，另一方面，以示人类劳动的分裂和空虚。工业资本主义劳动的性质和劳动的分工并不是必然的，不幸这只是生产财富的技术进步附带结果，然而，他们却变成了由价值增殖过程形成的劳动过程表现出来。

　　无产阶级劳动不断增长的片面性，是与作为价值源泉而必然保留下来的这种劳动存在着内在的辩证关系，即使这种劳动作为社会生产力源泉的意义已经越来越不显著，因为这种生产力作为资本已

　　① 【德】马克思：《资本论》第 1 卷，《马克思恩格斯全集》第 44 卷，人民出版社 2001 年版，第 487 页。

　　② 【德】马克思：《资本论》第 1 卷，《马克思恩格斯全集》第 44 卷，人民出版社 2001 年版，第 443 页。

经异化了。"不管工人的报酬高低如何，工人的状况必然随着资本的积累而恶化"。① 这意味着社会权力是在工人的异化和对他们的控制、无产阶级的劳动变得越来越片面和空虚的基础上获得了巨大的发展。

总之，大工业不是用来作为阶级控制目的、也不是与这种控制形式处于矛盾中的技术过程，相反，作为历史的形成，大工业是社会控制的抽象形式的物质的表现——是由工人自己的劳动控制他们的客观的形式。②

但正是这种特殊的生产力发展本身造就了资本主义生产方式的内在矛盾，资本的不断膨胀和强大必然产生对它自身的限制："资本把财富本身的生产，从而也把生产力的全面的发展，把自己的现有前提的不断变革，设定为它自己再生产的前提。……社会生产力、交往、知识等等的任何发展程度，对资本来说都只是表现为它力求加以克服的限制。……资本的限制就在于：这一切发展都是对立地进行的，生产力，一般财富等等，知识等等的创造，表现为从事劳动个人本身的外化；他不是把自己创造出来的东西当做他自己的财富的条件，而是当做他人财富和自身贫穷的条件。但是这种对立的形式本身是暂时的，它产生出消灭自身的现实条件。"③ 马克思所说的"资本的限制"就是生产力发展的要求本身将提出否定资本主义生产方式的议题，并通过全社会占有生产力来实现社会的解放。

Benhabib 认为，马克思从制度和社会两个方面对资本主义局限性进行了分析阐述：资本主义制度的局限性，反映在生产方式的社会化和资本的私人持续占有之间，以及生产过程中降低劳动的意义

---

① 【德】马克思：《资本论》第 1 卷，《马克思恩格斯全集》第 44 卷，人民出版社 2001 年版，第 743 页。

② Postone, Moishe: Time, Labor, and Social Domination: A Reinterpretation of Marx's Critical Theory. New York: Cambridge University Press, 1993, P. 348.

③ 【德】马克思：《经济学手稿（1857—1858 年）》，《马克思恩格斯全集》第 30 卷，人民出版社 1995 年版，第 540—541 页。

和衡量价值的社会必要劳动时间之间的一系列矛盾上；资本主义社会的局限性，表现为阶级冲突、斗争以及反对资本主义社会霸权的斗争。因此，资本主义生产方式不能永远地再生产它自身。①

四、拜物教批判

马克思研究资本主义生产过程的出发点是"劳动产品在现代社会所表现的最简单的社会形式，这就是'商品'。"② 乍看，商品好像是一种简单而平凡的东西，然而，对商品进行细致的分析，表明"它却是一种很古怪的东西，充满形而上学的微妙和神学的怪诞。"③一个物品一旦作为商品出现，"就转化成一个可感觉而又超感觉的物。"④ 变成了充满神秘性的东西。

商品的这种神秘性质，不是来源于商品的使用价值，也不是来源于商品价值的规定性，而是从商品形式本身产生的。马克思分析道："商品形式的奥秘不过在于：商品形式在人们面前把人们本身劳动的社会性质反映成劳动产品本身的物的性质，反映成这些物的天然的社会属性，从而把生产者同总劳动的社会关系反映成存在于生产者之外的物与物之间的社会关系。由于这种转换，劳动产品成了商品，成了可感觉而又超感觉的物或社会的物。"⑤ 那么，什么是商品拜物教呢？马克思"找一个比喻"做了形象的解释。就像在宗教世界的幻境里，人脑的产物表现为赋有生命的、彼此发生关系并同

① Benhabib, S.：Critique, Norm, and Utopia：A Study of the Foundations of Critical Theory. New York：Columbia University Press, 1986, pp. 108—109.
② 【德】马克思：《评阿·瓦格纳"政治经济学教科书"》，《马克思恩格斯全集》第19卷，人民出版社1963年版，第412页。
③ 【德】马克思：《资本论》第1卷，《马克思恩格斯全集》第44卷，人民出版社2001年版，第88页。
④ 【德】马克思：《资本论》第1卷，《马克思恩格斯全集》第44卷，人民出版社2001年版，第88页。
⑤ 【德】马克思：《资本论》第1卷，《马克思恩格斯全集》第44卷，人民出版社2001年版，第89页。

人发生关系的独立存在的东西。在商品世界里，人手的产物也是这样，这就是商品拜物教。

马克思分析了拜物教产生的根本原因在于商品生产和商品交换的基本矛盾，即私人劳动和社会劳动的矛盾。由于私有制，人们的劳动是个人的私事，使劳动具有私人的性质；由于社会分工，个别的私人劳动又不可分割地构成社会总劳动的一部分，其劳动又具有社会性。但是在商品生产和商品交换的条件下，私人劳动只有通过产品的交换才能转化为社会劳动。"因此，在生产者面前，他们的私人劳动的社会关系……不是表现为人们在自己劳动中的直接的社会关系，而是表现为人们之间的物的关系和物之间的社会关系。"①

商品拜物教之所以产生，在马克思看来，是因为，在资本主义社会劳动是由社会构成和决定的，这就是劳动的历史的具体的特性，这里，劳动不再成为人和自然之间的物质变换调节活动，劳动成了生产交换价值的活动，这就彻底地改变了人和人之间的关系："生产交换价值的劳动还有一个特征：人和人之间的社会关系可以说是颠倒地表现出来的，就是说，表现为物和物之间的社会关系。……一种社会生产关系采取了一种物的形式，以致人和人在他们的劳动中的关系倒表现为物与物彼此之间的和物与人的关系，这种现象只是由于在日常生活中看惯了，才认为是平凡的、不言自明的事情。"②

由于商品形式是资产阶级生产的最一般的和最不发达的形式，所以，"它的拜物教性质显得还比较容易看穿。"③ 拜物教在货币身上就更加令人迷惑了。货币本来是商品交换发展的要求，一切商品都以第三种商品表现自己的价值，从而第三种商品就从价值世界中

---

① 【德】马克思：《资本论》第 1 卷，《马克思恩格斯全集》第 44 卷，人民出版社 2001 年版，第 90 页。

② 【德】马克思：《经济学手稿（1861—1863 年）》，《马克思恩格斯全集》第 31 卷，人民出版社 1998 年版，第 426—427 页。

③ 【德】马克思：《资本论》第 1 卷，《马克思恩格斯全集》第 44 卷，人民出版社 2001 年版，第 101 页。

分离出来执行货币的职能。由于交换的发展，货币最后固定在金银上。但是，在实际生活中，它以假象表现出来，似乎金银天生就是货币。"一种商品成为货币，似乎不是因为其他商品都通过它来表现自己的价值，相反，似乎因为这种商品是货币，其他商品才都通过它来表现自己的价值。中介运动在它本身的结果中消失了，而且没有流下任何痕迹……这些物，即金和银，一从地底下出来，就是一切人类劳动的直接化身。货币的魔术就是由此而来的。……因此，货币拜物教的谜就是商品拜物教的谜，只不过变得明显了，耀眼了。"①

在资本拜物教中，它的谜以一种权力的形式表现出来。资本作为财富本来是由工人创造的，但却与工人分离并成为统治工人的权力。这种权力随着资本积累的增长而增长。通过资本积累，资本愈益成为一种社会力量与工人相对立。积累的资本是由工人创造的，资本积累所形成的社会权力却在资本家手中，表现为独立的社会权力来统治工人自己。

马克思十分明确地论述了拜物教的历史性质。他说："一旦我们逃到其他的生产形式中去，商品世界的全部神秘性，在商品生产的基础上笼罩着劳动产品的一切魔法妖书，就立刻消失了。"② 而且马克思所设想的未来"自由人的联合体"社会，人们"用公共的生产资料进行劳动，并且自觉地把他们许多个人劳动力当做一个社会劳动力使用"，劳动者的个人劳动会直接表现为社会劳动。"人们同他们的劳动和劳动产品的社会关系，无论在生产上还是在分配上，都是简单明了的。"③ 在这种情况下，就不存在生产关系的物化，就不

---

① 【德】马克思：《资本论》第 1 卷，《马克思恩格斯全集》第 44 卷，人民出版社 2001 年版，第 112—113 页。

② 【德】马克思：《资本论》第 1 卷，《马克思恩格斯全集》第 44 卷，人民出版社 2001 年版，第 93 页。

③ 【德】马克思：《资本论》第 1 卷，《马克思恩格斯全集》第 44 卷，人民出版社 2001 年版，第 96—97 页。

存在拜物教。在非商品经济的其他社会条件下，例如在孤岛上的鲁滨逊、欧洲昏暗的中世纪、农村家长制生产以及未来的自由人联合体，都不存在商品拜物教的意识形态。这说明商品拜物教仅仅是在特定历史条件下才存在的社会现象。与商品拜物教并存的商品、价值、抽象劳动这些范畴，在本质上是特定社会经济条件下商品生产者之间的社会关系，也具有历史的性质。要消灭拜物教，就必须改变它得以产生和存在的社会经济条件。

马克思关于拜物教学说的意义，不只是揭露了商品的拜物教性质及其秘密，还揭示了物对人的控制，并透过物的关系揭示人与人之间的关系；也不仅仅是进一步论证了商品、货币、资本这些范畴的社会本性和历史性质，更重要的是依据拜物教的历史性揭示出：社会是由主体人构成的，人不会永远甘于被物所控。可见，"政治经济学批判的目标就是要将社会生存的方式从经济的控制下解放出来"。①

2007 年是《资本论》第一卷德文版出版 140 周年，因此《资本论》成为法国、德国、英国等西方思想界讨论的热点之一。学者们在对此书的内涵的挖掘中着重探讨了其中的方法论和拜物教理论及其在马克思思想历程中的地位，他们认为，拜物教理论构成了马克思主义的基本维度即经济学批判的核心，正是这一理论使马克思主义成为批判理论，其原因不仅在于它作为与资本主义财富基本形式的商品有关，更在于拜物教使生产力必须臣服于资本的统治。在某种意义上，拜物教与资本主义生产领域中劳动产品的增值运动即财富的商品化或增值运动是一致的。有些学者梳理了马克思界定拜物教概念的两条途径：生产关系与其物质支撑相混淆的"物化"以及由这些物质支撑所具有的超越个人的人格化力量所造成的"神话"，分析了《资本论》所提供的拜物教的不同表现形式，讨论了商品拜

---

① Benhabib, S. ：Critique, Norm, and Utopia ：A study of the Foundations of Critical Theory. New York ：Columbia University Press, 1986, P. 155.

物教和虚拟资本拜物教，认为这一概念已经被锲入表征了资本主义特性的主体—客体矛盾的心脏之中。① 由此可见马克思《资本论》的丰富内涵及拜物教理论的现代意义。

五、对工人贫困的根源——所有制的批判

19 世纪中后期，两大阶级两极分化、无产阶级的绝对贫困化状态是变革现实的根本动因。马克思站在工人阶级的立场上，不仅通过分析资本主义生产方式的发展规律，深刻阐明了造成这种状态的根本原因，而且指出只有从根本上变革生产关系，改变财富的占有方式，改变为交换价值而生产的目的，才能从根本上改变工人贫困的状态。

马克思认为，资本的积累造成了庞大的产业后备军，庞大的产业后备军造成了工人阶级的贫困化。工人的贫困是资本积累的必然结果，马克思这样阐述资本积累的规律："社会的财富即执行职能的资本越大，它的增长的规模和能力越大，从而无产阶级的绝对数量和他们的劳动生产力越大，产业后备军也就越大。可供支配的劳动力同资本的膨胀力一样，是由同一些原因发展起来的。因此，产业后备军的相对量和财富的力量一同增长。但是同现役劳动军相比，这种后备军越大，常备的过剩人口也就越多，他们的贫困同他们所受的劳动折磨成反比。"②

庞大的产业后备军造成了工人的贫困，也成为资本家致富的手段："工人阶级的一部分从事过度劳动迫使它的另一部分无事可做，反过来，它的一部分无事可做迫使它的另一部分从事过度劳动，这

---

① 复旦大学：《国外马克思主义研究报告 2008》，人民出版社 2008 年版，第 110—112 页。

② 【德】马克思：《资本论》第 1 卷，《马克思恩格斯全集》第 44 卷，人民出版社 2001 年版，第 742 页。

成了各个资本家致富的手段。"① 而资本积累越多，工人就越是贫困，因为前者的富有是建立在后者贫乏基础上的："在工场手工业中，总体工人从而资本在社会生产力上的富有，是以工人在个人生产力上的贫乏为条件的。"②

马克思认为资本主义社会是一个不公正的社会，这种不公正的起因就是所有权的极端不公。所有权的两极分化不仅仅是资本主义社会贫富分化的根本原因，而且也是分配不公正的终极症结所在。"因劳动而产生占有"这条所有权规律从 17 世纪的洛克以来得到许多自由主义者的极力拥护，所以自由主义者根据这一点，认为合法的劳动所得的私有财产是不可剥夺和不可侵犯的。但马克思认为，这条被自由主义话语所提倡的"所有权的第一条规律"，即"对自己劳动产品拥有所有权的规律"，在资本主义社会的现实中，却是劳动者与工人反而得不到最终产品，表现出对"所有权的第一条规律"的否定。而这种对劳动占有的否定正是"所有权的第二条规律"，也就是"劳动表现为被否定的所有权，或者说，所有权表现为对他人劳动的异己性的否定。"③

洛克式的所有权理论，也就是马克思所说的"所有权的第一条规律"。启蒙时代的思想家习惯于声称他们一向崇尚自由与平等，并以天赋人权论为信条。好像人们在资本主义社会中，完全可以享有各种天赋的所有权，诸如人对自己的身体、从而人对自己的劳动、自己的劳动产品以及劳动手段也自然享有所有权；这种自然权利，不损害别人，也不得受别人侵犯。由此，资本和劳动的交换，也是这种自由、平等的体现。马克思则透过这层自由、平等的表面现象，

---

① 【德】马克思：《资本论》第 1 卷，《马克思恩格斯全集》第 44 卷，人民出版社 2001 年版，第 733 页。

② 【德】马克思：《资本论》第 1 卷，《马克思恩格斯全集》第 44 卷，人民出版社 2001 年版，第 418 页。

③ 【德】马克思：《经济学手稿（1857—1858 年）》，《马克思恩格斯全集》第 30 卷，人民出版社 1995 年版，第 463 页。

深刻地揭示出：以交换价值为基础的资本主义生产方式会造成这样一种虚假的外观——仿佛财产仅仅是劳动的结果，而在资本主义现实社会中"工人并不占有他自己的劳动产品，这个产品对他来说表现为他人的财产"①，对于工人来说，劳动并不是致富的活动，在《共产党宣言》中，马克思深刻指出："难道雇佣劳动，无产者的劳动，会给无产者创造出财产来吗？没有的事。这种劳动所创造的是资本，即剥削雇佣劳动的财产。"②

工人的创造的财富变成了资本家的财产，所以自由主义者的这条规律只不过是一种美好的愿望罢了。马克思认为，所有权和劳动分离是私有制的一个必然结果，在资本和劳动的交换中，"我们看到，通过一种奇异的结果，所有权在资本方面就辩证地转化为对他人的产品所拥有的权利，或者说转化为对他人劳动的所有权，转化为不支付等价物便占有他人劳动的权利，而在劳动能力方面则辩证地转化为必须把它本身的劳动或它本身的产品看作他人财产的义务。所有权在一方面转化为占有他人劳动的权利，在另一方面则转化为必须把自身的劳动的产品和自身的劳动看作属于他人的价值的义务。"③ 私有制的规律——自由、平等、所有权，即对自己劳动的所有权和自由支配权，"转变成了工人没有所有权和把他的劳动让渡出去，而工人对自己劳动的关系，转变成了对他人财产的关系"④，这是马克思对私有制本质的控诉，资本通过和劳动力的交换，工人把生产财富的力量让渡出去，资本则把它作为致富的手段占为己有。工人自身内在的劳动创造力成为他人的权利与工人相对立。

---

① 【德】马克思：《经济学手稿（1857—1858年）》，《马克思恩格斯全集》第30卷，人民出版社1995年版，第463页。

② 【德】马克思、恩格斯：《共产党宣言》，《马克思恩格斯选集》第1卷，人民出版社1995年版，第286页。

③ 【德】马克思：《经济学手稿（1857—1858年）》，《马克思恩格斯全集》第30卷，人民出版社1995年版，第450页。

④ 【德】马克思：《经济学手稿（1857—1858年）》，《马克思恩格斯全集》第31卷，人民出版社1998年版，第70页。

所以，马克思说："这种等价物的交换是存在的，不过，它仅仅是这样一种生产的表层而已，这种生产建立在不通过交换却又在交换的假象下占有他人劳动的基础上。"① 很明显，工人通过这种交换不可能致富，因为，"就像以扫为了一碗红豆汤而出卖自己的长子权一样，工人也是为了一个既定量的劳动能力'的价值'而出卖劳动的创造力。相反，我们往下就会知道，工人必然变得贫穷，因为他的劳动的创造力作为资本的力量，作为他人的权力而同他相对立。他把劳动作为生产财富的力量转让出去；而资本把劳动作为这种力量据为己有。可见，劳动和劳动产品所有权的分离，劳动和财富的分离，已经包含在这种交换行为本身之中。"②

马克思认为，所有权才是工人贫困的根本原因，其他各种因素都不会使工人摆脱贫困的境地："文明的一切进步，或者换句话说，社会生活生产力的一切增长，也可以说劳动本身的生产力的一切增长，如科学、发明、劳动的分工和结合、交通工具的改善、世界市场的开辟、机器等等所产生的结果，都不会使工人致富，而只会使资本致富；也就是只会使支配劳动的权力更加增大；只会使资本的生产力增长。因为资本是工人的对立面，所以文明的进步只会增大支配劳动的客体的权力。"③ 也就是说，生产力发展所带来的一切成果都被资本家享用了，而工人却无缘享用，这些成果对工人的生活状况的改善和社会地位的提高没有任何关系。

但即便工人的物质生活略有改善——这是马克思的深刻之处，他已经预见到了这种状况，因为资本的剥削和统治的范围是随着它本身的规模和它的雇佣人数的增大而扩大。在工人自己所生产的日

① 【德】马克思：《经济学手稿（1857—1858 年）》，《马克思恩格斯全集》第 30 卷，人民出版社 1995 年版，第 505 页。

② 【德】马克思：《经济学手稿（1857—1858 年）》，《马克思恩格斯全集》第 30 卷，人民出版社 1995 年版，第 266 页。

③ 【德】马克思：《经济学手稿（1857—1858 年）》，《马克思恩格斯全集》第 30 卷，人民出版社 1995 年版，第 267 页。

益增加的并且越来越多地转化为追加资本的剩余产品中，会有较大部分以支付手段的形式流回到工人的手中，使他们能够扩大自己的享受范围，有较多的衣服、家具等消费基金，并且积蓄一小笔货币准备金。但是他们受剥削的实质丝毫没有改变："吃穿好一些，待遇高一些，特有财产多一些，不会消除奴隶的从属关系和对他们的剥削，同样，也不会消除雇佣工人的从属关系和对他们的剥削。由于资本积累而提高的劳动价格，实际上不过表明，雇佣工人为自己铸造的金锁链已经够长够重，容许把它略微放松一点。"①

而这一切，都源于资本主义生产方式本身的性质，源于财产的私人所有制，认识到这一点，马克思认为这是了不起的觉悟，由此也就敲响了私有制的丧钟。如何结束工人的这种贫困状态呢？答案只有一个，就是消灭这种所有制："认识到产品是劳动能力自己的产品，并断定劳动同自己的实现条件的分离是不公平的、强制的，这是了不起的觉悟，这种觉悟是以资本为基础的生产方式的产物，而且也正是为这种生产方式送葬的丧钟，就像当奴隶觉悟到他不能作第三者的财产，觉悟到它是一个人的时候，奴隶制度就只能人为地苟延残喘，而不能继续作为生产的基础一样。"②

马克思最后的结论是："现代的资产阶级私有制是建立在阶级对立上面、建立在一些人对另一些人的剥削上面的产品生产和占有的最后而又最完备的表现。从这个意义上说，共产党人可以把自己的理论概括为一句话：消灭私有制。"③ 至此，马克思通过对无产阶级贫困根源的探索、对资本与劳动矛盾运动的辩证关系的揭示，向工人阶级指出了一条摆脱贫穷奴役的地位获得解放的具体途径。

---

① 【德】马克思：《资本论》第1卷，《马克思恩格斯全集》第44卷，人民出版社2001年版，第714页。
② 【德】马克思：《经济学手稿（1857—1858年）》，《马克思恩格斯全集》第30卷，人民出版社1995年版，第455页。
③ 【德】马克思、恩格斯：《共产党宣言》，《马克思恩格斯选集》第1卷，人民出版社1995年版，第286页。

消灭私有制，并非消灭一般的社会财富，而是消灭财富的私人占有。马克思对未来社会的设想恰恰是以生产力和物质财富的极大发展为基础和条件的。马克思在历史唯物基础上所作的经济学分析，远远超出了对收益和财富这些经济对象的现象描述，而是区分了这些经济对象在资本主义社会和非资本主义社会具有的根本不同的性质，以表明他对资本主义的批判。如在古代人那里，财富并不表现为生产的目的，只是在资本主义社会，财富才成为生产的目的："古代的观点和现代世界相比，就显得崇高很多，根据古代的观点，人，不管是处在怎样狭隘的民族的、宗教的、政治的规定上，总是表现为生产的目的，在现代世界，生产表现为人的目的，而财富则表现为生产的目的。"① 借助古代世界的崇高与现代世界的鄙俗之间的对比，马克思的真正目的不是复古，而是为了未来社会的设计指引一个方向，在这个未来社会中，人的本质将全面复归，其最主要的标志就是对生产与财富有了一种根本不同的理解："事实上，如果抛掉狭隘的资产阶级形式，那么，财富不就是在普遍交换中产生的个人的需要、才能、享用、生产力等等的普遍性吗？财富不就是人对自然力——既是通常所谓的'自然'力，又是人本身的自然力——的统治的充分发展吗？财富不就是人的创造天赋的绝对发挥吗？"② 财富既是人的创造力的发挥，也是人的全面自由发展的本质所在，而不是造成社会贫富两极分化，造成物统治人的源泉。

而在资本主义社会，资本家的生产目的是"为积累而积累，为生产而生产"③。"他的动机，也就不是使用价值和享受，而是交换价值和交换价值的增殖了。作为价值增殖的狂热追求者，他肆无忌

---

① 【德】马克思：《经济学手稿（1857—1858 年）》，《马克思恩格斯全集》第 30 卷，人民出版社 1995 年版，第 479 页。

② 【德】马克思：《经济学手稿（1857—1858 年）》，《马克思恩格斯全集》第 30 卷，人民出版社 1995 年版，第 479、480 页。

③ 【德】马克思：《资本论》第 1 卷，《马克思恩格斯全集》第 44 卷，人民出版社 2001 年版，第 686 页。

惮地迫使人类去为生产而生产，从而去发展社会生产力，去创造生产的物质条件；而只有这样的条件，才能为一个更高级的、以每一个个人的全面而自由的发展为基本原则的社会形式建立现实基础。"① 这里，马克思一方面批判了资本主义的生产动机，生产的动机不应该是交换价值和交换价值的增殖，而应该是"使用价值和享受"，也就是说"经济必须为人服务，而不是人为经济服务"②，另一方面，又辩证地指出，这种生产方式为个人全面而自由的发展提供了前提条件。

然而资本主义的这种生产目的会造成物对人的统治，因为生产是目的，那么人就只能变成手段："资本主义生产的物质结果……是产量的增加，而所有这些劳动剥削手段也是增加和大量增多产品的手段，因为劳动生产率的提高表现在产品量的这种增加上。如果从这方面考察资本主义生产，那么这种生产就是物对人的统治……劳动能力只是达到这种目的的手段，并且只有把劳动能力变成片面的和非人的东西，才能达到这种目的。"③

由此，马克思批判了资本主义社会人的处境，因为资本主义社会使人全面异化："在资产阶级经济以及与之相适应的生产时代中，人的内在本质的这种充分发挥，表现为完全的空虚化；这种普遍的对象化过程，表现为全面的异化，而一切既定的片面目的的废弃，则表现为为了某种纯粹外在的目的而牺牲自己的目的本身。"④

通过对资本主义剥削实质的揭示，对资本主义生产方式及所有制形式的批判，马克思揭示了资本与劳动对立的历史性，阐明了资本与劳动的对立不是与史俱来的，而是资本主义社会特有的，这样

---

① 【德】马克思：《资本论》第 1 卷，《马克思恩格斯全集》第 44 卷，人民出版社 2001 年版，第 683 页。

② 【德】霍克海默：《批判理论》，重庆出版社 1989 年版，第 233 页。

③ 《马克思恩格斯全集》第 48 卷，人民出版社 1985 年版，第 41—42 页。

④ 【德】马克思：《经济学手稿（1857—1858 年）》，《马克思恩格斯全集》第 30 卷，人民出版社 1995 年版，第 480 页。

的资本主义生产方式也是一种历史形态，它具有历史暂时性、过渡性。马克思第一次把资本主义社会看作是人类社会历史发展过程中的一个社会经济形态，把反映资本主义社会关系的经济范畴看成为历史范畴，揭示了资本主义生产方式的历史起源，指出："当资本——不是某种特定的资本，而是一般资本——刚一开始形成，它的形成过程就是在它之前的社会生产方式的解体过程和这一生产方式瓦解的产物。"① 而且认为"资产阶级除非对生产工具，从而对生产关系，从而对全部社会关系不断地进行革命，否则就不能生存下去。"②

鉴于资产阶级学者特别是资产阶级经济学家把资本主义打扮成人类社会的永恒制度，把资本主义制度描绘成"最合理"的、永恒存在的"最美好"的社会制度，马克思指出这是因为他们"是想以此说明，这些关系正是使生产财富和发展生产力得以按照自然规律进行的那些关系。因此，这些关系是不受时间影响的自然规律。这是应当永远支配社会的永恒规律。"③ "他们全都希望有一种不可能的事情，即希望有资产阶级的生活条件而没有这些条件的必然后果。他们全都不了解，资产阶级生产方式是一种历史性的和暂时的方式，也正像封建方式的情况一样。"④

马克思对资本主义生产方式的历史性暂时性的认定，是马克思运用历史唯物主义关于生产方式的基本原理对资本主义生产方式进行的解剖，从中发现了资本运动的规律，发现了资本主义生产方式不可克服的危机和矛盾，资本主义生产方式一方面神奇地发展了社

---

① 【德】马克思：《剩余价值理论——附录》，《马克思恩格斯全集》第 26 卷（第三册），人民出版社 1974 年版，第 545 页。

② 【德】马克思、恩格斯：《共产党宣言》，《马克思恩格斯选集》第 1 卷，人民出版社 1995 年版，第 275 页。

③ 【德】马克思：《哲学的贫困》，《马克思恩格斯选集》第 1 卷，人民出版社 1995 年版，第 151 页。

④ 【德】马克思：《马克思致帕·瓦·安年科夫》，《马克思恩格斯选集》第 4 卷，人民出版社 1995 年版，第 539—540 页。

会生产力，但是另一方面它使社会财富越来越集中在少数资本家手中，生产的社会化与资本主义私人占有制之间的矛盾日趋明显，这表明："它的历史今后只是对抗、危机、冲突和灾难的历史。结果，资本主义生产向一切人（除了因自身利益而瞎了眼的人）表明了它的纯粹的暂时性。"① 这种暂时性表明了资本主义必然灭亡的历史趋势："对资本主义生产方式的科学分析却证明：资本主义生产方式是一种特殊的、具有独特历史规定性的生产方式；它和任何其他一定的生产方式一样……具有独特的、历史的和暂时的性质。"② 这也说明，马克思的历史唯物主义和政治经济学的研究有内在的有机联系，一方面，历史唯物主义是马克思政治经济学研究的基础，另一方面对政治经济学的研究也使马克思的唯物史观逐渐经济学化，并在政治经济学体系中由哲学一般变为经济学特殊了。

马克思通过对资本主义生产方式唯物地、辩证地、历史地考察与研究，通过政治经济学批判，揭示了资本主义生产关系在历史上的暂时性质，使以往的政治经济学从一种认为资本主义生产方式是惟一可能与合理的形式而万古长存的学说，变革为资本主义生产方式必然要被更高级的生产方式所取代的一种科学论证。而新的生产关系只能从资本主义生产方式中脱胎而来："新的生产力和生产关系不是从无中发展起来的，也不是从空中，也不是从自己设定自己的那种观念的母胎中发展起来的，而是在现有的生产发展过程内部和流传下来的、传统的所有制关系内部，并且与它们相对立而发展起来的。"③ 这就科学地揭示出资本主义生产方式的历史意义就是在于它为更高级的社会主义生产方式准备了物质的和精神的条件。

Benhabib 认为，批判理论包含两个方面的内容：第一是解释—

① 【德】马克思：《给维·伊·查苏利奇的复信草稿》，《马克思恩格斯全集》第 19 卷，人民出版社 1963 年版，第 443 页。
② 《马克思恩格斯全集》第 25 卷，人民出版社 1974 年版，第 993 页。
③ 【德】马克思：《经济学手稿（1857—1858 年）》，《马克思恩格斯全集》第 30 卷，人民出版社 1995 年版，第 236 页。

诊断方面（explanation – diagnostic aspect），这个方面有助于利用社会科学的发现和方法，对当前潜在的危机在经验上进行富有成效的分析，这部分的目的，是分析当前的矛盾和机能障碍，详细地阐明不同意见和社会病态；第二是展望—乌托邦方面（anticipatory – utopian），构建出批判的更恰当的规范。社会批判理论应当以更好的未来和更人道的社会的名义来指出当前社会的机能障碍。批判理论的目的不是危机处理（crisis management），而是为了将来社会的改变而作的危机诊断。社会批判理论是从社会基本结构的激进的变革的观点来看待当前社会，解释实际存在的活性危机（lived crises），根据可以预见的未来表明异议。① 由以上论述可以看出，马克思的批判理论不仅包含了这两方面的内容，而且在这两个方面都有他特有的贡献。

马克思对剩余价值生产过程的揭示，对资本家剥削实质的揭露，对资本主义生产方式、拜物教以及私人所有制的批判，充分利用了政治经济学的发现和方法，以历史唯物主义为基础，科学地分析了资本主义社会的内在矛盾和危机，"《资本论》的价值既在于它对政治经济学所进行的批判，又在于其分析之精确"。② 在经验研究的科学方法的探索方面，马克思对批判理论的贡献是独一无二的。从第二个方面来说，马克思的批判理论依靠一个自由的、自我决定的唯物主义的概念，正如霍克海默指出的，"它不仅仅是人类当下事业中显示其价值的一种研究假说，而是创造出一个满足人类需求和力量的世界之历史性努力的根本成分。"③ 批判理论从它对当前社会的分析批判中内在地包含了对未来社会的展望，马克思在这方面的思想，也是批判理论家们必须面对而且不可逾越的。无论是否同意马克思基于分析批判理论基础上的价值理想，包括弗罗姆在内的批判理论

---

① Benhabib, S.：Critique, Norm, and Utopia：A Study of the Foundations of Critical Theory. New York：Columbia University Press, 1986, P. 226.

② 【德】霍克海默：《批判理论》，重庆出版社 1989 年版，第 233 页。

③ 【德】霍克海默：《批判理论》，重庆出版社 1989 年版，第 232 页。

家们都必须首先正视它，之后才能基于自己变化了的时代的理论背景下对它做出修正。

第四节　马克思批判理论的当代运用

一、全球化时代劳资矛盾的马克思主义视角

马克思着力研究的劳资关系是工业社会最重要的社会关系，经济全球化不仅没有改善劳资关系，反而加剧了劳资关系的不平等，这方面的问题越来越引起中外学者的关注。同为生产要素的劳动力和资本从全球化中获得的发展机会是不对称的。经济全球化改善了资本的生存环境，而劳动者的生存环境却变得更加恶劣，这是从马克思主义视角中看到的全球化过程中存在的明显问题。

经济全球化的两个主要表征是世界贸易与资本流动。而目前的全球化只是资本的片面的全球化，主要表现为贸易的自由化和投资的自由化。在人类的发展历程中，资本是推动社会进步的动力源，在20世纪后半期资本在充当经济发展的引擎作用中发挥着魔鬼般的力量，一方面资本增长可以为企业带来短期业绩的改善；另一方面，企业资本的成长只有保持行业的上游位置，才能保证持续的发展，资本激活了一些市场，又垄断了一些市场，资本向能获取最高利润的地方流动，经过不断扩张获得最大增值，这是资本的成长规律。按照马克思对资本主义生产方式的分析，人类生产能力的提高，分工、协作、机器的使用，只是导致资本的权力变得越来越强大。在过去30多年里，全球化的市场给资本提供了全新舞台，使其主动性及其活力得以充分施展。资本已经通过建立必要的国内和国际上的制度基础以及与政治、社会、军事和商业精英建立的合作关系而加强了自身的力量，它可以四面出击：对本国政府，它攻击政府管制

过严，高工资和高福利使得本国劳动成本过高，迫使政府放松管制、降低关税削减社会福利、限制工资增长；对本国工会，它指责工会力量过大，是阻碍经济发展的势力，并在集体谈判中以资本外迁要挟工会让步；对受资国特别是发展中国家，它可以要求其保持资本有利可图的低劳动标准和劳动报酬、宽松自由无限制的投资环境，否则就以撤资来要挟受资国。在全球化浪潮中，资本要求的是劳动立法方面的全面放松，而各国政府作为仲裁者或资本的长远利益的维护者，普遍在长期工的保障政策方面实行了倒退。非正规就业和非正规工人则普遍缺乏权利和社会保障。一些学者对若干国家劳资关系及工会运动的发展现状和经验进行了集中的个案研究。如有学者指出，墨西哥经验证明了劳动者阶层反对新自由主义的必要。外资出口加工厂、外国出口商及国家出口商的发展，并没有使墨西哥工人受益。原因在于这些部门的发展建立在牺牲墨西哥本国经济健康的基础上。劳动力成本的"向下竞争"，无论对于墨西哥还是亚洲的工人来说，都不是一个有利的局面。

投资与贸易的自由化又推动了生产国际化，使资本得以在世界范围内进行产业结构调整，将劳动密集型产业转移到发展中国家，发展中国家参与全球竞争，一方面加剧了这些国家之间引进外资的竞争，使发展中国家在全球吸引外资总量的比例逐步上升，另一方面激烈的竞争使资本成为世界市场上的短缺资源，进一步强化了资本的优势地位，从而使资本成为全球化的最大受益者。在西方产生了较大反响的《反资本主义宣言》的作者、英国约克大学政治系教授卡利尼科斯指出，随着资本主义全球化的推行，最严重的问题是："一方面，财富和权力正越来越集中到全球社会政治的上层阶级手中；另一方面，马克思和恩格斯在《共产党宣言》中设想的无产阶级扩大化正在全球上演"。他又引用世界银行在 1995 年的一项研究成果指出，在全世界 24.74 亿非家庭劳动者中，有 8.8 亿属于企业雇员，10 亿在自有土地上工作，4.8 亿属于个体职业者。这一数字表明，阶级消亡的思想是错误的，资本主义全球化所带来的一个最明显的成果是造就了一支庞大的马克思当年所说的无产阶级队伍。这支队伍遍及整个世界，不仅在原先的发展中国家广泛存在，而且在发达资本主义国家越来越多的人加入了这支队伍。

的确如此，与资本在全球化中获得的青睐相反，劳动者完全不可想象有资本那样的优越地位，并且恰恰相反，劳动者的地位出现了严重的下滑。因为迄今为止，全球化对劳工的影响基本是负面的，即就业竞争与分配不平等加剧，给劳动市场带来了巨大压力，这种情况在发达国家尤为严重。与资本的短缺相反，劳动力处于普遍过剩状态，而且在世界范围内就业岗位的增加速度远远赶不上经济和劳动力的增长速度。就业岗位正在成为最稀缺的资源，这就使劳工的跨境流动受到更多限制。有学者指出全球化背景下出现了以跨国公司为代表的跨国资本家阶级，目前既没有一种规范来制约它，也没有一种力量可与之抗衡。全世界的资产者已经联合起来，而全世界的无产者却出现了矛盾和纷争。所以目前的全球化是一种失衡的全球化，这种失衡有多种表现，其中一个重要的方面就是资本的全球化和劳动的全球化的失衡。即：资本是全球化的，而劳动却是地域化的；资本是世界公民，劳动是国家公民。在资本和劳动的关系中，资本天生就是强势的一方，劳动则处于弱势地位，这一点到了全球化时代更加明显。劳动被严格地限制在民族国家的范围内，仍然被重重屏障限制在民族国家的范围。劳动的跨国流动比资本的跨国流动要困难千百倍。

由于资本的自由实质上是一种物的自由，因而资本的全球化也就是物的全球化。这直接造成了发达的资本国家和发展中的劳动国家的对立，成为国家间贫富悬殊和各种冲突的一个根源。资本和劳动的矛盾从马克思所关注的资本阶级和劳动阶级的矛盾变成了资本国家和劳动国家的矛盾，这是当前全球化失衡的关键所在。这种失衡尚未被人们充分注意到，其所以如此，即在于人们忘记了马克思的理论，资本国家用以支持其资本全球化政策的意识形态理由是普遍的人权。可马克思毕生都在批判这种权利的资产阶级性质。在资

本全球化和劳动全球化失衡的局面下，这种权利更加显出了其阶级
与历史的局限：它根本说来是资本的权利，是资本家的权利，是资
本国家的公民的权利，而不是劳动的权利，不是劳动者的权利，不
是劳动国家的公民的权利。所以，这种权利是一种片面的、不平等
的和自相矛盾的。

德里克在讲到全球化特征时，认为其中一个重要方面是阶级关
系的改变，出现了所谓"跨国资本家阶级"和"跨国工人阶级"，
这实际上是资本统一性力量的增强和工人政治团结性的缺失。这个
方面的问题，在当前的全球化研究中作为重要问题已经在各个学科
中被广泛讨论。德里克精彩之处在于他提出了当代的全球化是资本
主义的"全球抽象"这个关键性论点，即全球资本主义作为资本主
义的一个新阶段，它的特征在于资本主义生产方式作为一种占统治
地位的生产方式，它占据了重组世界经济政治文化的霸权地位或已
经重组了这种关系。因此，在资本主义的历史上，资本主义生产方
式第一次脱离了它在欧洲的特定的历史起源，表现为真正"全球性
的抽象"。

之前并不被西方学者看重的马克思思想的主题——资本和劳动
力之间的冲突，单纯在西方社会也许并不是支配性的。已拥有汽车、
私人住宅和许多日用品的工人的相对贫困化，究竟能否为社会革命
提供动力，一直是西方马克思主义者所困惑的问题。然而在经济全
球化的今天，资本与劳动的冲突有了另一种表现形式，"资本国家凭
借资本的力量在自己跟劳动国家之间建构起一种歧视性关系，使得
马克思时代资产阶级和无产阶级的对立转变成了资本国家和劳动国
家的对立，资产阶级对无产阶级的剥削和压迫转变成了资本国家对
劳动国家的剥削和压迫，资本主义国家的国内矛盾转变成了资本国
家和劳动国家的国际矛盾。"

如果我们对全球资本采取放任自流的态度，那么，全球资本的
霸权和剥削能力将迅速膨胀，从而进一步危害环境，更不用说危害
工人的权利以及建立在正义、平等和公正原则之上的公民社会的结

构了。另一方面，目前还没有集中的、有组织的和强有力的反对派提出针对全球化和全球资本的一种内在一致的替代方案。工人阶级要在新的世界经济秩序中获取权力从根本上讲就是要发起一场反对全球资本霸权的运动。反资本主义运动反对的主要目标之一是跨国公司、金融市场、国际金融机构，还有主要资本主义国家对经济的联合垄断。全球资本主义及其组织结构被计划得如此紧密，其实施也是如此高效，以至于人民大众的力量根本无法对其造成任何显著的破坏。全球资本正在一个缺少管制的世界市场中运作，而劳动者需要在国际水平上重新组织起来以与全球资本抗衡。马克思是资本最大的敌人，他的思想和所开创的事业尽管没有将资本打倒，但却起到了有效的制约作用。只要这个世界还由资本统治，就不能"没有马克思"，否则，资本就会肆无忌惮、恣意妄为。

对全球化进程中劳资关系的探讨，使我们看到马克思主义阶级分析方法论的时代价值，它提供给我们洞察现实问题的视角，正如德里克指出的，全球化时代的阶级矛盾更加尖锐，所以马克思的阶级分析法没有过时，反而更加适用了，他说："具有讽刺意味的是，当社会阶级的分化达到空前尖锐程度的时候，许多人竟然反对阶级分析方法。阶级的分化已经成为全球性的问题，资本的全球化表明目前存在一个全球性的资产阶级，他们所拥有的共同利益已经超越民族国家边界。我并非是无休止地为阶级这一概念做辩护，而只是想提出这样的问题：如果我们放弃了阶级概念，在社会分析和不平等的分析中我们将失去什么？如果不用阶级作为生产、分配和消费的组织原则，我们就无法理解资本主义的经济结构以及是哪些力量组成了这些结构。"

经济全球化是资本主义生产方式全球化，马克思关于资本主义生产方式全球化的理论、历史唯物主义的阶级分析理论，不仅为我们认识经济全球化的实质、结构特征提供了科学方法，而且为分析经济全球化发展运动的规则和秩序提供了理论钥匙，最重要的是提供了关于正确解决经济全球化发展困境问题的科学求解公式。美国明尼苏达州立大学马奎特（Marquit）教授认为，马克思在《资本论》第一版序言中简要归纳的生产力与生产关系的发展规律是解释经济全球化困境的理论基础；国际经济活动的增加是物质生产力发展的直接结果，生产工具的全球化并不具有阶级性，作为生产力的经济全球化并不是问题所在，它是世界经济运动的规律，经济全球化引发的社会问题并不是由生产力引发的，而是由生产关系所带来的。

从全球化带来的正负效应看，全球化确是一把"双刃剑"，既促进了世界经济的高速发展和一体化整合，又加剧了社会财富分配的不平等和穷国与富国的差距。经济全球化带来的劳资不平等是不能通过市场机制自动矫正的，仍然需要各民族国家承担起解决劳资问题的主要责任，这是保证经济全球化顺利发展的重要前提。如果各民族国家不能自觉地担起这一责任，放任劳资对立现状继续发展下去，将会带来严重后果。在世界经济一体化的今天，任何一国的经济危机都会蔓延到全球，产生一损俱损的连锁反应，全球化进程可能会因此而延迟甚至毁灭。

二、马克思经济危机理论的魅力

目前由美国次贷危机演变而成的国际金融危机，其直接表现是美国具有高杠杆效应的金融衍生产品交易体系的过度投机性，及其管理失控与崩盘所致，是新自由主义经济放任政策误导的结果。对于此次危机的成因，一般认为是由于美国的"透支消费"、"监管缺位"、"政策失误"、"低估风险"、"资产流动性过盛"、"信贷过于宽松"和国际金融体系存在弊端等因素所造成的。其更深层次的根源，则是资本主义基本经济制度的产物、是资本主义生产方式的基本矛盾——生产的社会化和生产资料私人占有之间的矛盾，并表现为资本主义商品生产的供给过剩与劳动群众有支付手段的需求不足的矛盾的对抗性爆发，这才是这场国际金融危机产生的真正根源和经济实质。它同上个世纪20年代末发生的经济危机没有本质区别。马克思主义关于经济危机理论、虚拟资本理论、经济周期理论、劳动价值论以及剩余价值理论，对于解释当前危机具有根本的指导意义。

每到资本主义国家发生危机之时，马克思的《资本论》也就格外被人们看好。这一现象，是被获得了诺贝尔经济学奖的萨缪尔森发现的，他却感到不能理解。因为西方资产阶级经济学并不能清楚地说明经济危机的真正原因，而马克思的《资本论》却给出了导致危机的正确答案，因此，人们转向马克思，转向《资本论》。马克思是第一个深入而科学地研究经济危机的经济学家，比利时饮誉国际的马克思主义理论家曼德尔在深入考察经济学领域的其他学派后，认为马克思是第一个深入而科学地研究经济危机的经济学家，"把周期性危机当做资本主义制度发展规律中的中心问题，并且认识清楚了周期性危机来自资本主义生产的内在矛盾，而并非来自什么外在因素，来自什么偶然的或者是'自然的'因素。不错，当时的经济学家象马尔萨斯、西斯蒙第、萨伊—麦卡洛克之流，和李嘉图自己，都偶尔谈到周期性危机，但是他们中间没有一个人把危机论纳入自己经济学说的逻辑里面。马克思则与他们相反，他搜集了一切材料，一切根据，使现代的危机论得以建立起来。这种看法极有道理，所以现代的经济学家瓦西里·列昂节夫可以这么说：现代的一切危机论，不论是用这种方式或是那种方式，反正都发源于马克思。"

在当代世界经济的发展中，资本主义基本矛盾运动的一个最凸显的方面，就是金融垄断资本加紧全球性的金融投机和金融掠夺。马克思说过，随着资本主义发展，股票、债券等虚拟资本的巨大增长和各种投机活动的大量兴起，资本主义经济的赌博、投机性质日益明显和强化。而现今的金融业和金融衍生工具获得更加迅速发展，金融投机活动愈益猖獗，金融体系与"实物经济"就会严重脱节，虚拟资本也就会膨胀惊人。金融投机带来了巨大的金融风险，一旦金融泡沫破灭或资本流动方向的突然变化和灾难性的汇率浮动，都会引起破坏性极大的连锁反应，使整个世界金融体系陷入危机。因此，资本主义基本矛盾的激化导致资本主义金融危机（经济危机）

是必然的。

金融危机是和货币联系在一起的，金融危机实际上就是货币危机。马克思认为货币支付手段的矛盾形成货币危机："货币作为支付手段的职能包含着一个直接的矛盾。在各种支付互相抵消时，货币只是在观念上执行计算货币或价值尺度的职能。而在必须进行实际支付时，货币又不是充当流通手段，不是充当物质变换的仅仅转瞬即逝的媒介形式，而是充当社会劳动的单个化身，充当交换价值的独立存在，充当绝对商品。这种矛盾在生产危机和商业危机中称为货币危机的那一时刻暴露的特别明显。这种货币危机只有在一个接一个的支付的锁链和抵消支付的人为制度获得充分发展的地方，才会发生。"① 此次金融危机，马克思所说的货币危机发生的制度条件充分具备："这种危机的运动中心是货币资本。因此它的直接范围是银行、交易所和金融。"② 这也就是说，在支付信用锁链发达，经济运动以资本为中心即在资本主义生产方式中，支付手段造成危机的可能性就会变为现实性。

马克思的虚拟资本理论深刻地分析了虚拟资本的产生机理、基本属性、运行规律以及虚拟经济和实体经济的关系。信用是建立在货币作为支付手段的职能这个基础之上的。在信用的形式下，资本家不仅用自己的资本赚钱，而且拿他人的财产来从事经营活动。于是，一帮冒险家和赌徒必然应运而生，它在大大增加资本主义生产的社会性、推动社会生产力的发展的同时，也极大地加剧了经济的投机性和风险性，使资本主义生产社会性和私人占有性的矛盾更加尖锐。马克思辩证地分析说："信用制度固有的二重性质是：一方面，把资本主义生产的动力——用剥削他人劳动的办法来发财致富——发展成为最纯粹最巨大的赌博欺诈制度，并且使剥削社会财

---

① 【德】马克思：《资本论》第 1 卷，《马克思恩格斯全集》第 44 卷，人民出版社 2001 年版，第 161—162 页。

② 【德】马克思：《资本论》第 1 卷，《马克思恩格斯全集》第 44 卷，人民出版社 2001 年版，第 162 页。（注 99）

富的少数人的人数越来越减少；另一方面，造成转到一种新生产方
式的过渡形式。"① 资本主义信用制度必然导致资本向少数金融大资
本的集中，导致大规模的剥夺，虚拟资本与信用制度密切相联。资
本主义信用的两种基本形式是商业信用和银行信用。在商业信用的
基础上，出现了银行和银行券。在无黄金保证作准备金时发行的银
行券所形成的追加资本，具有虚拟资本的性质。马克思指出："虚拟
资本有它的独特的运动。"② 这种独特性是指，虚拟资本虽然只不过
是现实资本的代表，但它的运动却能独立于现实资本。它可以不停
地转手，其市场价值即价格可以脱离其名义价值即所代表的现实价
值不断地运动。这样，"一切资本好象都会增加一倍，有时甚至增加
两倍，因为有各种方式使同一资本，甚至同一债权在各种不同的人
手里以各种不同的形式出现"。③ 这就造成一种假象，似乎有价证券
这些纸制复本也构成现实资本，虚拟资本的扩张就是实体经济的增
长。在资本主义生产中，"再生产过程的全部联系都是以信用为基础
的"④。试图赚钱的狂热总是会驱使资本脱离生产过程而到货币流通
领域寻找发财的门路，资本主义经济经过几个世纪特别是二战后60
多年的发展，其内部结构和外在条件已经有了相当大的变化。但是，
马克思所揭示的资本追求无限增殖的本性并未改变，为了攫取更多
财富，美国及华尔街"发明"的金融衍生品越来越复杂，金融发展
和金融创新与实体经济相脱离，使得金融泡沫越吹越大，使金融信
贷行为失控、新金融工具使用过度、资本市场投机过度，当世界实
体经济发展无法支撑这么大的泡沫时，金融危机爆发。在资本主义

---

① 【德】马克思：《资本论》第3卷，《马克思恩格斯全集》第46卷，人
民出版社2003年版，第500页。

② 【德】马克思：《资本论》第3卷，《马克思恩格斯全集》第46卷，人
民出版社2003年版，第527页。

③ 【德】马克思：《资本论》第3卷，《马克思恩格斯全集》第46卷，人
民出版社2003年版，第533页。

④ 【德】马克思：《资本论》第3卷，《马克思恩格斯全集》第46卷，人
民出版社2003年版，第555页。

世界，这种市场运行机制的危机又受到基本制度的催化并使之激化："随着资本而同时发展起来的信用制度由此崩溃时，会更加严重起来，由此引起强烈的严重危机，突然的强制贬值，以及再生产过程的实际的停滞和混乱，从而引起再生产的实际的缩小。"① 也就是说金融危机会通过传导会引发实体经济的危机，金融危机最终变成造成整个经济体系瘫痪的经济危机。

在《共产党宣言》中马恩对资本主义周期性的经济危机做了迄今为止人类思想史上最准确、最简单、最形象的描述："资产阶级的生产关系和交换关系，资产阶级的所有制关系，这个曾经仿佛用法术创造了如此庞大的生产资料和交换手段的现代资产阶级社会，现在象一个巫师那样不能再支配自己用符咒呼唤出来的魔鬼了。几十年来的工业和商业的历史，只不过是现代生产力反抗现代生产关系、反抗作为资产阶级及其统治的存在条件的所有制关系的历史。……社会突然发现自己回到了一时的野蛮状态；仿佛是一次饥荒、一场普遍的毁灭性战争，使社会失去了全部生活资料；仿佛是工业和商业全被毁灭了，——这是什么缘故呢？因为社会上文明过度，生活资料太多，工业和商业太发达。社会所拥有的生产力已经不能再促进资产阶级文明和资产阶级所有制关系的发展；相反，生产力已经强大到这种关系所不能适应的地步，它已经受到这种关系的阻碍；而它一着手克服这种障碍，就使整个资产阶级社会陷入混乱，就使资产阶级所有制的存在受到威胁。资产阶级的关系已经太狭窄了，再容纳不了它本身所造成的财富了。"② 在这里，马克思揭示了资本主义制度是经济危机的根源，资本主义生产的社会化和资本主义私人占有的对抗性矛盾必然产生周期性的危机。生产越发展，危机越严重。

---

① 【德】马克思：《资本论》第 3 卷，《马克思恩格斯全集》第 46 卷，人民出版社 2003 年版，第 283 页。

② 《马克思恩格斯选集》第 1 卷，人民出版社 1995 年版，第 277—278 页。

马克思认为，"一切真正的危机的最根本的原因，总不外乎他们的贫困和他们的有限的消费，资本主义生产却不顾这种情况而力图发展生产力，好像只有社会的绝对的消费能力才是生产力发展的界限。"① 但是，马克思与西斯蒙第、艾弗鲁西不同，他不是强调根据消费来决定生产，而是强调资本主义生产不顾消费而发展生产力这样一种特殊的性质。因此，在马克思看来，危机根源于资本主义生产本身，根源于资本主义社会的基本矛盾，而不是西斯蒙第、艾弗鲁西的什么消费不足论。其性质就是资本主义的经济危机，它的主要表现特征就是生产过剩，金融危机不过是金融资本从产业资本中独立出来后经济危机的特殊表现，其实质仍然是马克思讲的生产相对过剩危机：企业为了追求更多利润，不断扩大规模，于是选择在金融市场上"借贷过度"；可当产能相对于全社会购买力相对过剩时，企业资本周转出现困难，逐渐丧失偿还贷款能力，于是引起连锁反应，导致货币紧缩，形成恶性循环，金融危机就此爆发。所以，靠资本主义制度本身是没有办法解决这场危机的。马克思在对资本主义经济危机的实质进行分析时就曾指出，资本主义经济发展的历史，同时也是经济危机周期性地发生的历史。从1925年英国第一次发生普遍性生产过剩危机开始，每隔8—10年资本主义经济危机就发生一次，而且其发生过程呈现出一定的规律性，这集中地反映出资本主义生产方式的内在矛盾性与历史局限性。因此，此次发端于美国并向世界蔓延的金融危机，更加证实了马克思主义的科学性，也更加显示了资本主义作为人类历史上一种社会制度的过渡性质。

西方学者运用马克思的危机理论，早已预言到危机出现的必然性。如卡利尼科斯正确地指出，贯串于金融全球化的基本原则还是资本主义的两大特征：对产业工人的剥削和资本的竞争性积累。而当今引发金融危机的主要因素正是严重的过度投资倾向。金融投机

---

① 【德】马克思：《资本论》第3卷，《马克思恩格斯全集》第46卷，人民出版社2003年版，第548页。

在政府的支持下，鼓励资本家竞争，疯狂扩大生产规模的速度，远远快于弥补相应的投资价值而必须实现的利润增长速度。正是这种竞争和投机促成的失控的资本积累，导致严重的金融危机以及相应的经济衰退。他认为马克思当年对资本主义的剖析是正确的。他说道："马克思对于他称之为'信用系统'的分析用在这里比较贴切：信贷资本的出现及其在银行和金融市场的流动可以维持更长时间的资本积累过程，结果是推迟了——而且往往是激化了——潜在经济矛盾的出现。美国的金融市场就在美联储的支持下维持着美国经济的繁荣。但是真正的繁荣当然不只是投机性的表面繁荣：它要靠实实在在的利润率的反弹来维持。因此一旦利润率开始下降，繁荣的破灭就只是时间问题了。"

此次经济危机也波及到我们国家。从我国的情况来看，表面看起来似乎是受美国危机的影响。由于我国改革开放后，大力发展外向型经济，经济对国外的依存度高，对外进出口贸易是拉动我国经济增长的"三架马车"的其中一个重要组成部分，而受西方危机的影响，国外订单减少，致使一大批中小企业破产，所以会导致国内经济增长率的进一步下降。但是，也要看到另外一个重要原因："我国在改革开放以后，私人资本主义经济有了很大的发展，由于剩余价值规律的作用，某些行业（如房地产业）更得到了畸形的发展。这也是一个重要因素。这些年，房地产业过快的发展和过高的房价，大大刺激了一些人进行房地产投机的热情，许多人购买房屋并不是为了自己居住，而是为了在房价提高时将其卖出，投机性很大。房地产业积累的巨大泡沫显然已经不能继续保持下去，在这种情况下，它的破裂显然具有某种经济危机的性质。总之，无论是美国的危机，还是中国的危机，都具有经济危机的性质，而不能仅仅看做是经济政策的问题，更不能仅仅看做是金融监管的问题；应该认识到它们具有深刻的经济制度或生产关系的根源。危机是资本主义生产关系造成的，不消灭资本主义生产关系，就不可能消灭危机。"

那么，我们又如何采取正确的应对之策，以减少危机带来的不利影响？只有理论上的清醒，才能保证政治上的坚定。显然，求助于新自由主义、采用西方所谓"主流经济学"或回归凯恩斯主义，来反思和应对这场国际金融危机，从根本上看都是无济于事的。只有坚持马克思主义的立场、观点和方法，才是我们正确观察、分析和应对这场国际金融危机，破解由此引起的各种经济社会难题的理论法宝。从一定意义上说，这次国际金融危机是在对我们进行一次生动的马克思主义教育。它使人们更加清醒地认识到，马克思主义是科学真理，是观察分析当代资本主义的科学理论和方法。这场国际金融危机，对我们同时也是一副清醒剂。它使人们看到："美国不是什么都好"，资本主义世界不是人间天堂；资本主义以周期性（无论是七八年一次的短周期，还是五六十年一次的长周期）发生的经济危机，表明了其生命力的枯竭和衰落；它宣告了一些人将资本主义的所谓"自由、民主"神化为"人类普世价值"的破产。其实，只有社会主义代替资本主义制度，才是消除资本主义生产方式对抗性矛盾的历史出路；只有共产主义才是人类未来的理想社会。中国特色社会主义的基本制度，作为科学社会主义与我国实践相结合的新形态，才是我们防范和克服这场国际金融危机对我国经济社会发生消极影响根本保证。

第三章

弗罗姆对马克思的
阐释、发现、补充

　　弗罗姆不是正统的马克思主义者，我们仍然视他为马克思的追随者。这不仅是因为他对马克思给予了很高的评价，认为"马克思是一位具有世界历史意义的人物……马克思所思考的深度和广度都远远超越了弗洛伊德。"① 也不仅因为他向西方社会介绍马克思的历史唯物主义、马克思关于人的学说及异化思想，他从心理学的视角发掘马克思对心理学的贡献。他能够成为马克思的追随者，是因为他以历史唯物主义作为理论基础来修正弗洛伊德的精神分析学，并以此作为他批判西方社会的锐利武器；是因为他继承了马克思的批判精神，他对马克思的理解和阐释，无论是历史唯物主义还是人的学说、异化理论，都将这些理论与对当代资本主义社会的批判结合起来，他积极地批判与干预现实，实际地践行了马克思"重要的是改变现实"的实践哲学。正是在对马克思批判理论的继承与运用的意义上讲，我们认为，他是马克思的追随者。

第一节　对马克思的阐释

　　20 世纪 20 年代起，弗罗姆已经开始接触马克思思想，② 他最早的著作就涉及对马克思的理解，③ 他在法兰克福的同事"赞同地称

　　① 【美】弗罗姆：《在幻想锁链的彼岸》，湖南人民出版社 1986 年版，第 10 页。
　　② McLaughlin, Neil, Optimal Marginality: Innovation and Orthodoxy in Fromm′s Revision of Psychoanalysis, Sociological Quarterly, 2001, Vol. 42, Issue 2, P. 274.
　　③ Bonner, Stephen Eric: Of Critical Theory and Its Theorists. New York: Routledge, 2002, P. 157. 指弗罗姆 1930 年的著作《基督教的教条》。

这篇文章是整合弗洛伊德和马克思的第一个具体榜样"。① 在晚年对
自己生平的回顾中，他将马克思列为除家族宗教传统外对他影响最
大的人物，把马克思的书列为除预言书之外对他成长过程绝对重要
的书，② 自认为马克思构成了他的思想，并形成了他整个思想的发
展，他说："如果没有马克思……我的思想也就失去了至关重要的
动力。"③

30 年代弗罗姆就已经着手对精神分析理论的修正，而修正所使
用的方法正是马克思主义的。他的作品中所涉及的马克思主义的内
容也对西方马克思主义的学者获益良多，因为他的努力使马克思在
美国得到了传播，并为马克思传统的重获新生奠定了基础。④

弗罗姆对马克思的理解及运用自然有着他自己独特的视角，而
他对历史唯物主义、对马克思人的学说的理解，对马克思理论中所
蕴涵的心理学内容的挖掘，都有着积极的意义。

一、历史唯物主义

弗罗姆是将历史唯物主义作为方法论来解读的。对马克思这一
核心思想的理解也包含着对西方世界普遍存在的对马克思误解的批
判和澄清。

首先，弗罗姆对马克思的历史唯物主义给予了很高的评价并做
出了正确的阐述，把历史唯物主义理解为马克思对社会发展规律
的揭示，对社会存在前提的认定，认为："在人类思想史中，马克

---

① 【美】马丁·杰伊：《法兰克福学派史》，广东人民出版社 1996 年版，
第 108 页。这本书最初作为文章发表。

② 【美】弗罗姆：《生命之爱》，国际文化出版公司 2001 年版，第 113—
117 页。

③ 【美】弗罗姆：《在幻想锁链的彼岸》，湖南人民出版社 1986 年版，第
9 页。

④ McLaughlin, Neil：How to become a forgotten intellectual：intellectual move-
ment and the rise and fall of Erich Fromm. Sociolocal Forum, 1998, Vol. 13, No. 2,
P. 223.

思的这一理论大概是马克思对了解统治社会的规律所作出的最持久、最重要的贡献。马克思的前提是，人在从事任何文化活动之前，他得生产维持物质生存的资料……马克思指出，人所面临的物质条件决定着他的生产和消费模式；而生产和消费模式反过来又决定着人的社会政治组织、生活实践，最终决定着人的思维和感觉的方式。"① 这种解读，与传统对马克思的历史唯物主义的理解并无不同。

他引述了马克思在《德意志意识形态》中的一段表述："我们不是从人们所说的、所设想的、所想象的东西出发……我们的出发点是从事实际活动的人，而且从他们的现实生活过程中还可以描绘出这一生活过程中在意识形态上的反射和反响的发展。"② 以及在《〈政治经济学批判〉序言》中对历史唯物主义的更为经典的表述，认为"这一段话完整地表达了历史唯物主义这一概念"，③ 可见弗罗姆对历史唯物主义的理解是到位的。

其次，他把马克思的唯物主义和近代的机械唯物主义区别开来，认为"马克思跟这种'把历史过程排除在外'的、机械的、'资产阶级的'、'抽象的自然科学的唯物主义'进行了斗争……（马克思）谈他自己与黑格尔相反的'辩证方法'，谈这种方法的'唯物主义基础'，直截了当地以此指人类生存的基本条件。唯物主义的这一方面，马克思的'唯物主义方法'……包括对人类现实经济社会生活的研究和人的具体生活方式对其思想和感情的影响。"④ "马克思则认为，思想和精神的现象应当理解为整个生活实践的产物，是

————————

① 【美】弗罗姆著，孙恺祥译：《健全的社会》，贵州人民出版社 1994 年版，第 212 页。

② 【美】弗罗姆：《马克思论人》，陕西人民出版社 1991 年版，第 155—156 页，根据《马克思恩格斯选集》第 1 卷，人民出版社 1995 年版，第 73 页有改动。

③ 【美】弗罗姆：《马克思论人》，陕西人民出版社 1991 年版，第 161—163 页。

④ 【美】弗罗姆：《马克思论人》，陕西人民出版社 1991 年版，第 155 页。

个人与他人及自然的相互关系的结果。马克思运用辩证法克服了 19
世纪唯物主义的缺点，根据人的活动而不是人的生理，发展形成了
一种真正能动的有机整体的理论。"① 可见，弗罗姆也注意到了马克
思唯物主义的出发点是人的活动："马克思的'唯物主义'说明了
我们必须从我们所见到的现实的人出发来研究人，而不是从有关自
身的思想和人对世界的看法出发来研究人。"② 也就是说，马克思的
出发点既非抽象的人，也非人的思想和观念。

再次，弗罗姆遵循了卢卡奇对历史唯物主义的理解，接近于将
历史唯物主义理解为社会实践本体论。③ 在弗罗姆看来，马克思并不
关心传统形而上学的本体论问题，他说："马克思在哲学上虽然代表
唯物主义本体论，但从根本上说，他并不真正对这些问题感兴趣，
也几乎从来不研究它们。"④ "马克思并不注意物质与精神之间的因
果关系，而是把一切现象都理解为现实的人类活动的结果。"⑤ 对马
克思理论的这种理解，更符合马克思实践哲学的本意。近年来国内
学者回归本真的马克思，很多学者对马克思的重新解读也强调实践
范畴的本体意义，这表明弗罗姆确有理论的先见之明。

有学者认为，弗罗姆的唯物主义立场不彻底，有时向唯心主义
摇摆，原因是弗罗姆认为，外部世界的存在，需依赖人的力量：
"主体和客体不能相分离"，因为唯物主义的哲学前提，就是承认
世界的外在性，不依赖人的独立性。⑥ 这实际上是用近代哲学主客

① 【美】弗罗姆著，孙恺祥译：《健全的社会》，贵州人民出版社 1994 年
版，第 213 页。
② 【美】弗罗姆：《在幻想锁链的彼岸》，湖南人民出版社 1986 年版，第
41 页。
③ 卢卡奇的马克思的历史唯物主义观，见杨耕：《为马克思辩护》，北京
师范大学出版社 2004 年版，第 80—83 页的阐述。
④ 【美】弗罗姆：《马克思论人》，陕西人民出版社 1991 年版，第 154 页。
⑤ 【美】弗罗姆：《在幻想锁链的彼岸》，湖南人民出版社 1986 年版，第
40 页。
⑥ 张伟：《弗洛姆思想研究》，重庆出版社 1996 年版，第 165 页。

二分法本体论思维方式来看待现代的弗罗姆思想，现代西方哲学家大都企图排除作为近代认识论基础的二元分立倾向，"这并不都是简单地否定主客、心物、思有等之间的差别和联系，而往往只是要求将它们视为一个不可分割和统一的过程。其中起主导作用的是主体（人）的能动的创作性活动。"① 从这个意义上说，马克思的哲学是现代哲学。因为马克思所关注的不是去揭示世界的物质或精神本源，不是去建立描绘整个世界的严密完整的理论体系，而是直接面向人的实践和现实生活，在马克思看来，"对象、现实、感性"与人以及人的生存实践是联系在一起的，对它们不能只从客体的形式去理解，而同时要"把它们当做感性的人的活动，当做实践去理解"，所以马克思的哲学被认为是"实践本体论"，而实践不是单纯的物质或精神活动，而是包含了两者统一的能动的活动；实践既是主观的又是客观的，是主客观的统一，马克思通过对实践意义的深刻揭示彻底实现了对传统形而上学的超越，实现了哲学思想的变革，这就是弗罗姆所揭示的马克思哲学的内涵，也是他自己理论所持有的哲学立场。而弗罗姆思想的基础无疑是属于现代哲学的。

在正确理解的基础上，弗罗姆述将马克思的唯物史观看成是"历史方法"，强调这种方法的具体的、历史的辩证的特性："像黑格尔一样，马克思在对象的运动中、变化中观察对象，而不是通过发现它物理'原因'，把它看成可以解释的静止'客体'。跟黑格尔相反，马克思从现实的人、从被迫生活在其中的经济社会条件入手，而不是从自己的观念出发，来研究人和历史。"② 这实际上就是马克思在《形态》中对新世界观的阐述。可见，弗罗姆准确地把握了马克思历史唯物主义的内涵，不仅如此，他还将马克思的这种世界观

---

① 刘放桐等著：《马克思主义与西方哲学的现代走向》，人民出版社2002年版，第6页。
② 【美】弗罗姆：《马克思论人》，陕西人民出版社1991年版，第156—157页。

解读为批判资本主义的方法论、对资本主义的研究出发点，而他本人在运用精神分析理论批判地分析资本主义时，正是汲取并运用了马克思的这一方法。所以，在批判理论的根本出发点上，弗罗姆与马克思是一致的。弗罗姆对历史唯物主义的把握，与卢卡奇相似，卢卡奇在讲到历史唯物主义的职能的变化时，也强调必须把历史唯物主义转变为真正的方法，它的最重要的职能是对资本主义社会制度做出正确的判断，揭露资本主义社会制度的本质，看来，西方马克思主义者在这个问题上有相同的观点。

在阐述历史唯物主义的同时，弗罗姆纠正了西方社会普遍存在的误解。"冷战对马克思构成了极大的损害，在美国，人们将马克思看成是庸俗唯物主义与经济决定论"，① 前一种观点认为，追求经济利益是人的主要动机，弗罗姆认为这是对马克思的严重歪曲，"马克思关于经济因素的重要意义的观念，不是一种心理学的观念，即主观含义上的经济动机，而是社会学的观念，这种观念认为，经济发展是文化发展的客观条件。"② 以心理学家的视角，他一再强调"历史唯物主义根本不是一门心理学理论，它的基本原则是：人的生产方式决定了人的生活习惯和生活方式，正是这种生活的实践才决定了人的思维方式和人类社会的社会政治结构。从这个意义上讲，经济并不是指一种精神上的动力，而是指生产方式；不是指一种主观的心理因素，而是指一种客观的社会经济因素。"③

弗罗姆理解马克思思想的一个重要的特点是，总是把马克思看成是批判的学说，在纠正对马克思误解时，他认为马克思与这种庸俗唯物主义的观点相反："人的生产方式决定了人的生活习惯和生活

---

① Bonner, Stephen Eric: Of Critical Theory and Its Theorists. New York: Routledge, 2002, P. 166.

② 【美】弗罗姆著，孙恺祥译：《健全的社会》，贵州人民出版社 1994 年版，第 212 页。

③ 【美】弗罗姆：《在幻想锁链的彼岸》，湖南人民出版社 1986 年版，第 41 页。

方式，正是这种生活的实践才决定了人的思维方式和人类社会的政治结构。"① "但这并不是说，生产或消费的欲望就是人的主要动机，相反，正是资本主义社会才使'占有'和'使用'的欲望成为人的最主要的欲望，马克思对资本主义社会的批判也恰恰集中体现在这一点上：马克思认为，一个受占有和使用欲望支配的人是一个被扭曲了的人。人的主要目的不是利润和私有财产，而是自由地运用人的权力。"② "马克思对资本主义的主要批判是，资本主义过分强调了经济利益，从而损伤了人的完全性。"③

对于将历史唯物主义理解为经济决定论，认为马克思把人看作是历史和经济的被动对象，没有一点能动性，弗罗姆认为"这都是人云亦云的无稽之谈。"④ 他认为马克思的历史观是注重人的主动性的，他引用马克思的文本作为理据："整个所谓世界历史不外是人通过人的劳动而诞生的过程，是自然界对人来说的生成过程。"⑤ 人不仅创造了社会和历史，也创造了人自身："理解马克思的这一基本思想极其重要：人创造自己的历史，他是自身的创造者。"⑥ 他还列举了马克思在《资本论》、《神圣家族》中经典表述，如"历史什么事情也没有做……创造这一切、拥有这一切并为这一切而斗争的，不是'历史'，而正是人，现实的、活生生的人。'历史'并不是把人当做达到自己目的的工具来利用的某种特殊的人格。历史不过是追

---

① 【美】弗罗姆：《在幻想锁链的彼岸》，湖南人民出版社 1986 年版，第 41 页。

② 【美】弗罗姆：《在幻想锁链的彼岸》，湖南人民出版社 1986 年版，第 42 页。

③ 【美】弗罗姆著，孙恺祥译：《健全的社会》，贵州人民出版社 1994 年版，第 212 页。

④ 【美】弗罗姆：《占有还是生存》，三联书店出版社 1989 年版，第 103 页。

⑤ 【德】马克思：《1844 年经济学哲学手稿》，人民出版社 2000 年版，第 92 页。

⑥ 【美】弗罗姆：《马克思论人》，陕西人民出版社 1991 年版，第 160 页。

求着自己的目的的人的活动而已。"①

弗罗姆这里的解读涉及马克思的历史发展的规律性和人的主观能动性的关系问题，他认为马克思注重人的主动性，但并未否认历史唯物主义所揭示的社会发展的规律性，认为"历史唯物主义理论为理解历史规律提供了重要的科学概念。"② 他只是反对西方人在解读马克思的历史唯物主义时，看不到人作为主体的作用。当然，即便是在对历史唯物主义的理解当中，也可以看出作为人本主义的心理学家，他非常注重马克思思想中人本的方面，强调马克思对人的目的性的重视，这也无可厚非。

二、马克思的人学思想

心理学家麦迪森认为，"每一位心理学家，都有一种关于人的先定概念"，它"影响着研究和理论的建设"，"一种'人的哲学'是一个完整的心理学理论的基础，对人本心理学来说尤其如此，它影响着研究的进行和理论的建设。"③ 对心理学家的这种界说，对弗罗姆来说尤其恰当。

"人"是弗罗姆毕生思想的主题和研究目的，他对马克思的解读也把着重点放在马克思关于人的学说上，特别是把人的研究作为他的批判理论的基础。他醉心于微观透视和宏观解剖现代社会和现代人的精神心理缺陷，表达了他试图对人的主题实施全方位研究的意愿。

在对马克思的解读中，他认为"马克思的根本关注也是人"。④

---

① 《马克思恩格斯全集》第 2 卷，人民出版社 1957 年版，第 118—119 页。【美】弗罗姆：《占有还是生存》，三联书店出版社 1989 年版，第 103 页。

② 【美】弗罗姆著，孙恺祥译：《健全的社会》，贵州人民出版社 1994 年版，第 213 页。

③ 【美】夏洛特·布勒等著：《人本主义心理学导论》，华夏出版社 1990 年版，第 5—6 页。

④ 【美】弗罗姆著，孙恺祥译：《健全的社会》，贵州人民出版社 1994 年版，第 206 页。

他说："对社会、历史进程的分析应当从人开始，不是从抽象概念，而是从研究具有生理和心理品质的实在的、具体的人开始。这项分析应当从人的本质这一概念开始，而对经济和社会的研究，则只是为了理解环境怎样损伤了人，人如何与自己、与自身的人的力量疏离开来的情况。我们从人性的特殊现象，比如资本主义制度所造成的那些表象，推导出人的本性。"① 可见，弗罗姆注意到马克思对人的事实本质的确立，并有意识地将现实的、具体的人作为研究的出发点，在这点上，他无疑是马克思的继承者。但由于人本主义心理学所特有的一个不足：用语含糊，也造成了人们对他的马克思有关人的思想的解读的误解，如关于人的本质的界定。

人性和人的本质，是两个相互联系又互相区别的概念，简而言之，人性是人的属性中区别于人和动物的主要特征，包括人的自然属性、社会属性和精神属性，而人的本质则是存在于这些共同属性中的根本属性。② 而从弗罗姆以上陈述中可以看出，他对这两个概念并没有做严格的区分，而是把他们糅合在一起。对人本主义心理学颇有研究的车文博教授认为，将人性和人的本质相混淆，是人本主义心理学家的根本缺陷，如人本主义心理学的主要创建者马斯洛，就把"人性"和"人的本质"视为同一的概念。③

这种人性观的缺陷很容易造成对弗罗姆人性的理论的误解。虽然弗罗姆没有着重考察马克思的人的本质的概念，但他实际上特别强调马克思对人的本质的社会性的界定。在他对西方人介绍马克思思想的《马克思论人》这本书中，弗罗姆引用了马克思《关于费尔巴哈的提纲》中的著名表述"人的本质并不是单个人所固有的抽象

---

① 【美】弗罗姆著，孙恺祥译：《健全的社会》，贵州人民出版社1994年版，第207页。

② 袁贵仁：《人的哲学》，工人出版社1988年版，第66页；车文博：《人本主义心理学》，浙江教育出版社2003年版，第388页。

③ 车文博：《人本主义心理学》，浙江教育出版社2003年版，第388页。

物", 但省略了后面一句"在其现实性上, 它是一切社会关系的总
和", ① 张一兵教授就认为, "弗罗姆实际上不同意马克思关于人的
本质的定义"。② 本人不同意这种观点, 这里, 张教授或许不了解人
本主义心理学家的这个特点, 弗罗姆人的自然属性和社会属性的划
分实际上指的是人性, 而不是人的本质。弗罗姆从 1941 年《逃避自
由》开始就认定人是社会进程的产物, "人性在本质上是受历史状况
而定的", 而把心理学的关键问题说成是"关于个人与世界的那种特
殊关系方式", ③ 他对人的分析也是将人置于资本主义社会的特殊的
历史条件下的具体分析, 在不同时代揭示了具有典型意义类型的不
同社会性格特征的人, 如纳粹时代的权威性格、美国社会的市场性
格、重占有的性格等, 所以, 心理学家杜·舒尔茨说, 在弗罗姆的
著作中, 全部命题是人与社会的关系。④ 而另一位心理学家在谈到弗
罗姆的贡献时也认为, 将个人看成是作为社会存在物是弗罗姆对心
理分析和心理分析历史的贡献。⑤

　　从弗罗姆对弗洛伊德的人的观念的评价中, 我们也可以看出他
的观点, 他认为: "弗洛伊德对人的描写, 本质上是 18—19 世纪的
经济学家与哲学家所描绘的图像。他们把人根本上看作是竞争的、
孤立的, 与别人的联系仅仅出于交换上的需要, 满足经济与本能的
要求。"⑥ 这表明, 他反对弗洛伊德将人看成是"孤立"的人, 从反
面表明了他研究人的立场, 因此说他"不同意"马克思的人的本质

---

① 【美】弗罗姆:《马克思论人》, 陕西人民出版社 1991 年版, 第 168 页。
② 张一兵:《人是马克思哲学中的核心概念?》,《人文杂志》2003 年第 4
期, 第 8 页。
③ 【美】弗罗姆:　《逃避自由》, 国际文化出版公司 2002 年版, 第 7、
206、207 页。
④ 【美】杜·舒尔茨:《现代心理学史》, 人民教育出版社 1981 年版, 第
379 页。
⑤ Funk, Rainer: Erich Fromm's role in the Foundation of the IFPS. Int Fo-
rum Psychoanal, 2000, 9: 197.
⑥ 【美】弗罗姆:《弗罗姆文集》, 改革出版社 1997 年版, 第 443 页。

定义是对弗罗姆的误解。

当然，作为一个心理学家，他的侧重点实际上是人性，对马克思人的概念的解读也深入地挖掘了马克思有关人性的思想。他引用《资本论》的一段话，认为，马克思相信有人性这样的东西，人是一个可以认识、可以确定的数量，认为有一般的不变的人性和历史的发生了变化了的人性，他说："马克思把人的本能和欲望也区分为两种类型：不变的或稳定的，如饥饿和性欲，是人性的本质部分，而且只能在它们在各种不同文化中所采取了形式和方向方面被改变；'相对的'本能和欲望，不是人性的本质部分，关于这一部分，马克思说，它们在一定的社会结构中和一定的生产与交往条件下产生是有根据的。"①

早期的马克思的确有非常丰富的人性理论，承认人和动物有同样的机能："吃、喝、生殖等等"②，有丰富的天赋资质，如五官感觉、精神感觉、实践感觉等,③ 因为"人直接地是自然存在物",④ 具有自然力、生命力，这些力量作为天赋和才能，是人的能动性的源泉，也是人的欲望之源泉，而自然所赋予人的本能需要是首先必须满足的，因为"忧心忡忡的人、贫穷的人对最美丽的景色都没有什么感觉",⑤ 而这部分的欲望就是弗罗姆所说的不变的和稳定的，所以是基本的欲望。人除了要满足这部分欲望之外，还有在一定的社会结构和交往条件下产生的欲望，如马克思所说的社会主义条件下人具有丰富的需要，而在私有制范围内，"每个人都指望使别人产

---

① 【美】弗罗姆：《马克思论人》，陕西人民出版社1991年版，第168页。

② 【德】马克思：《1844年经济学哲学手稿》，人民出版社2000年版，第55页。

③ 【德】马克思：《1844年经济学哲学手稿》，人民出版社2000年版，第87页。

④ 【德】马克思：《1844年经济学哲学手稿》，人民出版社2000年版，第105页。

⑤ 【德】马克思：《1844年经济学哲学手稿》，人民出版社2000年版，第87页。

生某种新的需要，以便迫使他作出新的牺牲，以便使他处于一种新
的依赖地位并且诱使他追求一种新的享受，从而陷入一种新的经济
破产。"① 在不同著作中弗罗姆经常引用马克思在《手稿》中的一这
段话，来表明马克思关于人性理论的丰富内涵及价值取向："私有制
使我们变得如此愚蠢而片面，以致一个对象，只有当它为我们拥有
的时候，就是说，当它对我们来说作为资本而存在，或者它被我们
直接占有，被我们吃、喝、穿、住等等的时候，简言之，在它被我
们使用的时候，才是我们的……一切肉体的和精神的感觉都被这一
切感觉的单纯异化即拥有的感觉所代替。"② 私有制使占有成为人们
主导的心理欲求，这就是弗罗姆所说的相对的欲望。弗罗姆正是受
到马克思阐述的"相对欲望"的启发，发展出在资本主义中出现的
一种典型的性格类型：重占有的性格。

　　弗罗姆也看到了马克思劳动概念人性特征："马克思断言，假如
工人不再被'雇佣'，他的劳动过程的性质和特征将会发生变化。劳
动将成为人性力量的一种有意义的表现形式，而不是无意义的单调
乏味的工作……这一新的劳动观点对马克思来说，显然是非常重要
的。"③ "虽然在他的后期著作中，对经济学的讨论比对人性需要的
讨论占了更大的比重，但是对他来说，经济领域本身从来没有成为

――――――――――

　　① 【德】马克思：《1844 年经济学哲学手稿》，人民出版社 2000 年版，第
120 页。
　　② 【美】弗罗姆：《占有还是生存》，三联书店出版社 1989 年版，第 165
页，根据新的译本【德】马克思：《1844 年经济学哲学手稿》，人民出版社
2000 年版，第 85 页有改动。
　　③ 【美】弗罗姆著，欧阳谦译：《健全的社会》，中国文联出版公司 1988
年版，第 258 页。弗罗姆的几本主要的译著都有不止一个译本，在本书中《健
全的社会》选择了两个译本同时引用，因为这两个译本各有千秋。孙恺祥的译
本行文流畅，但有些哲学专业术语翻译不准确，欧阳谦的译本恰好弥补了这一
不足，而欧阳谦的译本行文则略逊前者，故本书在引用时对照了两个版本有选
择的引用。

目的，而一直是满足人类需要的手段。"①

　　作为人本主义者，弗罗姆特别强调马克思思想中人作为主体的自主性、能动性和实践性。他说马克思的"唯物主义"的历史意义："它倒是意味着：人，真实的人和完整的人，'实实在在活着的个人'——不是这些'个人'产生的观念——是历史的主体，也是理解历史规律的主体。"②他详细地阐述了马克思的人与自然、人与人自身的关系，强调马克思的这一思想：人在创造自己的历史的同时是自身的创造者，他将马克思的人的能动性思想发挥成"有所作为"的思想，认为："在马克思看来，独立和自由都建立在自我创造的活动上。"③而且马克思的自我实现的观点只有联系劳动的概念才可以完全理解。在他看来，马克思的"人"不是被动接受的，而是借助自己的力量积极主动地创造的，并因此和对象世界发生关系，认识和变革对象世界。所以，从对马克思人学思想的解读，弗罗姆悟到了马克思哲学的实践本性，这确实是他的独到之处。

　　弗罗姆对马克思人论的理解的另一个显著的特点是和马克思的批判思想联系起来，强调马克思的人的价值理想，认为马克思的最终目的是解放人，马克思对资本主义的批判是因为资本主义贬低了人的价值，把人变成物："马克思对资本主义的批判，主要就在于资本主义的经济利益至上摧残了人，在马克思看来，社会主义社会中的人将会摆脱这种经济利益的支配，这就是建立一种更合理因而更富于建设性的经济组织形式。"④ "他（马克思）对收入平等的关心不是第一位的。他关心的是使人从一种毁坏他的个性、把他化为物、

---

　　①【美】弗罗姆著，孙恺祥译：《健全的社会》，贵州人民出版社 1994 年版，第 209 页。
　　②【美】弗罗姆：《马克思论人》，陕西人民出版社 1991 年版，第 158—159 页。
　　③【美】弗罗姆：《马克思论人》，陕西人民出版社 1991 年版，第 179 页。
　　④【美】弗罗姆著，欧阳谦译：《健全的社会》，中国文联出版公司 1988 年版，第 265 页。

化为物的奴隶的劳动中解放出来。……马克思指的是拯救个人。他对资本主义社会的批判不是针对资本主义社会的收入的分配方式，而是针对其生产方式、个性毁坏和使人变为奴隶。"① 这里，弗罗姆从人论的视角的确看到了马克思批判理论的核心内容，就是对资本主义生产方式的批判，以及这种生产方式对人的损害。认为马克思的最终目标是恢复人性的丰富性："马克思对资本主义的全部批判和对社会主义的憧憬都是基于这样一种信念之上的，即在资本主义制度中，人的'自身活动'受到了阻碍，我们的目的在于在生活的各个方面重建人的自身活动，从而将完全的人性归还给人。"② 的确，马克思认为人从自然界那里获得了一种全面性的资质，只是由于特定的社会关系造成了人的片面发展，完全的人性即实现天赋资质全面发展的人，只有在变革了社会关系的未来社会才有可能，这是马克思的人的价值目标。

他特别强调马克思的价值理想是"拯救个人"、"使人成为个人"，这更接近马克思所确立的人的价值理想。我们经常说马克思所设想的人的理想的状态是"人的全面发展"，这种理解不准确，仔细考察就可以知道，这里的"人"应当是"个人"。在《共产党宣言》中，马克思设想的未来社会是一个自由人的联合体，"在那里，每个人的自由发展是一切人的自由发展的条件。"③ 而在马克思所叙述的"三大社会形态"理论时，对第三大形式的设想是："建立在个人全面发展和他们共同的、社会的生产能力成为从属于他们的社会财富这一基础上的自由个性，是第三个阶段。"④ 这表明，马克思的着眼点是具体的个人，而不是一般意义上的人类和人的整体，注重的是"个人的全面发展"和"自由个性"的确立，说明弗罗姆对马克思

---

① 【美】弗罗姆：《马克思论人》，陕西人民出版社 1991 年版，第 188 页。

② 【美】弗罗姆：《占有还是生存》，三联书店出版社 1989 年版，第 102 页。

③ 《马克思恩格斯选集》第 1 卷，人民出版社 1995 年版，第 294 页。

④ 【德】马克思：《经济学手稿（1857—1858 年）》，《马克思恩格斯全集》第 30 卷，人民出版社 1995 年版，第 107—108 页。

关于人的价值理想的理解更符合马克思的本意。

弗罗姆对马克思人的解读,有他的合理之处。俞吾金教授认为,当代哲学关于人的理论探讨中,对马克思关于人的理论存在着很大的问题,在东方国家传统的马克思主义哲学教科书的视野里,不知从什么时候起,形成了一种奇特的见解,即"人"、"人性"、"人道主义"似乎都是资产阶级学者感兴趣和使用的概念,而马克思主义者则把这些概念一概斥之为抽象的说教。俞教授认为,其实在马克思那里,人的自由、解放和人性的复归才是真正的目的,而传统的见解完全曲解了马克思主义的本真精神,把马克思主义与西方人文主义传统的关系完全掩蔽起来了。[①] 如此看来,弗罗姆认为马克思的目的在于解放人,恢复人的完整性,使他有能力达到与他人和大自然的统一与和谐,这样的解读,抓住了马克思人的理论的精髓。

弗罗姆对马克思人的理解也提出了一些质疑,有些疑问在他思想发展的进程中得到了解答,这说明他对马克思的理解也有一个过程;也有一些质疑是他从心理学家的角度对马克思提出的过高的要求。

在论述人的需要和情欲方面,他认为"马克思低估了人的情欲的复杂性。他没有充分认识到人性有其自身的需要和规律,它们与决定历史发展进程的经济条件处在不断的相互作用中……马克思完全没有看到,那些起源于人的本性及其生存环境的情欲和追求,就是人的发展的最大推动力。"[②] 这实际上是他试图用弗洛伊德的精神分析学补充马克思的人的学说的初衷,他认为弗洛伊德的真正目标

---

① 俞吾金:《当代哲学关于人的问题的新思考》,《人文杂志》2002年第1期,第14—15页。

② 【美】弗罗姆著,孙恺祥译:《健全的社会》,贵州人民出版社1994年版,第265—266页。

在于理解人类的情欲，① 而在他看来，这恰恰是马克思关于人的思想所缺乏的，这是弗罗姆 1955 年的观点，稍后几年，在对马克思思想有了更深的了解之后，弗罗姆改变了对马克思这种看法。

1961 年弗罗姆在《马克思论人》中，他纠正了此前对马克思的误解，认为这样一种对马克思的认识是错误的："认为马克思忽视个人的意义，认为他既不尊重，也不理解人的精神需要，认为他的'理想'是锦衣玉食、然而'没有灵魂'的人。"② 他详细考察了马克思关于人的情欲和需要的理论，从《形态》、《手稿》中读出马克思强调作为两类人的天性的直接关系的男女之间爱情的中心意义，③也就是说，马克思并不否认人的情欲和需要。他阐释道：人的情欲只要还是粗野的动物性的情欲，它们的意义就很有限。他认为，在马克思看来，"人从本性上具有的情欲首先是由对象的外部世界塑造的。任何一个对象都只能是强调我自己的某一种能力。……在马克思看来，对象证明并实现人的个体性。"④

弗罗姆把马克思对需要的阐述与"人的自我实现"的概念联系了起来，认为马克思达到了关于财富和贫穷的一种新的观念，这就是马克思在《1844 年经济学哲学手稿》中表达的：富有的人同时就是需要有总体的人的生命表现的人，贫困是被动的纽带，它使人感

---

① 【美】弗罗姆：《弗洛伊德思想的贡献与局限》，湖南人民出版社 1986 年版，第 9 页。

② 【美】弗罗姆：《马克思论人》，陕西人民出版社 1991 年版，第 149—150 页。

③ 【美】弗罗姆：《马克思论人》，陕西人民出版社 1991 年版，第 173—174 页，指的是马克思《1844 年手稿》中的这一段落："男人对妇女之间的关系是人对人之间最自然的关系。因此，这种关系表明人的自然的行为在何种程度上成了人的行为，或者，人的本质在何种程度上对人来说成为自然的本质，他的人的本性在何种程度上对他来说成为自然。这种关系还表明，人具有的需要在何种程度上成为人的需要，就是说，别人作为人在何种程度上对他来说成为需要，他作为个人的存在在何种程度上同时又是社会存在物。"【德】马克思：《1844 年经济学哲学手稿》，人民出版社 2000 年版，第 80 页。

④ 【美】弗罗姆：《马克思论人》，陕西人民出版社 1991 年版，第 174 页。

觉到需要最大的财富即别人。① 他说，"在马克思看来，生产社会上
有用的东西不是最高目的，不是自身目的。……消费无限增长这一
目标无论对于资本主义还是对于赫鲁晓夫主义都已变成了最高价值。
马克思的态度对于战胜贫穷是很明确的，对于反对把消费作为最高
目标也是明确的。"② 联系上文马克思关于人性基本和相对需要的论
述，他认为马克思的需要理论是很丰富的，他的反驳推翻了西方世
界普遍存在的对马克思人论的误解。

他对马克思的另一个质疑是："马克思关于人的概念寓含着这样
的假设：人生来善良，一旦人从桎梏他的经济枷锁中解脱出来，这
种善良的品质就会自行表现出来。《共产党宣言》的著名结尾——工
人'失掉的只是自己身上的枷锁'——包含着心理学上的一个严重
错误。工人失掉枷锁的同时也会失掉带着枷锁时形成的那一切非理
性的需要和满足。在这一方面，马克思和恩格斯没有超越 18 世纪那
种天真幼稚的乐观主义。"③

三、马克思的异化思想

出于对资本主义的批判，弗罗姆对异化思想情有独钟，Bonner
认为，弗罗姆的《逃避自由》、《健全的社会》、《希望的革命》这些
作品都因为受到年轻马克思的异化概念的激励而生机勃勃。④ 他不仅
解读、拓展马克思的异化思想，也将异化作为一个最有利的武器，
对资本主义进行批判。

首先他从总体上对马克思的异化观点做一评价，认为："能动

---

① 【德】马克思：《1844 年经济学哲学手稿》，人民出版社 2000 年版，第
90 页。

② 【美】弗罗姆：《马克思论人》，陕西人民出版社 1991 年版，第 178—
179 页。

③ 【美】弗罗姆著，孙恺祥译：《健全的社会》，贵州人民出版社 1994 年
版，第 214 页。

④ Bonner, Stephen Eric：Of Critical Theory and Its Theorists. New York：Rout-
ledge，2002，P. 166.

的、生产的人以自己的力量抓住客观世界加以利用，使它成为自己的东西。这样的人，离开了生产作用的否定、异化的否定是不能全面理解的。在马克思看来，人类历史就是人越来越发展的历史，同时又是他越来越异化的历史。马克思的社会主义①意味着从异化中解放出来，人复归为他本身，人的自我实现。"② 我们先来考察这个总体性的看法。

"能动的、生产的人"就是没有异化的人，处于异化状态人只不过是机器、奴隶、拜物教徒，异化劳动是被迫的活动，人在这种活动中是消极受动的，自然界本身赋予他的自然力、生命力被压抑了，他的能动性、主动性和创造力不可能得到充分的发挥，所以能动的人，是要通过异化的否定才可以全面理解的，因为人要成为能动的人，就必须消灭异化，而"消灭"（也就是否定）异化的必要前提是"生产力的巨大增长和高度发展"，③ 也就是共产主义社会。也就是说，要理解能动的、生产的人，离开了对异化的否定，离开了共产主义社会，是不全面的。看来，弗罗姆的理解没有问题。

那么，在马克思看来，"人类历史就是人越来越发展的历史，同时也是越来越异化的历史"这样理解对吗？我们知道，马克思把人类历史看成是人的劳动的历史，具体地说就是工业生产或工业的历史，这一论断我们都非常得熟悉："整个所谓世界历史不外是人通过人的劳动而诞生的过程"，而整个人类的全部劳动，在现代社会中，又可以具体归结为工业："因为全部人的活动迄今都是劳动，也就是工业，就是人同自身相异化的活动。"④ 人类历史，当然，晚年的马克思排除掉了原始社会，确实是越发展就会越异化，直到共产主义社会才会消灭异化，人才能彻底解放。这与马克思的异化思想并没

---

① 弗罗姆这里所说的社会主义应理解为共产主义。

② 【美】弗罗姆：《马克思论人》，陕西人民出版社1991年版，第184页。

③ 《马克思恩格斯选集》，第1卷，人民出版社1995年版，第86页。

④ 【德】马克思：《1844年经济学哲学手稿》，人民出版社2000年版，第92、88页。

有冲突。

再来看他对马克思的异化概念的理解：

"对马克思来说，异化（或叫做外化）意味着人本身在占有世界的过程中不是作为创立者，世界（自然界，其他的东西，以及他自己）对他来说始终是异己的。尽管它们可以由他来创造，但它们作为对象高踞于人之上，与人相对立。异化意味着世界和自己基本上是被动的、接受的，存在于主体与客体的分离之中。"① 弗罗姆对马克思异化概念的理解有人本主义倾向，认为："在马克思和黑格尔看来，异化概念建立在存在与本质相区别这一基础上，建立在人的存在已脱离存在的本质这一事实上，人在实际上不是他潜在的东西，或者换句话说，人不是他应该是的东西，他应该是的又不是他能够是的东西。"② 这实际上是对《手稿》时期的马克思的异化理论的理解，这种理解大致不差，因为这一时期的马克思就是从人的价值本质出发去批判异化劳动的。

《手稿》是西方马克思主义者非常推崇的著作，弗罗姆非常详细地考察了《手稿》中的异化劳动思想。

弗罗姆首先考察马克思的劳动概念，对马克思的"劳动"概念及其在马克思批判理论中所起的作用做了阐述："马克思作出这一论断（指人创造自己的历史同时也创造着人自身——本书作者注）时提出了一个在理论上起中心作用的因素：劳动。劳动是人和自然的中介因素；劳动是人的努力，努力使自己的新陈代谢与自然界协调。劳动是人类生活的表现。通过劳动，人与自然界的关系发生变化，人本身也通过劳动而变化。"③

马克思关于人的自我实现的观点，弗罗姆认为，也应联系他关于劳动的概念才可以完全理解，因为马克思的劳动和资本不仅仅是

① 【美】弗罗姆：《马克思论人》，陕西人民出版社 1991 年版，第 184 页。
② 【美】弗罗姆：《马克思论人》，陕西人民出版社 1991 年版，第 187 页。
③ 【美】弗罗姆：《马克思论人》，陕西人民出版社 1991 年版，第 161 页。

经济学范畴。它们不如说是人类学范畴，是由其人道价值决定的。已经积累起来的资本代表过去，而"劳动，其前提是，它是自由的，是生活的表示。马克思在《共产党宣言》中说，'在资产阶级社会里是过去支配现在，在共产主义社会里是现在支配过去。在资产阶级社会里，资本具有独立性和个性，而活动着的个人却没有独立性和个性。'在这里，马克思遵循了黑格尔的思想，即把劳动理解为'人自我创造的行为'。"①联系《资本论》马克思对劳动的论述，弗罗姆阐述道："人在劳动中表现自身，劳动是工人个人肉体、精神力量的表现。人就在这一纯真的活动过程中发展，他将成为他自身。劳动不仅仅是实现目的的手段，而且是自身的目的，它是人的能量的有意义的表现。因此劳动带来乐趣。"②

　　这里弗罗姆强调了马克思劳动概念的价值维度。的确，在马克思看来，在未来共产主义社会，劳动是人的第一需要，劳动就是目的本身，而不是满足某种目的的手段，在《资本论》第三卷中，马克思说："自由王国只是在由必须和外在目的规定要做到劳动终止的地方才开始；因而按照事物的本性来说，它存在于真正物质生产领域的彼岸。"③马克思之前的思想家仅仅把劳动看成是手段性、工具性的活动，然而他们没有认识到，恰恰是这手段性、工具性的活动用它的生产性改变了世界，它不仅生产出了物质财富、生产出了新的社会关系及人自身的生存样态，甚至生产出了一个新的自然界及其跟人的关系，尤其重要的是，它生产出了一个普遍化的自身，以及除这个劳动便一无所有的普遍化的阶级——工人阶级，马克思将这种普遍化的劳动，这种体现着人的生命本质的生产性活动确立为价值目的，这意味着所有人的劳动以自身为目的，所有劳动的人以自身为目的。在劳动的价值这一维度上，弗罗姆的解读是非常到

━━━━━━━━━━

① 【美】弗罗姆：《马克思论人》，陕西人民出版社 1991 年版，第 181 页。
② 【美】弗罗姆：《马克思论人》，陕西人民出版社 1991 年版，第 182 页。
③ 《马克思恩格斯全集》第 25 卷，人民出版社 1974 年版，第 926 页。

位的。

作为西方马克思主义者，弗罗姆非常重视《手稿》中马克思的异化劳动概念，认为马克思对资本主义最具有决定意义的批判就是异化劳动批判："马克思对资本主义具有决定意义的批判并不是针对着财富分配不公，而是针对着劳动转化为被强制的、异化了的、无意义的劳动，因此也就针对着把人转化为一种'畸形的怪物'。"①

弗罗姆认为马克思对资本主义具有决定意义的批判是异化劳动批判这一断言带有非常明显的西方马克思主义特征，在我们看来，对资本主义具有决定意义的批判是对资本主义生产方式的批判，异化劳动批判仅是对生产方式批判的其中一个重要组成部分。但弗罗姆是一位西方思想家，站在西方的角度借助马克思的理论对资本主义异化问题进行批判的立场和态度，对此我们应理解。基于对《手稿》的解读，弗罗姆分析了马克思的异化劳动问题，论述了劳动者同他的产品、同生命活动本身、同自身、同别人、同自然的异化思想。

他对马克思的异化劳动的解读基本符合马克思的异化劳动的本意："马克思认为，劳动，在其原始的、非异化的形式中，即是'生命活动本身、生产活动本身'，并进而明确地指出，'自由的、有意识的活动'就是人类的特性。但是，在异化劳动中，人的自由的、有意识的活动被歪曲成了异化的活动，因此，生命活动本身'仅仅变成维持自己生存的手段'。"②

"马克思认为，异化劳动过程表现在劳动与劳动分工当中，在他看来，劳动是人对自然界的能动关系，创造一个新世界，包括创造人自己（当然，对马克思来说，智力活动，如艺术家的活动或体力活动，都是劳动）。但是随着私有制和劳动分工的发展，劳动失去了

---

① 【美】弗罗姆：《马克思论人》，陕西人民出版社1991年版，第182—183页。

② 【美】弗罗姆：《在幻想锁链的彼岸》，湖南人民出版社1986年版，第47页。

表现人的各种力量这一特点。劳动及其产品成了与人、与人的愿望和计划相分离的存在……劳动已经异化了，因为它不再是工人本性的一部分……马克思强调两点：

1. 在劳动过程中，特别是在资本主义条件下的劳动过程中，人脱离了他自己创造性的力量；

2. 对他来说，他的劳动的对象变成了异己的存在物，并且最后将统制着他。"① 对马克思异化劳动的这种理解是到位的。

弗罗姆在论马克思的异化理论时，一个重要的思想是认为青年马克思和老年马克思不存在思想的"断裂"，认为："弄清楚马克思青年时期在《经济学—哲学手稿》中、晚年在《资本论》中所写下的思想的焦点，即异化概念，在过去、现在和将来对于理解马克思都是极端重要的。"② "马克思在《经济学—哲学手稿》中所表达的关于人的基本思想与老年马克思在《资本论》中所表达的思想相比，并没有发生根本的转变。"③

弗罗姆的这一观点很重要，即认为在对异化的批判问题上，马克思的思想是一贯的，他虽然没有明确表明青年时期的马克思对异化的批判主要是一种价值评价，而成熟之后的马克思则侧重对异化的历史评价，但从他的论述中可以看出，他还是认同马克思对异化的积极意义肯定性评价的。

"成熟的老年马克思在《资本论》的许多地方表达了同样的思想，即人类发展的目的是人的发展，是克服了自身与自然界之间的矛盾因而获得了真正自由的人的诞生。"④ 如马克思所说的："在这个必然王国的彼岸，作为目的本身的人类能力的发展，真正的自由王国，就开始了。但是，这个自由王国只有建立在必然王国的基础

---

① 【美】弗罗姆：《马克思论人》，陕西人民出版社 1991 年版，第 187—188 页。

② 【美】弗罗姆：《马克思论人》，陕西人民出版社 1991 年版，第 190 页。

③ 【美】弗罗姆：《马克思论人》，陕西人民出版社 1991 年版，第 206 页。

④ 【美】弗罗姆：《马克思论人》，陕西人民出版社 1991 年版，第 212 页。

上，才能繁荣起来。工作日的缩短是根本条件。"①

弗罗姆认为马克思在他的思想成熟期的《形态》、《资本论》中，也有异化思想。他引述马克思在《德意志意识形态》中的一段话来证明他的观点："只要分工还不是出于自愿，而是自然形成的，那么人本身的活动对人来说就成为一种异己的、同他对立的力量，这种力量压迫着人，而不是人驾御着这种力量。……社会活动的这种固定化，我们本身的产物聚合为一种统治我们、不受我们控制、使我们的愿望不能实现并使我们的打算落空的物质力量，这是迄今为止历史发展的主要因素之一。"② 在标志着马克思主义成熟之作的《形态》中，的确有马克思对分工所导致的人的异化的批判思想，这是不应否认的。

对于青年马克思和成熟时期的马克思思想是否连贯，中外学者有不同的观点。如阿尔都塞认为，在马克思的思想发展过程中，有一个"认识论的断裂"，马克思只有在青年时期才有异化思想，成熟时期的马克思确立了自己的科学的世界观之后，就抛弃了这个带有价值批判色彩的"异化"概念。对此，本书持有不同意见，本人更赞同俞吾金、张奎良教授关于马克思的异化思想的观点，如俞吾金认为，"马克思一生都使用异化概念"、"异化概念在马克思的历史唯物主义理论中的地位不是象征性的、边缘性的，而是实质性的、基础性的。"③ 张奎良认为："马克思对异化的考察和论述并不像某些论著所说的那样，到《资本论》以后就终止了。而是一直贯彻马克思的一生。"④

这里，弗罗姆更加注重马克思思想的价值理想，这无可厚非。

---

① 《马克思恩格斯全集》第25卷，人民出版社1974年版，第927页。

② 《马克思恩格斯选集》第1卷，人民出版社1995年版，第85页。

③ 俞吾金：《从"道德评价优先"到"历史评价优先"》，《中国社会科学》2003年第2期，第96—97页。

④ 张奎良：《哲学革命变革的源头和对"历史之谜"的解答》，《现代哲学》2004年第1期，第16页。

成熟时期的马克思随着唯物史观的确立，并没有放弃对异化的价值评价，但更侧重于对异化的历史评价，即从现实的历史活动的考察出发，来解读异化现象。特别是马克思的中期思想明显地体现了历史评价优先的原则，① 把异化看成首先是历史现象，而不是单纯心理上的、道德上的现象，肯定了异化作为资本主义的普遍现象所具有的积极意义。在《形态》中，马克思表明了异化的积极意义，认为没有异化所带来的生产力的巨大发展，那么第一，共产主义就只能作为某种地域性的东西存在；第二，交往的力量本身就不可能发展成为一种普遍因而是不堪忍受的力量：它们会依然处于地方、笼罩着迷信气氛的状态；第三，交往的任何扩大都会消灭地域性的共产主义，② 只要生产力的发展还没有达到消灭"极端贫困的普遍化"，还没要达到建立起"人们的普遍交往"，异化的存在就是具有合理性的，就不可能被消灭。其后，在《1857—1858 年经济学手稿》中马克思又重申，共产主义对普遍异化的扬弃，正是在普遍异化的历史条件下进行的："在资本对雇佣劳动的关系中，劳动即生产活动对它本身的条件和对它本身的产品的关系所表现出来的极端的异化形式，是一个必然的过渡点，因此，它已经自在地、但还只是以歪曲的头脚倒置的形式，包含着一切狭隘的生产前提的解体，而且它还创造和建立无条件的生产前提，从而为个人生产力的全面的、普遍的发展创造和建立充分的物质条件。"③ 我们可以看出，马克思多次充分肯定了异化的积极意义，就在于它为个人的全面的、普遍的发展、为真正意义上共产主义社会的实现创造了充分的物质条件。马克思的这一思想，弗罗姆也领悟到了。

他说："把异化看成一种病理现象并没有掩盖这个事实，即马克思和黑格尔认为，异化是一种必然的现象，它内在于人类的进化之

---

① 本书的这一观点参考了张奎良教授的文章：《哲学革命变革的源头和对"历史之谜"的解答》，《现代哲学》2004 年第 1 期，第 16 页。

② 《马克思恩格斯选集》第 1 卷，人民出版社 1995 年版，第 86 页。

③ 《马克思恩格斯全集》第 30 卷，人民出版社 1995 年版，第 511—512 页。

中……只有当我能区别外在世界和我自己的时候，我才能把握这个客体，才能使它成为我的世界，重新达到主体与客体的统一……在马克思看来，人一旦摆脱了一切原始的束缚，处于彻底异化的状态之中，人才能使自己同他人、同自然界统一起来，而不至于失去自己的完整性和个性。也只有到那个时候，社会主义才得以实现。"① 并说："只有全面异化的人才能克服异化。"② 这说明他认识到了异化的积极意义。而且认为："在马克思看来，异化即是人的一种病态。这不是一种新的病，因为自劳动分工以来，即从原始社会进入文明社会的时候起，它就必然地存在了；只是在工人阶级中，这种病才得以最迅猛地发展起来，以致于每个人都患着这一疾病"。③ 可见，弗罗姆也意识到了异化是一种历史的必然现象，认识到马克思对异化的积极意义的历史评价。

异化现象虽然在人类的发展过程中具有历史的必然性，具有积极的意义，但异化毕竟是与人的价值的贬损相联系，所以，在总体上不是要肯定，因为，"现存的不一定就是合理的"，所以对待异化的态度，一是要面对，二是要把挣脱和扬弃异化作为最终奋斗目标而不断努力和逼近。④ 这种价值取向，弗罗姆不仅赞同而且用心理学的经验来证明它的可取性，他说："正如一个婴儿必须在生理上成熟起来，以便成为一个成年人那样，人类也必须在把握自然和社会的过程中，成熟起来，以便成为全面发展的人。过去的一切不合理之处虽然令人遗憾，但却是合理的，因为过去的一切都是必然的。不过，当人类在发展的某一阶段停止不前，不能超越这个阶段的时候，

---

① 【美】弗罗姆：《在幻想锁链的彼岸》，湖南人民出版社 1986 年版，第 59—60 页。

② 【美】弗罗姆：《在幻想锁链的彼岸》，湖南人民出版社 1986 年版，第 49 页。

③ 【美】弗罗姆：《在幻想锁链的彼岸》，湖南人民出版社 1986 年版，第 49 页。

④ 此观点参考了张奎良教授的文章《哲学革命变革的源头和对"历史之谜"的解答》，《现代哲学》2004 年第 1 期。

当人类发现自身与历史状况所提供的可能性相矛盾的时候，人类生存的状态才是不合理的。"① 对社会主义的理解也表明了他扬弃异化的取向："对马克思说来，社会主义（或者共产主义）既不是逃避或脱离人通过其能力的对象化而创造的现实世界，也不是由于社会主义而失去人。社会主义不是向非自然的、原始的、朴素的贫困化复归。相反，它是头一个现实的可见性，是作为现实之物的人的本性的真正实现。对马克思来说，社会主义是一种通过克服人性异化而可以实现人性的社会。"② 按照弗罗姆的逻辑，马克思的社会主义就是人类的成熟阶段。

因为马克思后期只是发生了从哲学思辨到实证的政治经济学研究的知识类型的变化，这并不表明他放弃了青年时期的价值理想，③而这正是弗罗姆所强调的。

他认为，马克思的深刻之处还在于，马克思不仅看到了这种"症状"，而且还指出了这种病症的根源，"马克思认为，人是由社会形成的，因此，病理学根源于社会组织的特性中。"④ "当代偶像崇拜的根源就在于当代的生产方式，因此，只有通过彻底改变社会经济结构，使人在精神上也获得解放，才能改变这种状况。"⑤ 能够认识到马克思关于异化根源的思想，的确是弗罗姆的深刻之处。这就是说，只要一种生产方式是为价值增值进行生产，而不是为了人本身的目的生产，只要不根除资本主义这种特殊的生产方式，异化

---

① 【美】弗罗姆：《在幻想锁链的彼岸》，湖南人民出版社 1986 年版，第65 页。

② 【美】弗罗姆：《马克思论人》，陕西人民出版社 1991 年版，第 198—199 页。

③ 参见：徐长福《求解柯尔施问题》，《哲学研究》2004 年第 6 期，第3—11 页。

④ 【美】弗罗姆：《在幻想锁链的彼岸》，湖南人民出版社 1986 年版，第64 页。

⑤ 【美】弗罗姆：《在幻想锁链的彼岸》，湖南人民出版社 1986 年版，第62 页。

就不可能从根本上消除。

弗罗姆从马克思的异化思想中读出消除异化的主体：工人阶级，他说："他（马克思——本书作者注）认为，工人阶级是最为异化的一个阶级，正因为如此，工人阶级将领导人类解放的斗争。而生产资料的社会化可以把人改造成社会经济过程的参与者，并克服人的个体性和社会性之间的分裂。"① 的确，马克思认为在现代社会中要消灭异化必须有客观的前提，必须首先消灭分工，而消灭自发形成的分工，必须以生产力的巨大发展为前提，资本主义创造了巨大的生产力，为异化的消除提供了物质和技术的保证。同时，资本主义的发展使这种异化达到最尖锐、最普遍的程度，为分工和异化的消除造就一个能够自觉地实现这个历史任务的阶级，这就是工人阶级。而弗罗姆也的确希望这个阶级能够"自觉"地认识到自己的任务，尽快到达人类解放的目标："只有当人认识到自己的'原有力量'并把这种力量组织成社会力量因而不再把社会力量当做政治力量跟自己分开的时候，只有到了那个时候，人类解放才能完成。"②

但他又站在当代西方社会的角度来挑剔马克思，认为，"马克思没有看出异化将成为大多数人的命运范围，尤其是对于越来越多的人将操纵符号，而不是操纵机器这一点，他毫无预感。假如要指出什么人来的话，那么职员、代理人、管理人员在当今的社会甚至比技术工人异化得更加厉害。"③ 马克思的时代，职员、代理人、管理人员还没有构成一个大的群体，他们是如何异化的自然也不是马克思所关注的对象。马克思时代主要是资本家和工人两大群体，而马克思认为，他们都发生了异化，只是异化的结果不同："有产阶级和无产阶级同是人的自我异化。但有产阶级在这种自我异化中感到自

① 【美】弗罗姆著，孙恺祥译：《健全的社会》，贵州人民出版社1994年版，第258页。
② 《马克思恩格斯全集》第1卷，人民出版社1956年版，第443页。
③ 【美】弗罗姆：《马克思论人》，陕西人民出版社1991年版，第195页。

己是被满足的和被巩固的，它把这种异化看作自身强大的证明，并在这种异化中获得人的生存的外观。而无产阶级在这种异化中则感到自己是被毁灭的，并在其中看到自己的无力和非人的生存的现实。"①

　　受马克思异化理论的启发，弗罗姆将异化和心理学理论结合起来，发展了精神分析心理学。"从最广泛的意义上来讲，每一个神经病患者都是一种异化的结果"。② 在异化问题上，弗罗姆认为马克思也有超越弗洛伊德之处。与弗洛伊德注重个人的病理研究不同，马克思"关心一个社会所共有的、从该社会特定的制度中产生出来的病理学。"③ 这表明弗罗姆解读马克思的独到之处，也正是出于对马克思的这种理解，才使得弗罗姆将弗洛伊德的个体无意识发展成为社会无意识，并且提出社会无意识、移情等心理现象也是异化的表现，从而不仅对异化理论，也对心理学理论的发展做出了特殊的贡献。

第二节　辩证的、革命的心理学——
马克思对心理学的贡献

一、对动力心理学的贡献

　　对马克思的解读与对马克思思想的拓展是联系在一起的，弗罗

---

　　① 【德】马克思、恩格斯：《神圣家族》，《马克思恩格斯全集》第 2 卷，人民出版社 1957 年版，第 44 页。

　　② 【美】弗罗姆：《在幻想锁链的彼岸》，湖南人民出版社 1986 年版，第 59 页。

　　③ 【美】弗罗姆：《在幻想锁链的彼岸》，湖南人民出版社 1986 年版，第 62 页。

姆以他心理学家的独特视角洞察到马克思理论中所蕴涵的心理学思想及这些思想的特有的批判精神。历史唯物主义不是心理学理论，并不意味着马克思的理论就不含有心理学的成分，相反，弗罗姆认为马克思对心理学做出了很大的贡献。

他认为，在马克思的体系中，存在着一个类似心理学的前提，这就是："人在从事政治、科学、艺术、宗教研究之前，必须首先解决吃、穿、住的问题。因此，直接能维持生存的物质资料的生产，以及一个特定社会的经济发展程度，乃是社会政治制度，以至艺术和宗教得以发展的基础。在历史的每一个时期内，生产方式决定了人的生活习惯，而这种普遍的生活习惯则形成了人本身。"①

弗罗姆不仅将历史唯物主义作为方法论，而且对这种方法论做了发挥，认为生产方式等客观条件决定着人，决定着人的观念和利益，"马克思著作中的创新之处，就在于他详细分析了植根于生产方式及其基础的生产力之中的制度。一定的经济条件，例如资本主义的经济条件，产生作为主要动力因素的、追求金钱和财产的愿望；另外的经济条件，可能产生截然相反的愿望，例如禁欲和蔑视尘世财富……按照马克思的说法，对金钱和财产的热情和与此相反的热情一样都是以经济为条件的"。②

也就是说，不同的经济状况能够产生不同的心理动机，具体说来，"某种经济制度可能会像早期资本主义那样产生禁欲主义的倾向；另一种经济制度可能会像 19 世纪资本主义那样产生积蓄和储藏的强烈欲望，或者像 20 世纪资本主义那样产生挥霍浪费和不断增加消费的强烈欲望。"③ 这是弗罗姆对马克思生产方式对社会发展的决定作用的拓展，在他看来，生产方式不仅决定了政治、观

---

① 【美】弗罗姆：《在幻想锁链的彼岸》，湖南人民出版社 1986 年版，第42 页。

② 【美】弗罗姆：《马克思论人》，陕西人民出版社 1991 年版，第 158 页。

③ 【美】弗罗姆：《在幻想锁链的彼岸》，湖南人民出版社 1986 年版，第 42 页。

念等上层建筑，同时也决定了人的心理动机，这就是弗罗姆所理解的马克思的动机理论：不同的心理动机是由不同的生产方式决定的。

弗罗姆将马克思的心理学与弗洛伊德的心理学相提并论，认为马克思的心理学甚至在某些方面超出弗洛伊德。他将马克思的心理学也看成是动力心理学，"马克思视人为受各种欲望或动力驱使的存在物，而人在很大程度上没有意识到这些驱动力量……马克思的动力心理学是建立在人对世界、对人、对自然的人的密切关系的首要性基础之上的，它完全不同于弗洛伊德建立在孤立的机械人的模式基础上的理论。"[1] 他认为马克思区分了"固定的"驱动力和"相对的"驱动力，这两种驱动力"划分是多么非凡地卓有成效，单单这个概念就对现今关于动力和本能的讨论做出了极为重要的贡献"。认为"马克思已经把相对的欲望与社会结构、生产条件以及交往联系在一起了，因而为旨在理解大多数人类欲望的动力学心理学打下了基础——这意味着人类动机的很大部分是由生产过程决定的。"[2]

弗罗姆又将马克思的需要理论作为他的动力心理学的基本内容："人的本性的动力与其说起初根源于这种人向世界表现他的各种功能的需要，毋宁说是根源于人利用世界作为手段来满足其生理上的需要。"[3] 弗罗姆的这一论断来自马克思的这段话："人对世界的任何一种人的关系——视觉、听觉、嗅觉、味觉、触觉、思维、直观、情感、愿望、活动、爱——总之，他的个体的一切器官，正像在形式上直接是社会的器官的那些器官一样……这些器官同对象的关系，

---

① 【美】弗罗姆：《精神分析的危机》，国际文化出版公司 1988 年版，第 54 页。

② 【美】弗罗姆：《精神分析的危机》，国际文化出版公司 1988 年版，第 55 页。

③ 【美】弗罗姆：《精神分析的危机》，国际文化出版公司 1988 年版，第 56 页。

是人的现实的实现。"① 所以，弗罗姆把这些器官本身作为人的本质力量，"它们具有必须追求对象的动力的性质，它们能够将自身联系并统一起来。"② 而这些器官及其表现，指的不是自我，而是欲望，是积蓄在每种有待表现出来的功能的能量。所以，人的"驱动力"是人的基本的特定需要的表现。

弗罗姆认为马克思的驱动力理论蕴涵着对资本主义的批判，"马克思推论说，如果人不积极主动地将自己与他人、与自然关联起来，那么，他就丧失了自身，他的驱动力也就丧失了人的性质而呈现为动物的性质。我们可以接着往下推论说，既然他不是动物，那么，他就是一个病态的、残缺不全的、畸形的人。这正是马克思动力心理学的革命的和治疗的成分"。③

弗罗姆由分析马克思的需要理论揭示出了马克思心理学所蕴涵的批判思想。他引用马克思在《形态》中所表述的由于欲望的片面化发展而导致的人的片面、畸形发展，认为和现代心理学不同，马克思关心对需要的分析批判，"马克思的心理学因其辩证的本性，则非常清楚地揭示出需要的模棱两可的特性。"④ 马克思关于虚假的、非人的和奴役的需要，就是对资本主义的批判："每个人都指望使别人产生某种新的需要，以便迫使他做出新的牺牲，以便使他处于一种新的依赖地位并且诱使他追求一种新的享受，从而陷入一种新的经济破产。"⑤ 这种在别人的"诱使"下所产生的需要是一种虚假

---

① 【德】马克思：《1844 年经济学哲学手稿》，人民出版社 2000 年版，第 85 页。

② 【美】弗罗姆：《精神分析的危机》，国际文化出版公司 1988 年版，第 56 页。

③ 【美】弗罗姆：《精神分析的危机》，国际文化出版公司 1988 年版，第 58 页。

④ 【美】弗罗姆：《精神分析的危机》，国际文化出版公司 1988 年版，第 60 页。

⑤ 【德】马克思：《1844 年经济学哲学手稿》，人民出版社 2000 年版，第 120 页。

的、幻想的需要，弗罗姆认为马克思对真实需要和幻想需要的区分，是心理学的一个基本问题："由于真正的需要和幻想的人的需要之间的区别，马克思的心理学就触及了在需要和驱动力理论中做出的最为重要的区别之一……唯有辩证的、革命的心理学，唯有超越于畸形的人的外表来看待人及其潜力的心理学，才能达到这一在两种需要间的重要区别。"①

弗罗姆把马克思的需要和意识理论结合起来，从心理学角度分析了马克思的意识及其产生的理论，认为在这一方面，"马克思比弗洛伊德看得深刻得多"，② 马克思的这段话我们都很熟悉：意识一开始就是社会的产物，像语言一样，它只是由于需要，由于和他人交往的迫切需要才产生的。③ 人们认为他是被自己的思想所决定、所推动的，而实际上却是由他背后的各种他不知道的力量所推动。这种"力量"是什么，是生活，是社会存在，因为不是意识决定人们的生活，而是生活决定意识。不是人们的意识决定人们的存在，相反，是人们的社会存在决定人们的意识，幻想的破灭和意识的分析即认识到人们未曾意识到的现实，这些是社会变革的条件，马克思说："如果在全部意识形态中，人们和他们的关系就像在照相机中一样是倒立呈像的，那么这种现象也是从人们生活的历史过程中产生的。"④ 要求人们放弃关于他的条件的幻想，就是要求放弃那种需要幻想的条件。

他认为，对马克思来说，认识现实是变化的关键，这是社会进步和革命的条件之一。认为马克思所提出的与全面发展的人相对的

---

① 【美】弗罗姆：《精神分析的危机》，国际文化出版公司 1988 年版，第61 页。

② 【美】弗罗姆：《精神分析的危机》，国际文化出版公司 1988 年版，第64 页。

③ 【德】马克思、恩格斯：《德意志意识形态》，《马克思恩格斯选集》第1 卷，人民出版社 1995 年版，第 81 页。

④ 【德】马克思、恩格斯：《德意志意识形态》，《马克思恩格斯选集》第1 卷，人民出版社 1995 年版，第 72 页。

残缺不全的人的概念，说明了精神病或心理症的本质，认为"现代学院心理学和实验心理学在很大程度上是一门研究异化了的人的科学，并且是由一群异化了的研究者用异化了的和正在异化的方法来研究的。马克思的心理学建立在对异化事实充分认识的基础上，它能够超越这类心理学方法。"①

二、对无意识理论的贡献

无意识指的是被人们的意识压抑的内容。说起无意识，必然涉及到意识。弗罗姆认为马克思对推翻意识的传统观点做出了最卓越的贡献："马克思将黑格尔的理念从天堂降到了人类活动的大千世界，这就能更具体地、更准确地说明人的意识的作用以及客观因素对它的影响的思想。"②他通过引用了我们最为熟悉的社会存在与社会意识关系的原理阐明马克思的社会存在决定社会意识、意识的本质及意识在个人生活中的作用等，来表明马克思对无意识的贡献。

弗罗姆认为马克思的理论中包含无意识的思想，并将它与弗洛伊德的无意识概念作比较，以便我们更好的理解。弗罗姆认为，马克思和弗洛伊德的无意识理论有相同之处，他们都认为人的主体性是受客观因素所决定的。就人自己的意识而言，这些客观因素是活跃在人的背后的，而这些客观因素决定了人的思想和行为，这就是我们再熟悉不过的马克思在《政治经济学》序言中所讲的：不是人们的意识决定人们的存在，相反，是人们的社会存在决定人们的意识。而他们的最大区别在于，决定人们行为背后的因素完全不同：弗洛伊德认为，这些力量本质上是生理学上的（力比多）或生物学上的（死本能和生本能）；马克思则认为，这些是历

---

① 【美】弗罗姆：《精神分析的危机》，国际文化出版公司 1988 年版，第 52 页。

② 【美】弗罗姆：《在幻想锁链的彼岸》，湖南人民出版社 1986 年版，第 108 页。

史的力量，这些力量在人类的社会经济发展的过程中。①

马克思的意识形态的概念也为无意识理论做出了重要的贡献。

他将马克思的意识形态理论与精神分析学的"文饰作用"相提并论："尽管马克思没有去审查压抑的心理机制，但他的'意识形态'概念却与弗洛伊德的'文饰作用'概念具有相同的意义。"② 弗洛伊德的"文饰作用"是自我为解除焦虑而发展的一种防御机制，防御机制是无意识地发挥作用的，因为自我对这种作用并无察觉，所以这些机制能实现解除自我压力的重要功能。文饰作用是一种日常生活中常见的预防机制。当我们对于自己的行为提出"善良的"或社会上可以接受的理由以掩盖真相时，我们就是在进行文饰。③ 马克思的意识形态概念指无论就其产生或功能而言，都具有弗罗姆所说的文饰作用。

在马克思看来，意识形态首先是伴随着从事物质生产与精神生产的分工而出现的，从这个意义上说，意识形态本身只不过是人类史的一个方面，没有独立发展的历史，"从这时候起意识才能真实地这样想象：它是同对现存实践的意识不同的某种其他的东西；它不想象某种真实的东西而能够真实地想象某种东西。从这时候起，意识才能摆脱世界而去构造'纯粹的'理论、神学、哲学、道德等等。"④ 但是，如果这种理论、神学、哲学、道德等等和现存的关系发生矛盾，这也仅仅是因为现存的社会关系和现存的生产力发生了矛盾，而意识形态作为精神生产独立存在之后，人们就会将这种矛盾看成仅仅是是观念或思想的矛盾，它的世俗基础——实际的物质

---

① 【美】弗罗姆：《在幻想锁链的彼岸》，湖南人民出版社 1986 年版，第 118 页。

② 【美】弗罗姆：《精神分析的危机》，国际文化出版公司 1988 年版，第 8 页，注 2。

③ 【美】查普林、克拉威克：《心理学的体系和理论》（下册），商务印书馆 1984 年版，第 255—256 页。

④ 【德】马克思、恩格斯：《德意志意识形态》，《马克思恩格斯选集》第 1 卷，人民出版社 1995 年版，第 82 页。

生活过程被排除于人们的视野之外或仅仅当做一个"注脚"。其次，"分工也以精神劳动和物质劳动的分工的形式出现在统治阶级中间，因为在这个阶级内部，一部分人是作为该阶级的思想家而出现的，他们是这一阶级的积极的、有概括能力的玄想家，他们把编造这一阶级关于自身的幻想当做主要的谋生之道，而另一些人对于这些思想和幻想则采取比较消极的态度，他们准备接受这些思想和幻想，因为在实际中他们是这个阶级的积极成员，很少有时间来编造关于自身的幻想和思想。"① 在这里，马克思直接将统治阶级自身的"思想家"编造出来的思想称之为"幻想"，因为它们是"统治阶级"的思想，而统治阶级是最善于将自己本阶级的利益说成是全社会的普遍的共同的利益，这是因为"每一个企图取代旧统治阶级的新阶级，为了达到自己的目的不得不把自己的利益说成是社会全体成员的共同利益，就是说，这在观念上的表达就是：赋予自己的思想以普遍性的形式，把它们描绘成唯一合乎理性的、有普遍意义的思想。"② 这就是意识形态作为一定时代国家和社会的统治阶级的思想，所具有的欺骗性、虚幻性、歪曲性、掩饰性所在，也就是心理学所说的文饰作用所在。作为统治阶级的思想，它掩盖了社会和经济关系的真正本质，掩盖了统治阶级自身的利益，以及由此带来的对社会资源和经济资源的不平等分配。再次，对马克思来说，意识形态是物化的社会现实。马克思对于商品拜物教的批判揭示了资本主义社会中所普遍存在的一种颠倒意识。这种颠倒意识表现为，人们把自己所创造的东西，如商品和货币作为自己崇拜的对象，而忽视了商品和货币是人所创造的，是人和人的关系的一种表现。在这里，人和人的关系以商品交换关系的形式表现出来。人们认为这种商品交换完全是平等的，而这种看似平等的交换掩盖了其背后所存

---

① 【德】马克思、恩格斯：《德意志意识形态》，《马克思恩格斯选集》第1卷，人民出版社1995年版，第99页。

② 【德】马克思、恩格斯：《德意志意识形态》，《马克思恩格斯选集》第1卷，人民出版社1995年版，第100页。

在的剥削关系，因为所有人都要通过商品交换来生存，这种意识形态已经制度化并融入了人们的日常生活，成为物化的生活形式，因而对人们的欺骗性更为广泛、深入。所以，从马克思的意识形态概念的起源及其所具有的功能来看，意识形态就是一种颠倒的、虚假的意识，它歪曲、掩盖或颠倒现实。意识形态对现实的歪曲和掩盖已经掺进了某些主观的心理动机，统治者为了自身的利益，必然对不利于自己统治的事实视而不见、听而不闻，所以，意识形态所起的作用和精神分析学中所讲的文饰作用是一致的。

弗罗姆非常欣赏马克思的意识形态概念，并将它糅合进精神分析学理论中，因为这个概念可以说明心理学的文饰作用是怎么发生的。对事实的压抑必须通过对许多幻想的接受而得到补充，而意识形态就是这种幻想。弗罗姆列举了一些西方社会主流的正统观念，如认为自己是善良的，自己的敌人是邪恶的等等，认为"所有这些意识形态通过父母、学校、教会、电影、电视、报纸从人的童年起就强加给人们，它们控制着人们的头脑，似乎这是人们自己思考或观察的结果。如果这一过程发生在与我们对立的社会中，我们就会称之为'洗脑子'，并把以一种不那么急进的形式而出现的这一过程称之为'灌输'或'宣传'；如果这一过程发生在我们的社会中，我们就会称之为'教育'和'知识'。"① 这里弗罗姆实际上已经在用意识形态概念对资本主义进行批判了。

所以，弗罗姆认为马克思和弗洛伊德一样相信人的意识大都是"虚假的意识"，"人认为自己的思想是千真万确的，是自己思维活动的产物，而实际上人是受客观力量决定的，这些客观力量在人的背后起作用；在弗洛伊德的学说中，这些客观力量表现为生理学和生物学上的需要，在马克思的学说中，这些客观力量则是社会和经济的历史动力，这些力量决定了存在，因而也间接地决定

---

① 【美】弗罗姆：《在幻想锁链的彼岸》，湖南人民出版社1986年版，第131页。

了个人的意识。"① 如果没有意识形态这个概念，我们就只能认识到个人无意识的某些方面，而在其余的方面便不能像一个完整的人那样地觉醒。

那么，该如何摆脱压抑，将无意识变为意识呢？他认为，"马克思为我们提供的对社会的洞见乃是认识社会无意识的一个条件，因而也是一个人彻底觉悟（'摆脱压抑'）的一个条件。"②

最重要的一点就是必须认识到那些阻碍这个过程的因素，弗罗姆通过马克思的自由与必然的关系来阐述这个问题，他认为，马克思的观点是：我们是受在我们的意识自身之外的力量所决定的，是受直接操纵我们的情欲、利益所决定的，就这点而言，我们是不自由的。但我们可以通过对现实的逐渐全面的认识，因而也是对必然性的认识，并通过放弃幻想、通过把我们自己从一个不自由的、被决定的、被动的、有依赖性的人改造成为一个觉醒的、有意识的、能动的、独立的人来摆脱这种束缚，扩大自由的领域。③ "在马克思看来，对幻想的认识乃是自由和人类行动的条件"。④ 弗罗姆认为，马克思对宗教作用的分析卓越地阐明了这一思想，因为宗教就是一种致人幻想的鸦片，要抛弃关于自己处境的幻想，也就是要求抛弃那需要幻想的处境。因此对宗教的批判就是对苦难世界——宗教是它的灵光圈——的批判的胚胎。

弗罗姆的观点是，马克思认为，压抑随着社会的进化过程会逐渐地消失。在马克思看来，压抑本质上是人的全面发展的需要和特定社会结构之间的矛盾的结果——因此，当剥削和阶级冲突消失的

---

① 【美】弗罗姆：《在幻想锁链的彼岸》，湖南人民出版社 1986 年版，第112 页。

② 【美】弗罗姆：《在幻想锁链的彼岸》，湖南人民出版社 1986 年版，第138 页。

③ 【美】弗罗姆：《在幻想锁链的彼岸》，湖南人民出版社 1986 年版，第115 页。

④ 【美】弗罗姆：《在幻想锁链的彼岸》，湖南人民出版社 1986 年版，第116 页。

时候，全面发展的社会就不需要任何意识形态，也就可以随之取消任何意识形态。在充分人性化了的社会里，不存在压抑的需要，因而也就不存在社会无意识。① 弗罗姆的这一见解基本符合马克思的本意。马克思认为，意识形态是在精神劳动和物质劳动分工形成以后，由一定的统治阶级的思想家根据本阶级的利益自觉或不自觉地编造出来的思想和幻想，即使是无产阶级，在取得政权的初期，也需要意识形态："从这里还可以看出，每一个力图取得统治的阶级，即使它的统治要求消灭整个旧的社会形式和一切统治，就像无产阶级那样，都必须首先夺取政权，以便把自己的利益说成是普遍的利益，而这是它在初期不得不如此做的。"② 而夺取政权并非无产阶级的最终使命，在马克思看来，它不过是无产阶级向无阶级社会的过渡，在无阶级的社会，不需要阶级统治，没有特殊利益与普遍利益的差别，意识形态自然也就没有存在的必要了。

所以，意识形态总是难逃被消灭的命运，到共产主义社会，强制性的分工已不再存在，原来意义上的作为社会大多数成员的异己力量出现的意识形态也将不复存在，③ 所以，压抑就会随着社会的进化过程而逐渐地消失。

弗罗姆独创式的对马克思的理解，的确使我们认识到马克思理论的博大精深，虽然我们尚不能从其他心理学家那里得到对弗罗姆见解的回应，但这毕竟让我们从另一个侧面加深了对马克思理论的认识和了解，这毋宁是弗罗姆对马克思思想的贡献。

---

① 【美】弗罗姆：《在幻想锁链的彼岸》，湖南人民出版社 1986 年版，第139 页。

② 【德】马克思、恩格斯：《德意志意识形态》，《马克思恩格斯选集》第1 卷，人民出版社 1995 年版，第 84—85 页。

③ 俞吾金：《意识形态论》，上海人民出版社 1993 年版，第 66—68 页。

第三节　心理分析与历史唯物主义
的综合——精神分析学
如何"补充"历史唯物主义

弗罗姆不仅阐释马克思思想，挖掘马克思对心理学的贡献，而且认为精神分析心理学可以用来补充历史唯物主义。麦克劳林认为，"弗罗姆在几种思想领域中都做出了独创的贡献，特别是精神分析学和马克思主义。"① 用心理学补充历史唯物主义就是他所说的对马克思主义的贡献之一。

弗罗姆认为，这两种学说有很多的相似之点：它们同是唯物主义的科学，它们都不是从观念入手的，而是从世俗的生活和需要出发的。它们对意识的评价尤为接近，二者都视意识为其他隐秘的力量的反映，而不是把意识当做人的行为后面的驱动力。② 所以，它们可以相互补充。

他认为，分析心理学研究在社会与自然之间的关系中发挥作用的自然因素之一：人的驱动力的领域，以及驱动力在社会过程内所起的积极和消极的作用。因此，它研究的是在经济基础和意识形态形式之间起着决定性的中介作用的因素。③ 所以，弗罗姆认为精神分析学可以在两个方面补充历史唯物主义：一是对人本身的研究；二

---

① McLaughlin, Neil, How to become a forgotten intellectual: intellectual movement and the rise and fall of Erich Fromm, Sociolocal Forum, Vol. 13, No. 2, 1998, P. 232.

② 【美】弗罗姆：《精神分析的危机》，国际文化出版公司 1988 年版，第124 页。

③ 【美】弗罗姆：《精神分析的危机》，国际文化出版公司 1988 年版，第144 页。

是对经济基础和意识形态中介的研究。

在第一个方面，弗罗姆认为："精神分析学在一个特定之点上可以丰富历史唯物主义的全部概念。它能够提供对人本身的自然这个在社会过程中运作的因素以更全面的认识。它置人的本能器官于改变社会过程的自然因素之列。人的本能器官是构成社会过程的基础的'自然'条件之一。"[①]

弗罗姆认为对人自身的问题是马克思早已提出过，但无暇去研究的问题，马克思在《形态》中这样说道："全部人类历史的第一个前提无疑是有生命的个人的存在。因此第一个需要确认事实就是这些个人的肉体组织以及由此产生的个人对其他自然的关系。当然，我们在这里既不能深入研究人们自身的生理特性，也不能深入研究人们所处的各种自然条件……"[②] 所以，他认为历史唯物主义迫切需要一门心理学，一门关于人的心理结构的科学；而精神分析学则是向历史唯物主义提供的真正可用的心理学的第一个严谨的体系。

精神分析学对人的本能、人的心理驱动力、人的性格、无意识等的研究，都是对人这个"自然"的探索和认识，这对丰富历史唯物主义是大有益处的。这正像弗罗姆所说的："人的驱动力领域是一种自然力量，它象土壤的肥力、自然的灌溉等其他自然力一样，是社会过程的基础的直接组成部分。因此，认识这种力量对于彻底理解社会进程很有必要。"[③] 这实际上就把对人的认识与历史唯物主义对社会进程的探索直接联系了起来。无意识理论对历史唯物主义的贡献就更加得明显，现今的马克思主义哲学教科书用无意识来补充传统的意识理论，在认识论中将非理性认识作为认识过程的一个重

---

① 【美】弗罗姆：《精神分析的危机》，国际文化出版公司 1988 年版，第137 页。

② 【德】马克思、恩格斯：《德意志意识形态》，《马克思恩格斯选集》第1 卷，人民出版社 1995 年版，第 67 页。

③ 【美】弗罗姆：《精神分析的危机》，国际文化出版公司 1988 年版，第140 页。

要组成部分，① 事实上都已经采纳了精神分析学的发现和成果，这就足见弗罗姆的确有理论上的先见之明。

精神分析学对历史唯物主义的第二个方面的补充就是"它将使人们彻底理解意识形态是怎样产生的"②。

"精神分析学可以说明，人的意识形态是一定的愿望、本能驱动力、利益和需要的产物，它们本身大部分以意识形态等文饰作用无意识地表现出来。精神分析学可以说明，虽然本能的驱动力确实是在由生物决定的本能基础上发展的，但它们的量和内容却在很大程度上受到个人的社会经济状况或阶级的影响。马克思说，人们是它们的意识形态的生产者；分析的社会心理学能够经验地描述意识形态的产生过程，描述'自然'因素和社会因素的相互作用过程。因此，精神分析学能够显示经济状况怎样通过人的驱动力转化成意识形态。"③

意识形态是一种虚假的意识，它歪曲、掩盖、颠倒了现实。那么，为什么会压抑真实的意识而产生这种虚假的意识呢？弗罗姆把压抑的原因归结为人性，人的心理的驱动力，"压抑的最强大的动力是对孤立与排斥的恐惧。"④ 他认为，正是因为这个原因，个人对自己集团的人所宣布的不存在的事物熟视无睹，或者把大多数人所说的真实的事情当做真理来接受，尽管他自己的眼睛告诉他，这件事情是假的。"对个人来说，大众是如此重要，以致于大众的观点、信仰和感情也构成了他的个人的现实，而且比他自己的感官和理性告

　　① 陈先达主编：《马克思主义哲学原理》，中国人民大学出版社 1999 年版，第 81、147—151 页。

　　② 【美】弗罗姆：《精神分析的危机》，国际文化出版公司 1988 年版，第 140 页。

　　③ 【美】弗罗姆：《精神分析的危机》，国际文化出版公司 1988 年版，第 138 页。

　　④ 【美】弗罗姆：《在幻想锁链的彼岸》，湖南人民出版社 1986 年版，第 132 页。

诉他的还要真实。"① 这就是弗罗姆所说的意识形态产生的原因，是受到了逃避孤立与排斥的恐惧的驱动，人们宁愿选择幻想、压抑对事实的认识来和众人保持同一，所以产生了虚假的意识——意识形态。这种观点带有明显的心理学家的特点，而马克思是将压抑、掩盖的原因揭示为了维护阶级利益。如果意识形态是统治阶级的意识，那么它要压抑的就是统治阶级的经济关系、统治阶级的物质利益；如果意识形态指的是所有阶级的意识，那它要压抑的就是特定阶级的阶级利益。相比较而言，弗罗姆的观点有一定的合理性，而马克思的观点则更为深刻，也就从根本上揭示了意识形态的本质。

弗罗姆进一步指出：精神分析学能够显示经济状况怎样通过人的驱动力转化成意识形态："精神分析学还能够告诉我们意识形态或观念塑造社会的方式。它能够说明，观念的力度本质上是建立在求助于某些驱动力的观念的无意识内容的基础上的；它还能够说明，似乎正是社会的里比多结构的质量和强度决定着意识形态的社会效果。"②

后来，他将"力比多结构"修正为"社会性格"，用它来说明人的性格与经济基础和意识形态的联系。指出："马克思和恩格斯并没有说明经济基础是怎样转变成为意识形态这种上层建筑的。……我认为，运用精神分析这门工具就能弥补马克思主义理论的这一不足之处，就能阐明连接经济基础和上层建筑的各种纽带——其一便是我所说的社会性格，其二则是我在下一章中将要论述的社会无意识及其本质。"③

"社会性格"是弗罗姆对马克思和弗洛伊德综合之后的一大创

① 【美】弗罗姆：《在幻想锁链的彼岸》，湖南人民出版社 1986 年版，第133 页。

② 【美】弗罗姆：《精神分析的危机》，国际文化出版公司 1988 年版，第139 页。

③ 【美】弗罗姆：《在幻想锁链的彼岸》，湖南人民出版社 1986 年版，第75 页。

举，也是他的批判理论的有力武器，在这里我们先了解它的含义和功能。

他这样定义"社会性格"："在一个群体共同的基本经历和生活方式作用的结果下，发展起来的该群体大多数成员性格结构的基本核心。"① 并认为性格是理解社会进程的关键概念之一。这是 20 世纪 40 年代的定义。

20 世纪 60 年代他对社会性格做了略为详细的定义："我所说的社会性格指的是同属于一个文化时期绝大多数人所共同具有的性格结构的核心，它不同于个人的性格，尽管人们生活在同一个文化时期，但是，各人的性格都是不同的。我所说的社会性格也不是指一定的文化时期内，绝大多数人身上所体现出来的性格特征的简单总和。因此，社会性格不是一个统计学上的概念。我们只有通过对社会性格的功能的研究才能理解这一点。"②

社会性格的功能要通过它与经济基础、上层建筑的意识形态，这三者之间的相互关系才可以认识，弗罗姆认为，在这三者之中，社会性格起了中介的作用。

首先来看社会性格与经济基础的关系。

从社会性格的定义可以看出，弗罗姆认为社会的生产方式塑造了社会性格，但这只是一个方面，从弗罗姆辩证的分析中，我们看到了它们之间关系的另一面，弗罗姆力图表明，社会性格一旦形成，就会成为影响社会进程的活跃力量，这就是社会性格的功能："性格的主观功能在于引导他去做对他来说从某种实际的立场出发必须要做的事，同时还使他在活动中获得心理上的满足。""在一个既定的社会中，如果大多数人的性格，即，社会性格，转化为个人在社会中必须履行的客观职责，人的精力就会变为社会生产力，成为社会

---

① 【美】弗罗姆：《逃避自由》，国际文化出版公司 2002 年版，第 198 页。
② 【美】弗罗姆：《在幻想锁链的彼岸》，湖南人民出版社 1986 年版，第 82—83 页。

运转不可或缺的力量。"① 所以，社会性格一旦转化为行动、职责，就成为推动社会进程的强大力量，例如，在资本主义发展初期，那些植根于人们的性格结构中的特质：强迫自己去劳动、励行节俭、甘愿把自己的生命当成他人达到目的的工具、禁欲主义以及强迫性的义务感，已成了资本主义社会的生产力，没有它们，现代经济和社会的发展是无法想象的。

这种相互作用弗罗姆表述得很清楚："社会进程通过决定个人的生活模式，即与他人及劳动的相互关系，塑造了他的性格结构；新的宗教、哲学及政治等意识形态源于这个变化了的性格结构，却又诉诸于它，并强化、满足、稳定了它；新形成的性格特质反过来又成为经济进一步发展的重要因素，影响社会的进程；虽然最初它们是作为对新经济力量之威胁的反作用力发展起来的，但渐渐地它们却又成为推动并强化新经济发展的生产力。"②

其次是社会性格和上层建筑思想方面的关系。

经济基础，不仅能产生某一种社会性格，也能产生某些思想，而思想一旦被产生出来，同样也能影响社会性格，并且也能直接地影响社会的经济结构。在这里弗罗姆想要强调的是："社会性格正是社会经济结构和一个社会中普遍流行的思想、理想之间的中介。它在这两个方面，即将经济基础变为思想或将思想变为经济基础的过程中都起到了中介的作用。"③

传统观点大都认为思想是纯智力的活动，与人格的心理结构无关。弗罗姆不以为然，相反，他认为，除思想过程的纯逻辑因素外，伦理、哲学、政治、心理或社会等方面的思想在很大程度上都决定于思想者的人格结构。"每个这样的概念和每个学说都有一个情感的

---

① 【美】弗罗姆：《逃避自由》，国际文化出版公司2002年版，第202页。
② 【美】弗罗姆：《逃避自由》，国际文化出版公司2002年版，第73—74页。
③ 【美】弗罗姆：《在幻想锁链的彼岸》，湖南人民出版社1986年版，第92页。

源泉，这个源泉则植根于个人的性格结构中。"① 在《逃避自由》这部著作中，弗罗姆就详细分析了现代权威主义（纳粹主义）的情感根源，即根植于获得自由之后的难以忍受的孤独与微不足道感，以及随之而出现的巨大的焦虑、怀疑和无能为力感。所以，弗罗姆的结论是："思想能成为强大的力量，但只有在它们答复了某一既定社会性格中最突出的人某些特殊需求时，才能变为现实。"② "正常人的行为似乎只决定于理性思考和现实的必要性。然而，根据心理分析提供的新观察工具，我们可以弄明白所谓的理性行为在很大程度上是决定于性格结构的。"③

　　将人的性格置于社会的经济发展及上层建筑意识形态的历史变化的动态当中考察，说明弗罗姆已经将马克思历史唯物主义的思想内在化于他的心理学理论中，这一点，弗罗姆的表述也很清楚："认识人的人格的基本途径在于理解人与世界、他人、自然及自我的关系。我们相信，人主要是社会的存在物，而不是弗洛伊德所说的主要是自给自足的存在物……据此，我们相信，个人心理学基本就是社会心理学。……心理学的关键问题就是个人与世界的那种特殊关系方式，而不是单纯本能欲望的满足与挫折。"④ 正因为他将马克思的理论内化于精神分析学，同时，他认为，可以用他的社会性格学补充马克思的历史唯物主义。

　　很多论者对弗罗姆用社会性格学补充历史唯物主义持全盘否定的态度，如姚大志教授认为，这种补充是不成功的。首先，弗罗姆对这三者之间关系的论述仅止于一些断言，而根本没有具体的、明确的和较为深入的解释；其次，"'社会性格'是否存在还是一个尚需探讨的问题。即使我们承认'社会性格'确实存在，那么它也应

————————

① 【美】弗罗姆：《逃避自由》，国际文化出版公司 2002 年版，第 199 页。
② 【美】弗罗姆：《逃避自由》，国际文化出版公司 2002 年版，第 201 页。
③ 【美】弗罗姆：《逃避自由》，国际文化出版公司 2002 年版，第 201 页。
④ 【美】弗罗姆：《逃避自由》，国际文化出版公司 2002 年版，第 207 页。

该包含在社会意识形态中，它只不过是作为社会心理的意识形态。"① 本人不同意这种观点。首先，弗罗姆的几部畅销书，《逃避自由》、《为自己的人》、《占有还是生存》探讨的主题都是社会性格与社会发展进程之间的关系，所以对这三者之间的关系，他还是做了深入解释的。其次，社会性格理论是弗罗姆整合两大思想家精髓的一大成果，这是得到西方心理学界普遍承认的理论贡献，从国外学者的文章和论著中可以证明这一点。"社会性格"也成为很多西方学者（包括社会学家和心理学家）进一步深入探讨性格心理的基础。如社会学家里斯曼（David Riesman）在弗罗姆社会性格类型学说的影响下所著《孤独的大众》（耶鲁出版社 1961 年版）成为 60 年代轰动一时的畅销书；② 而心理学家麦克科比（Michael Maccoby）现在正努力将社会性格学说充分地科学化。③ 所以，"社会性格学说"的存在及其影响是不争的事实。

我们本国的心理学者对弗罗姆的这种补充也持肯定态度，认为弗罗姆丰富了历史观的内涵，"（弗罗姆）重视社会心理作为一种能动的力量在社会进程中的作用，动态地考察经济、心理和意识形态的相互关系……他的研究除了对丰富科学的历史观有启发意义，还为马克思主义研究和批判新的历史条件下的资本主义社会现实提供了丰富的思想材料。"④ 对历史观的丰富表现在，弗罗姆以社会性格和社会潜意识具体化了社会心理。普列汉诺夫看到了社会心理作为一种低层次的社会意识在历史进程中的作用，而且将其纳入历史唯物主义的范畴体系，弗罗姆以其具体和专门的心理学研究丰富和发

① 姚大志：《现代意识形态理论》，黑龙江人民出版社 1993 年版，第178—179 页。

② Mclaughlin, Neil: Critical theory meets America: Riesman, Fromm, and the Lonely. American Sociologist, 2001, Vol, 32, Issue 1, pp. 5—13.

③ Michael Maccoby: Toward a science of social character. Int Forum Psychoanal, 2002, 11: 33—44.

④ 郭永玉：《孤立无援的现代人》，湖北教育出版社 1999 年版，第348页。

展了这一思想，并强调了社会心理的相对独立性以及它在社会结构中的重要地位。当然，在心理学者看来，社会心理不仅仅是社会性格和社会潜意识，社会心理的结构问题还有待进一步研究。

以上所述弗罗姆对马克思的阐释、发现、补充，实际上包含了弗罗姆对马克思的理解和拓展。从对马克思的理解来说，有两个特点，其一：他特别强调马克思思想中人本主义的一面，强调马克思所确立的价值理想，这当然与他本人是人本主义者有关；其二：他突出了马克思的批判理论。他将历史唯物主义理解为批判的方法论，对马克思人的学说、异化理论也强调马克思对资本主义的批判维度。马克思最能吸引他的就是这种"批判精神"，认为这是马克思的前提："对一切思想体系、观念和理想持一种谨慎的、怀疑的态度正是马克思的特点，他一向怀疑它们掩盖了经济和社会的利益。马克思的怀疑主义是如此之强烈，以致于他几乎不用诸如自由、正义、真理这些字眼——这倒并不是因为自由、正义、真理对于马克思来说不是最高的价值，而恰恰是由于这些字眼本身全都遭到了滥用这一个事实。"① 他对马克思的理解未必完全符合马克思的本意，有些甚至是站在当代人视角对前人提出的过高要求，但这种对马克思的解读毕竟让我们从另一个侧面对马克思有了更深的了解。

第四节　从政治经济学批判到
社会心理学批判

历史唯物主义之所以构成马克思哲学的基础和出发点，是因为马克思始终关注的是社会历史和现实问题。如前所述，马克思将他

---

① 【美】弗罗姆：《在幻想锁链的彼岸》，湖南人民出版社 1986 年版，第 13 页。

的理论研究对象转到经济学，正是因为他对资本主义社会工人阶级
现实处境的关注。马克思在哲学上不是试图去全面具体地描绘无所
不包的世界观图景，不是去建构严密完整的哲学体系，而是关注人
的现实生活和实践所牵涉到的现实的世界，他的《资本论》在直接
形态上是一部划时代的经济学经典著作，但它同时实际上又是一部
最具现实生活和实践特征、最具世界观方法论意义的哲学经典著作，
它是工人阶级的"《圣经》"，工人阶级要以它为指导来解决他们那
个社会存在和遇到的问题。为无产阶级制定科学的世界观和方法论
是马克思理论研究的根本课题，对他来说这是最重要的工作。

国内有学者认为，马克思与法兰克福学派的社会批判理论的实
质不同。马克思的批判强调把理论批判归结为实践批判，而法兰克
福学派从不主张改变资本主义政治经济制度，而主要强调文化和心
理方面的变革。因而他们的批判仅是一种用"应有"来批判现有，
也只是以不同的方式解释世界而已。① 本人认为，说他们完全没有实
践维度，这种评价有欠公正。他们的批判理论不仅为在西方广泛传
播马克思思想做出了贡献，而且，没有他们的批判理论，就不会有
西方"马克思学"思潮，不会有 60 年代美国左派知识分子的运动及
60 年代末西方大规模的学生、工人运动。他们的理论也是旨在改变
现实，而问题在于他们改变现实的途径和根本目标不同。

这种关涉现实的理论取向在弗罗姆表现得也非常明显。在研究
对象上，弗罗姆的一个明显的特点是选择那些迫切关系到整个社会
历史进步的社会心理现象，如权威主义、市场性格进行研究，借助
于精神分析方法，对资本主义社会中种种不健康的病态现象进行深
入分析。从心理学的角度来说，就不同于传统心理学局限于研究局
部的对社会进步而言不是十分迫切的现象。② 他一生的学术活动都与

---

① 吕世荣：《马克思社会发展理论研究》，中国社会科学出版社 2001 年
版，第 206 页。

② 郭永玉：《孤立无援的现代人》，湖北教育出版社 1999 年版，第 349 页。

他生活于其中的社会现实密切相关，他努力为社会心理学参与和干预社会生活，为批判社会现实促进社会进步进行了有益的探索。因为他认为："心理学家刻不容缓的任务是对认识当前的危机做出自己的理论贡献。"① 中国的心理学者认为弗罗姆有两个特点对中国自己的心理学有很大的启发：一、运用马克思主义的基本原理；二、研究中国人自身和中国社会现实的心理学问题。比如像"文化大革命"这样大的历史事件，就没有哪位心理学者细致地分析当时国人的心态，这在心理学上是一个空白。② 弗罗姆关涉现实的心理学对我国的学者的确有很大的启发作用。

　　关注现实的另一个重要表现是他积极投身于变革现实的实践活动中去，这点也和马克思一样。他 11、12 岁就热衷于政治，尽管他自认为不具备适合于从事政治活动的气质，他还是积极参与了很多政治活动，如参与创建了一个和平团体，反对核军备竞赛和越南战争，参与美国社会党，支持麦卡锡竞选美国总统。这种参与的热情是因为他认识到他不能被动地置身于这样一个正在走向灾难的世界。他认为现代西方世界越来越不健全，越来越非人性化，因而也就越需要共同肩负着人类使命的人们团结奋斗。

　　但他们批判的领域不同。同是对资本主义的现实进行的批判，他们的批判在着眼点和策略上有明显不同：马克思着眼于对资本主义宏观状况的批判，而弗罗姆则着眼于对资本主义微观的心理领域的剖析。在后来的批判理论家看来，这或许可以从他们所处的资本主义不同时代政治经济的等因素的变化可以得到解释。

　　马克思所处的是自由资本主义时代，社会生产关系通过使社会财富、权力分配方式的合法化规定了自由资本主义时代的制度基础，所以在马克思所处的时代，"经济是灾难深重的首要原因，无论是理

---

　　① 【美】弗罗姆：《逃避自由》，国际文化出版公司 2002 年版，前言，第1 页。

　　② 郭永玉：《孤立无援的现代人》，湖北教育出版社 1999 年版，第 356 页。

论的批判还是实践的批判，都必须使自身首先致力于经济。"① 在法兰克福学派的早期，霍克海默和他的合作者们致力于将弗罗姆的心理学研究整合到研究计划中，表明他们已经意识到要发展一种新的社会科学的危机理论以应对他们所面对的历史问题，但霍克海默还是充分肯定了马克思所致力于经济领域批判的有效性。

马克思与法兰克福学派的理论家们毕竟面临不同的资本主义时期，这些理论家们有一种共识，认识到单单是经济危机理论已经不能够用来分析两次世界大战时期的社会矛盾，尽管社会现象是由经济引发，但在本质上已经不属于经济问题。法兰克福学派的另一成员波洛克对第一次世界大战后西方社会由私人资本主义转向国家资本主义的过程进行了深入的研究，在他看来，国家资本主义是资本主义制度的现代类型，是现代生产发展的一种趋势，它主要指一定的政治因素（如国家）在经济过程中发挥作用，克服市场经济的自发状态，协调、组织经济进程，以期获得稳定社会结构的效果。国家资本主义彻底改变了市场的功能，市场不再充当生产和分配的协调人角色，随着自由市场的消失，价值规律也随之失去了作用，因为社会对财富、权力的分配已经"政治化"了，这种分配不再是市场规律而是政治指导的结果；自由资本主义社会存在的理想规范也改变了，个人主义、自由、平等也随之消失，自由主义变成了政治权威主义，甚至变成极权主义。在国家资本主义社会，经济危机或者停止了，或者改变了，单单政治经济学批判已经不再能够为新社会秩序提供制度结构、理想规范以及对潜在危机洞察，不能成为新社会形式的批判基础，② 我国的经济理论研究者也对现代资本主义经济的这种新的特点表示认同，认为当代"'自由竞争'的资本主义变成了国家干预的资本主义，个别的资本变为联合的资本集团，甚

---

① 【德】霍克海默：《批判理论》，重庆出版社 1989 年版，第 235 页。
② 参见 Benhabib, S.: Critique, Norm, and Utopia: A Study of the Foundations of Critical Theory. New York: Columbia University Press, 1986, pp. 158—160.

至国际性集团。不仅有私人的资本垄断，而且有'国营'的资本垄断。"这种经济的新特点也影响了社会关系的变化："曾经比较明朗的工人和资本家的阶级对立，也因国家的作用，及大量管理、技术人员的出现，而变得更为复杂。"①

这也就是为什么60年代末期法兰克福学派的社会批判理论已经从对自由资本主义的批判转移到一方面对大众民主的批判，一方面对极权主义国家的批判，学派的成员们从经济、社会、政治、心理以及哲学的角度分析这种转变造成的结果。弗罗姆从心理学的领域分析批判权威主义性格、重占有的性格、人的性格的全面异化等等，可以说是学派批判理论的一个重要组成部分。

然而当历史进入到21世纪，由美国金融危机引发的全球经济危机的爆发，使我们不得不重新审视法兰克福理论家的上述观点。当代资本主义的变化使我们认识到，尽管当代资本主义已经是国家资本主义，但经济问题依然主宰着社会生活的方方面面，经济危机依然是当今资本主义面临的重要问题，并且随着经济的全球化发展，经济危机一旦爆发，造成的影响就是全球性的，这说明马克思的危机理论没有过时，马克思所阐述的造成危机的根本原因——资本主义基本矛盾的理论也依然具有生命力。虽然全球化时代阶级对立变得复杂，但阶级斗争依然存在，并且已经不是局限在某一个资本主义国家，出现了德里克所谓的"跨国资本家阶级"和"跨国工人阶级"，阶级对立不仅没有消失，在某种程度上更加尖锐了。这既表明了任何一个时代的理论都可能有它的历史局限性，也表明马克思对资本主义的分析的深刻性。

有论者认为，弗罗姆没有像马克思那样从一个社会的经济基础去批判这个社会，所以他的批判是不彻底的，本人不同意这种观点。正如上述波洛克所阐述的，现代资本主义社会已经与马克思所处时

---

① 刘永佶、王郁芬：《剩余价值发现史》，北京大学出版社1992年版，第383页。

代的资本主义不可同日而语，这不能构成弗罗姆批判不彻底的一个原因。并且从经济基础的重要性来说，我们都知道，恩格斯晚年在谈到有人将马克思的唯物史观理解为经济决定论时，曾反复强调"根据唯物史观，历史过程中的决定因素归根到底是现实生活的生产和再生产。无论马克思或我都从来没有肯定过比这更多的东西。如果有人在这里加以歪曲，说经济因素是唯一决定的因素，那么他就是把这个命题变成毫无内容的、抽象的、荒诞无稽的空话。经济状况是基础，但是对历史斗争的进程发生影响并且在许多情况下主要是决定着这一斗争的形式的，还有上层建筑的各种因素。"① 弗罗姆的社会心理，虽然既不属于经济基础，也不完全属于上层建筑，但和它们都有密切的相关性，这种关联性影响着历史的进程，而这正是弗罗姆试图探索的课题。在另一处，恩格斯也论到上层建筑的各种要素之间的相互关联性："政治、法、哲学、宗教、文学、艺术等等的发展是以经济发展为基础的。但是，它们又都相互作用并对经济基础发生作用。并非只有经济状况才是原因，才是积极的，其余一切都不过是消极的结果……并不像人们有时不假思考的那样是经济状况自动发生作用，而是人们自己创造自己的历史，但他们是在既定的、制约着他们的环境中，在现有的现实关系的基础上进行创造的，在这些现实关系中，经济关系……归根到底还是具有决定意义的，它构成一条贯穿始终的、唯一有助于理解的红线。"② 所以我们毋宁将弗罗姆的社会心理学理解为受经济基础的制约并对经济基础和上层建筑起一定作用的重要因素，在对这种作用的探索过程中，弗罗姆对唯物史观的拓展做出了重要贡献。

从对马克思的发现、补充和拓展来说，弗罗姆不仅向我们展现了一个心理学家对马克思思想内涵的领悟，而且以他独创性的发现

---

① 【德】恩格斯：《恩格斯致约·布洛赫》，《马克思恩格斯选集》第4卷，人民出版社1995年版，第695—696页。

② 【德】恩格斯：《恩格斯致瓦·博尔吉乌斯》，《马克思恩格斯选集》第4卷，人民出版社1995年版，第732页。

具体化、细致化了历史唯物主义思想。更为重要的是，他将历史唯物主义作为他的心理学的哲学基础，用来修正弗洛伊德的精神分析学，提出了他的一整套社会心理学，从而对心理学和社会学产生了广泛的影响，而他的社会批判理论，正是从社会心理学角度对当代资本主义的批判。他对马克思理论的贡献，也得到广泛的关注，值得我们重视。虽然他们批判的领域不同，但他们的很多思想都有相容之处，如批判理论的基础、人学的考察方式、对资本主义异化的批判、对现实的关涉等，这些都对我们发展马克思主义提供了可以汲取的有益的思想资源。

第四章

弗罗姆批判武器的锻造

　　麦克劳林认为弗罗姆首先是社会批判家，然后才是心理分析理论家和临床治疗家。作为一位社会批判家，弗罗姆批判的武器是在对弗洛伊德精神分析理论的创新性修正的基础上，糅合进了马克思的思想锻造而成的。

　　其实，对弗洛伊德理论的修正并不是从弗罗姆开始，早在弗罗姆之前，赖西、阿德勒、荣格以及与弗罗姆差不多同时代的霍妮、沙利文等心理学家都对弗洛伊德的理论进行了修正。在心理学界，这些人物都被称为"新弗洛伊德主义"，他们反对以本我心理学为核心、以泛性论为动力的生物主义和悲观主义，突出自我心理学、文化人类学、社会学的重要价值和乐观主义精神，把古典弗洛伊德主义进一步从生物学、心理学领域转向社会学领域，肯定了社会和文化的因素对人类行为的重大影响，成为当代西方社会科学的一种主要思潮。① 所以麦克劳林说，心理分析学会、杂志和思想家对弗洛伊德仅保持着象征性的忠诚，弗洛伊德思想的实质内容早已远远超越了通常所说的"正统弗洛伊德主义"。②

　　然而没有哪一位修正主义者在将弗洛伊德和马克思结合起来这方面超过弗罗姆，许多修正主义者是从心理分析学派内部对弗洛伊德提出修正，专业和学派的压力减缓了他们对心理分析正统性的直接挑战，弗罗姆与马克思主义者的多方面的联系，他的社会学家背景和大量的社会批判使他将新观点带入弗洛伊德学派，③ 他能够超越其他修正主义恰恰在于他的马克思主义的立场，因为他的修正是有意识的"通过对弗洛伊德哲学基础的批判性揭示，来发展其思想中

---

　　① 见车文博主编：《弗洛伊德主义原著选辑》（序言），辽宁人民出版社1989 年版，第 1 页。

　　② McLaughlin，Neil：Optimal marginality：Innovation and orthodoxy in Fromm's revision of psychoanalysis. Sociological Quarterly，2001，Vol. 42，Issue 2，P. 274.

　　③ McLaughlin，Neil：Revision from the margins：Fromm's contributions to psychoanalysis. Int Forum Psychoanal，2000 年版，9，P. 246.

的精髓，以历史唯物主义来取代资产阶级唯物主义"。① 弗罗姆一直有这样的自识，为了能够将弗洛伊德的发现真正显露它的价值，必须要修正他的理论基础。在弗罗姆看来，只有这样，才能将弗洛伊德的发现从他自己的局限性和被歪曲的意义下解放出来。他是这样说的，对他的理论进行分析考察之后，我们可以看出，他也是这样做的。所以，他对两位思想家理论的综合，毋宁说是用马克思的思想来修正弗洛伊德的思想。

弗罗姆从马克思的历史唯物主义对人的考察方式出发，坚持社会环境，特别是社会的经济结构在人格形成中具有决定的作用，肯定自然与文化、环境与个体之间的具有辩证统一的关系，坚持"社会决定论"原则，摒弃了力比多学说和升华理论，将心理模式解释为个人与社会的动态适应。他以弗洛伊德的个体心理学为基础，提出社会心理学，并将弗洛伊德的性格形成的基础由本能的力比多理论修正为人与世界的特殊关系；将弗洛伊德的人性的生物学基础修正为人的存在的特殊状况，并将个体潜意识发展成社会潜意识。弗罗姆的这些修正和发展，没有马克思唯物史观所提供的广阔视域是不可能的，唯物史观坚持从现实的物质生产关系出发、从现实的社会关系以及从事生产活动的人出发来考察现实的人，这就是弗罗姆对弗洛伊德修正的依据。这种修正——就是通常人们所说的对弗洛伊德和马克思的整合的基础上所提出的新的学说，就是弗罗姆用来批判资本主义的武器，这也成为他批判理论不可缺少的内容。

① 【美】弗罗姆：《弗洛伊德思想的贡献与局限》，湖南人民出版社 1986 年版，第 27 页。

第一节　从力比多到人与
世界的关系——
社会性格学说基础的确立

　　弗罗姆是弗洛伊德精神分析理论的卓越的阐释者和传播者，也是心理学成果的当代发展者，因此，他获得了"美国新精神分析学派领袖"的学术地位。① 他在心理学方面的造诣并没有随着他的去世而被人们遗忘，相反他对心理学的贡献还在不断地被人们研究挖掘。2000 年恰逢弗罗姆诞辰 100 周年，国际著名心理学杂志《精神分析学国际论坛》出版专刊纪念并研究弗罗姆的思想遗产，来自美国、加拿大、意大利、德国、墨西哥等国的学者在不同的方面探讨弗罗姆的贡献和遗产，② 使得这本杂志成为名副其实的"国际"论坛，这也足以显示弗罗姆的巨大影响和在心理学界的杰出贡献。美国心理学者伍尔曼认为，弗罗姆对心理学有四大贡献：第一，利用历史作为心理学调查研究的一个领域。弗罗姆广泛引用历史文献，从希伯来历史，从中世纪、宗教改革、产业革命到纳粹主义兴起，并以此作为他考察人的处境和心态的历史演变的途径。第二，社会性格理论是弗罗姆对心理学的重要贡献。第三，心理学争端的伦理学解释。弗罗姆始终没有忘记价值判断，他的工作具有明确的目的性，即实现人本主义的理想（健全的人和健全的社会）。第四，心理学研究的社会学倾向。弗罗姆的心理学是一种社会心理学，他对社

---

① 参见万俊人：《弗洛姆》，香港中华书局 2000 年版，第 9 页。

② Marco Conci：Editorial：Erich Fromm, A Rediscovered Legacy. Int Forum Psychoanal，2000，9：141—144.

会比对个人怀有更浓的兴趣。① 伍尔曼对弗罗姆的评价可谓全面而深刻，从中也可以看出弗罗姆在方法论及价值观方面的马克思主义立场。他的心理学方法，即历史的、具体的、现实的而非超历史的、抽象的孤立的研究人以及社会与人的心理之间互动关系的方法，就源于马克思思想的影响；而他对健全社会与健全人的价值追求无疑就是马克思的"人的全面发展的"另一种说法。

对弗洛伊德和马克思思想综合的最大成果之一就是"社会性格"这个概念的提出，弗罗姆利用这个概念来解剖资本主义社会人的心理、性格并探讨这种心理、性格得以产生的社会根源，由此对资本主义进行批判，因而他最初对弗洛伊德精神分析学的阐释已经是在用马克思的理论对他的修正，尽管在用语上，他还承袭了弗洛伊德的概念，如在 30 年代初，他还使用"力比多"这个弗洛伊德的本能理论的核心概念。

早在 20 和 30 年代，弗罗姆就致力于将马克思与弗洛伊德结合起来。他认为，综合的关键是心理分析的性格概念："社会性格是理解社会进程的关键概念之一。"② 弗罗姆的性格学理论直接来源于弗洛伊德，从 1930 年到 1932 年出版的一系列文章可以看出，弗罗姆此时已经有了"社会性格"这个思想的雏形，尽管他仍然用"力比多结构"这个带有弗洛伊德强烈的本能论色彩的概念。③ 而弗罗姆最初将马克思和弗洛伊德结合起来是在弗洛伊德的力比多理论的框架下进行的。也就是说，他接受了性格与由力比多本能的不同发展阶段相关的观点。

首先我们对弗洛伊德的性格学说作简单的考察。

---

① Wolman, B. B.: Contemporary Thories and Systems in Psychology. New York: Plenum Press, 1981, P. 384.

② 【美】弗罗姆:《逃避自由》，国际文化出版公司 2002 年版，第 199 页。

③ 1970 年，在重新整理出版他 20 世纪 30 年代的文章时，弗罗姆认为"社会性格"和"力比多结构"这两个概念是"相同的"。见【美】弗罗姆:《精神分析的危机》，国际文化出版公司 1988 年版，第 143 页注 2。

　　弗洛伊德认为对性格很难下定义，但论述了性格形成的原因，这就是他的以无意识理论为基础的著名的心理动力理论，他认为，人类性格发展动机的主要内容就是人的潜意识，是以力比多这种能量带来的各种欲望、本能冲动、需要等等，其中最核心的部分就是性本能，这就是人类个体性格发展的最基本动力："关于性格的构成原因，我们现在可以再补充一些内容，它们就是自我决不会缺少的各种反作用—形成，是自我在否定不受欢迎的本能冲动时，首先实行压抑，然后采用较为正常的方法的过程中习得的。"① 从弗洛伊德的心理分析观点看，力比多发展的最重要阶段出现于早年，特别是婴儿期。早期婴儿期可以划分为三个阶段：口腔、肛门、生殖器阶段。力比多的功能经过多方面的发展，然后才可为常态的生殖作用，然而这种发展由于过分的刺激作用或过分的受挫，或由于体质上的原因而有两种危险：即抑制和退化，② 固着可能出现于任何阶段，结果是动机系统将不能正常发展，人格的成长会受到严重的阻碍。例如，假如母亲溺爱孩子而固着出现于早年口腔期，人的性格会显得独立性差、依赖感强、慷慨，过于乐观，他的一般举止会使人觉得好象这个世界欠他什么；但是，假如孩子在早年口腔期受到挫折，他将变得悲观，有所需求，在社会上依赖他人；假如固着出现于肛门期，就可能会形成循规蹈矩、谨小慎微、注重清洁、占有欲强的性格，弗洛伊德把这种性格称之为肛门性格。③

　　弗罗姆保留了弗洛伊德性格学说的一部分内容，如性格特性是行为的基础，且行为必须是从性格特性推断而来的；性格特性所构

---

　　① 【奥地利】弗洛伊德：《精神分析引论新讲》，安徽文艺出版社1987年版，第104页。
　　② 弗洛伊德这样解释固着和退化：各个性的冲动的单独本分，都可停滞于发展过程的初期，这就是固着作用；而那些已经向前进行的部分，也很容易向后退而止于初期的发展阶段，这就是退化作用。参见【奥地利】弗洛伊德：《精神分析学引论·新论》，百花洲文艺出版社1996年版，第302—303页。
　　③ 【奥地利】弗洛伊德：《精神分析引论新讲》，安徽文艺出版社1987年版，第113—119页。

成的力量虽然强大，但人对它可能是毫无意识的。他的性格类型学也是在弗洛伊德性格学说的基础上发展而来的，如将口腔性格发展成为接受型，肛门性格发展为囤积性格等。在此基础上，他对弗洛伊德性格形成的动力基础做了修正，认为不是本能，而是社会的经济结构形成了一定社会的性格，并导致社会性格发生变化，这就明显看出马克思的理论对他的影响："每个社会都有其自身独特的力比多结构……这种力比多结构是社会经济条件对人的驱动力发生影响的产物；它反过来又成为制约不同层次内部的情感发展的重要因素。"[1]

他分析了这种性格结构的特点："由于性格特征停泊在力比多结构里，所以它们保持着相对的稳定。的确，性格特征在对一定的经济结构和社会结构的适应中发展着，但它们不象这些结构变化和关系变化消失得那样迅速。力比多结构有一定的性情，这些性格特征就是从力比多结构中发展起来的；在我们得到力比多结构以及作为其后果的性格特征中的相应变化之前，需要相当长的一段时间以适应新的经济条件。这就是为什么意识形态上层建筑比经济基础变化更慢的原因，而意识形态上层建筑是建立在一定社会的典型的性格特征基础上的。"[2] 这表明早在上世纪 30 年代[3]弗罗姆就有意识地将精神分析学与马克思的历史唯物主义结合起来，并尝试用精神分析学来补充历史唯物主义。所以即便在那个时期，弗罗姆对弗洛伊德理论的关注、修正也着重于心理分析的社会性。

由于注重性格结构的社会构成基础，对于弗洛伊德精神分析学，弗罗姆也特别强调这种理论的社会关联性，强调弗洛伊德心理分析

---

① 【美】弗罗姆：《精神分析的危机》，国际文化出版公司 1988 年版，第 143 页。

② 【美】弗罗姆：《精神分析的危机》，国际文化出版公司 1988 年版，第 160 页。

③ 指弗罗姆的《精神分析性格论及其对社会心理学的实质和作用》，这篇文章最早发表于 1932 年。

的对象不是脱离了一切社会关系的孤立的个人，"弗洛伊德从一开始
到后来都十分关心个体心理学。可是，一旦本能被发现是人的行为
后面的动机力量，一旦无意识被视为人的意识形态和行为方式的源
泉，精神分析作者们便不可避免地会尝试把个人问题转移到社会问
题上来，从个体心理学转到社会心理学。"① 因为弗洛伊德认为"只
是在极少数的、十分例外的情况下，个体心理学才可以忽视个人与
他人之间的关系。在个人的心理生活中，始终有他人的参与……因
此，从一开始，个体心理学……同时也就是社会心理学。"②

　　然而，弗罗姆认为弗洛伊德的这种社会心理学的萌芽却未能得
到进一步的发展，这首先是因为弗洛伊德的机械唯物主义的基础决
定的："他（弗洛伊德）未能得到'社会性格'这一概念，因为在
狭隘的性的基础上，这个概念是不可能得到发展的。"③ 对弗洛伊德
的哲学基础，我们后文会有略为详细的分析。

　　其次，也因为精神分析学特殊的性格形成理论。它主张性格基
本上在儿童期就形成了，而这时期的人是很少与社会接触的，如果
是这样的话，那么社会经济条件怎么能对儿童造成深刻的影响？弗
罗姆严厉批判了弗洛伊德过分强调早期儿童经验而反对整个人格在
社会关系中的作用，④ 认为，家庭的确构成了儿童的第一个社会环
境，形成了他的态度、性格特征以及他所属的社会阶级的意识形态
类型，但弗洛伊德大大低估了一个人所涉及的家庭之外的其他范围，
"社会对性格构成的影响远远超出了童年期。某些性格特征在一定的
经济结构、社会结构或阶级结构中是最为有用的，也最为有力地促

---

　　① 【美】弗罗姆：《精神分析的危机》，国际文化出版公司 1988 年版，第
123 页。

　　② 【奥地利】弗洛伊德：《集体心理学和自我的分析》，《弗洛伊德后期著
作选》，译文出版社 1986 年版，第 73 页。

　　③ 【美】弗罗姆：《弗洛伊德思想的贡献与局限》，湖南人民出版社 1986
年版，第 71 页。

　　④ Held，David：Introduction to Critical Theory：Horkheimer to Habermas. Lon-
don：Hutchinson，1980. P. 113.

进了个人的前进。"① 而且他也没有看到，家庭本身也是由阶级和社会结构所决定的，家庭不可能脱离社会而存在，社会对家庭的影响同样成为塑造儿童性格的一个重要因素。

弗罗姆认为，精神分析学与社会学不仅不矛盾，而且精神分析学对社会心理学的研究大有裨益"它力图认识一个群体成员所共有的心理特性，力图从人们共有的生活经历方面来解释这些共同的心理特性。"②

1941 年《逃避自由》发表，弗罗姆不仅从总体上放弃了力比多理论，而且批判了弗洛伊德纯粹用心理力量、特别是性的能量来解释社会历史，批判他在心理学问题上的生物学倾向，认为社会心理学的任务就是要表明作为社会进程结果的激情、欲望、焦虑是如何变化发展的，揭示被塑造成特殊形式的人的心理能量又是如何反过来变成生产力，塑造社会进程的。③ 这个重要的理论转向完全应归因于马克思的影响，这时的弗罗姆已经认识到弗洛伊德的理论不能与马克思的洞察相适应。放弃力比多理论才能够使他在马克思主义的方向上修正性格分析学。

在这本书一开始，弗罗姆就明确提出了这本书所采用的方法，强调社会关系对人性及人的性格的作用，认为这本书的观点"建立在以下的假设基础之上，即心理学的关键问题是个人与世界的那种特殊联结关系问题，而非每个人或此或彼的本能需求之满足或受挫。不仅如此，它还假设人与社会的关系并非静止不变的。……引起人性格差异的那些冲动，如爱恨、贪求权力、渴望臣服及沉溺于恐惧感官享乐等，都是社会进程的产物。人的倾向，最美好亦或最丑恶

① 【美】弗罗姆：《精神分析的危机》，国际文化出版公司 1988 年版，第 159 页。
② 【美】弗罗姆：《精神分析的危机》，国际文化出版公司 1988 年版，第 126 页。
③ 【美】弗罗姆：《逃避自由》，国际文化出版公司 2002 年版，第 8 页。

的，并非人性固定的生物部分，而是创造人的社会进程的产物。"①
这表明40年代初期的弗罗姆，已经很明显地将他的研究的出发点立
足于历史的、辩证的方法，表明马克思的唯物史观的思想、方法已
经对他产生了决定性的影响。弗罗姆自己也指出，他在动力学意义
上的"社会性格"概念，是以马克思的这一见解为基础的：即将人
的欲望与社会结构、生产条件及交往联系在一起，认为人类动机的
很大一部分是由生产过程决定的。②

所以弗罗姆社会性格理论的历史唯物主义基础是显而易见的：
首先他是立足于社会关系，特别是社会的经济关系考察人，这个
"人"是现实的、从事实践活动的、具体的人，而不是孤立的人；其
次，他认为人与社会的关系不是静止不变的，社会性格是随着社会
关系的历史变动而变化的，是与社会的经济基础和上层建筑有着辩
证的关系。弗罗姆这种以历史唯物主义为基础考察人的方法，在他
对各种特殊的社会性格的论述中表现的更为突出（在本书的第五章
有详细的论述），而他的社会性格学和人性理论也就是在这个基础上
建构起来的；也表明他真正能够把马克思与弗洛伊德结合起来。难
怪有国外学者将他的心理学理论称之为"马克思主义的心理分
析学"。③

有心理学者这样概括弗罗姆对弗洛伊德的性格概念的修正，它
包括两个方面。第一，心理能量是人的性格释放出来的，不再用力
比多定义，因为弗罗姆的心理能量不是来源于本能——性本能或生
与死的本能，而是源于生存境况由此产生的人的需要，如相关性的
需要或自我认同感的需要等。所以对弗罗姆来说，人的性格和热情
的努力不是根植于性或生与死本能的斗争，而在于人所共有的心理

①　【美】弗罗姆：《逃避自由》，国际文化出版公司2002年版，第7页。
②　Fromm, Erich (1991). The Crisis of Psychoanalysis: Essays on Freud,
Marx, and Social Psychology. New York: Henry Holt and Company, Inc. P. 65.
③　John Rickert: The Fromm - Marcus debate revisited. Theory and Society,
1986, 15: 352.

需要。第二，在涉及到性格的形成方面弗罗姆对弗洛伊德理论的修正。弗罗姆认为性格及其形成发展不是本能驱动的结果，而是在一定的历史条件下人的心理需要被释放的结果，是一定历史环境及其客观要求所塑造的、对于一定社会经济价值的认同过程的产物。① 将转化为社会生产力的心理能量解释为源于人的生存状况所产生的人的需要而不是人的性本能，这已经表明马克思对他的影响，因为正如马克思所说，人们为了能够创造历史必须能够生活，因此第一个历史活动就是生产满足这些需要的生活资料，如果我们将"第一个历史活动"看成是由人的心理能量激发的，那么这种活动就源于人们共同的求生存的心理需要，所以弗罗姆对性格学第一个方面的修正已经将心理能量与社会活动联系起来；对第二个方面的修正，将性格的形成归因于社会的经济结构，表明在性格学说上他将马克思的唯物史观贯彻到底，这是他以社会关系考察人的必然结果。

那么，为什么建立在力比多基础上的性格理论不能适应马克思主义的心理学主张呢？

首先，弗洛伊德师承的是德国的机械唯物主义，这是他的精神分析心理学的理论基础。他的体系中的机械论与决定论，在心理学界是一个众所周知的事实。"这种类型的机械唯物主义所依据的原则是：一切精神现象在一定的生理过程中均有其根源，只要我们认识到这些根源，精神现象就能得到充分的解释和充分的理解。"② "他认为，一切心理事件甚至错误和梦都是被决定的；没有任何行为会由于机遇或者由于自由意志而发生。"③ 有机体内部除了普通的物理—化学的力在起作用外，再也没有别的力在起作用。弗洛伊德至

---

① Rainer Funk：Tuebingen：Psychoanalysis and human values，Int Froum Psychoanal，2002，11，P. 21.

② 【美】弗罗姆：《精神分析的危机》，国际文化出版公司 1988 年版，第 35、36 页。

③ 【美】杜·舒尔茨：《现代心理学史》，人民教育出版社 1981 年版，第 348 页。

少在他事业的早期非常同意这种物理主义，即一切生命现象都能被还原为物理原理。而为了寻求精神烦躁的根源，弗洛伊德不得不寻找一种生理基质来作为驱动器，他在性欲中发现了理想的解决办法，因为它既合乎机械唯物主义思想的要求，又与他那个时代及社会阶级的病人中的一定临床结论相吻合。但机械唯物主义的一个很重要的缺陷就是看待问题的非历史的态度，这与弗罗姆所坚持的马克思的对社会关系具体的历史的分析方法显然是不相容的，所以，弗罗姆不能接受。"弗罗姆拒绝了弗洛伊德对固定不变的力比多中心论、非历史的本能理论的强调，而赞同历史的独特的'社会性格'论。"①

　　还有一个原因，就是弗洛伊德的性格理论只局限于个体心理学，把它运用来解释社会性格就会遇到很大的困难。弗罗姆的这段话就很能说明问题："弗洛伊德的基本原则是把人看作一个整体、一个封闭的系统，天生具有某些生理上的冲动，并把性格的发展解释为对这些冲动被满足或受挫的一种反应。我们却认为，认识人的人格的基本途径在于理解人与世界、他人、自然及自我的关系。我们相信，人主要是社会存在物，而不是弗洛伊德所说的主要是自给自足的存在物"。所以，弗洛伊德所说的"口腔"、"肛门"等肉体的感觉只因与世界有某种特殊的关系，才显得很重要，因此，"只有从这个角度说，弗洛伊德在性格学上的发现才对社会心理学有重要意义。比如，只要我们认为肛门型性格特质是由早年与排泄有关的某些经历引发的，我们就根本没有证据来理解为什么某一特定阶级会有肛门社会性格。肛门型性格正是欧洲下层中产阶级的典型特征。但是，如果我们认识到它是一种与他人关系的形式，是根植于性格结构中的，源于对外部世界的经历，我们就抓住了问题的关键，就能理解，是因为下层中产阶级的整个生活方式、他们的狭隘、孤立及敌视造

---

　　① Bonner, Stephen Eric: Of Critical Theory and Its Theorists. New York: Routledge, 2002, P. 160.

成了这种类型性格结构的发展。"① 这就表明弗洛伊德对性格动力基础的解释不能适应弗罗姆的理论的原因,他的理论不能回答为什么一个特定的阶级发展了某种社会性格,面对欧洲中下层阶级的肛门社会性格,弗洛伊德只能猜测是与"早年与排泄有关的经历引发",使得那个阶级的多数成员性格的发展固着在肛门阶段。但是,为什么这种固着会发生在整个阶级,这种固着与这个阶级在社会中的角色有什么关系,弗洛伊德的理论却不能回答。所以,前苏联学者认为,弗罗姆是在所有新弗洛伊德主义者中"第一个指出正统的弗洛伊德主义无法解决个人和社会的相互作用问题"②。

如果要保留弗洛伊德对性格的解释并且同时承认经济力量的影响,那就要说明性格形成的早期经历与物质的社会基础的关系,特别是要指出后者怎样决定了前者以至于产生一种特殊的性格结构。用上面的例子来说,就必须要说明资本主义生产方式怎样产生了某种早期经历导致力比多固着在肛门发展阶段,所以产生了肛门性格结构。弗罗姆显然不相信有这种关联,因此他必然得出结论:因为弗洛伊德的理论起初没有考虑社会经济的因素,所以人们试图把社会经济因素与他的理论整合起来的时候,就会发现这个理论没有合适的方法来整合经济因素。

为了回应这种困境,弗罗姆发展了一种理论能够表明经济条件和主要的性格特征之间的关系,同时解释了为什么一个特殊的阶级会有一种特殊的社会性格。这两个目的他都达到了,通过否定力比多在性格形成中的作用,同时也避免了弗洛伊德的困境。这意味着社会现实的影响不是通过性本能来促成的,相反,社会经济结构通过创造能够使既定社会秩序持续运转所需要的性格特征来直接塑造了人的精神和情感,Rickert 对弗罗姆理论的这个转变给予了很高的

---

① 【美】弗罗姆:《逃避自由》,国际文化出版公司 2002 年版,第 207、209 页。

② 【美】弗罗姆: 《占有还是生存》,三联书店出版社 1989 年版,第 213 页。

评价，认为由于使用了力比多理论来表达社会性格，弗罗姆在 30 年代早期对马克思和弗洛伊德的综合并没有真正成功，只有当弗洛伊德建立在本能基础上的性格理论被人际关系理论所取代，弗罗姆的马克思主义的社会心理学才真正变为可能。①

弗罗姆脱离了正统的弗洛伊德主义，但这并不意味着他放弃了他早先思想的各个方面，他后来认为他自己从未离开弗洛伊德主义，除非把弗洛伊德和力比多理论等同起来，而这只是正统弗洛伊德主义的立场。他认为弗洛伊德的主要成就是其无意识概念以及抵抗和人格的动态概念，这些概念在他所有著作中保持着基本重要性，"那种认为我放弃力比多理论就是放弃弗洛伊德主义的说法，是一种只有从正统弗洛伊德主义的立场才可能有的非常强烈的说法。无论如何，我从未放弃过精神分析……我总是批评弗洛伊德的正统性和其国际组织墨守成规的方法，但我的全部工作都是以我所认为的弗洛伊德的最重要的发现为基础。"②

《法兰克福学派史》的作者马丁·杰伊认为，虽然弗罗姆从未停止调和心理学和马克思主义的尝试，但他后来较少依靠弗洛伊德著作的某些方面，而更重视心理分析中某些为马克思本人所期待过的一些洞见。③

社会性格学说的提出，引起了广泛的关注，无论对心理学界还是对社会学界都产生了很大影响。心理学者认为他的心理分析学的很多观点已经进入了主流的分析思想，④ 有的心理学家将他的社会性

---

①　John Rickert：The Fromm – Marcus debate revisited. Theory and Society，1986，15：391 注 30.

②　【美】马丁·杰伊：《法兰克福学派史》，广东人民出版社 1996 年版，第 106 页。

③　【美】马丁·杰伊：《法兰克福学派史》，广东人民出版社 1996 年版，第 107 页。

④　见 Carola Mann：Fromm's impact on interpersonal psychoanalysis：A well kept secret. Int Forum Psychoanal，2000，9：199—205.

格学说应用到心理分析的临床经验当中，[①] 有的对他的学说进行经验
的实证研究，以验证他的说学的有效性，[②] 还有学者为这个理论的充
分科学性而对其进行发展和补充。[③] 社会学者里斯曼（David Ries-
man）在弗罗姆的社会性格学说启发下所著的《孤独的大众》（耶鲁
出版社 1961）也轰动一时，这充分表明他的社会性格学说的重大的
理论贡献。而从批判理论的角度来看，这一理论成为弗罗姆批判资
本主义社会的有力的思想武器。

第二节　人性——从生物本能
到人的生存状况

　　弗罗姆被心理学界公认为是人本主义心理学的代表人物。人本
主义心理学的一个显著特点是把人的本性、潜能、创造力和自我实
现提到心理学研究对象的高度，突破了传统主流心理学存在的严重
的贬低人性和非人化的倾向，使心理学走上研究人或人性的科学道
路上做出了历史性的贡献，而弗罗姆在这方面的贡献非常突出，因

---

　　① Dale H. Ortmeyer：Clinical relevance of social character and social uncon-
scious. Int Forum Psychoanal, 2002, 11：4—9.

　　② 见 Shripad G. Pendse：An empirical validity test of Fromm's personality o-
rientation theory. The Journal of General Psychology, 1978, 99：133—139. 为了验
证弗罗姆提出的社会性格有效性，两所大学的心理学院联手对他的性格类型学
进行测试，将弗罗姆描述性格类型的形容词（弗罗姆是以诸如剥削、市场、囤
积等形容词描述不同类型的社会性格）与 1000 个随意选出的形容词以及它们之
间的内在联系做了统计和比较，弗罗姆的性格类型取向与假设的组合相比保持
了较高的百分率，如剥削型倾向占到 98%，市场型倾向占到 88%，表明他的理
论有较高的合理性。

　　③ Michael Maccoby：Toward a science of social character. Int Forum Psycho-
anal, 2002, 11：33—44.

而被称为人本主义心理学的先驱。①

人性观是人本主义心理学的理论基础。人本主义心理学的创建者认为，一种人性观决定着心理学研究的观点，证据的收集和解释，以及心理学理论的建构。人本主义心理学家非常重视人性的研究，②弗罗姆也不例外。从批判理论的角度说，人，也是法兰克福学派整个批判理论的最高问题，而人性则是其核心。能够作为弗罗姆批判武器的，不仅有他的"社会性格"理论，还有他的人性理论，在人性理论中也体现了他对马克思和弗洛伊德的综合。这种综合体现在他对人性的探究不仅承认人的生物本能，也承认人性中有源自人的生存状况的社会因素，而后者是他研究的重点。

如对人的破坏性的研究，弗洛伊德将人的这种性质归结为人所具有的侵犯性本能，是性本能的一个组成部分，而弗罗姆则认为侵犯性并非源于人的本能："我们的侵犯行为的根源并不是我们的动物的天性、我们的本能和我们的过去。人的侵犯行为在一定程度上超过动物的侵犯行为，这可以由人类生存的特殊条件来解释。"③ 在具体的分析一个虐待性人格时，弗罗姆强调的也是社会性，而不是人的本能，他说："一个虐待性性格的人如果处在反虐待的社会里，大致上对他人不会产生伤害；别人会把他当做病人。他不会变成孚众望的人物，也极少有机会达到某种地位，产生强烈的影响力。如果问道，某些人的虐待性为什么这么强烈，我们切不可只考虑到他的秉赋的与生物学的因素……要想知道一个人的某些特征为什么这么坚持和根深蒂固，我们必须知道这个人和他的家庭生活在什么样的社会体系中，并且要知道这个体系的精神。"④ John Rickert 认为，人

----

① 车文博：《人本主义心理学新探》，《心理学探新》1999 年第 1 期，第 5—7 页。

② 车文博：《人本主义心理学》，浙江教育出版社 2003 年版，第 364 页。

③ 【美】弗罗姆：《说爱》，安徽人民出版社 1987 年版，第 67 页。

④ 【美】弗罗姆：《人类的破坏性剖析》，中央民族大学出版社 2000 年版，第 364 页。

性理论为他提供了一个"在现存制度"以外的批判理论的基础。

在致力于人性研究时，人本主义心理学家把健康人格作为他们研究的主要目标，他们认为，达到健康人格的一个基本途径就是要满足人的基本需要，因而人的需要理论也是人本主义心理学的一个研究课题。不同的人本主义心理学家对人的需要有不同的理解，如人本主义心理学家的代表人物之一马斯洛的需要层次理论，因为人的需要就是人类活动的内在动力和源泉，它蕴涵在人性结构之中，"他们的需要即他们的本性"，所以弗罗姆对人性的研究，也必然涉及人的需要。那么，我们对弗罗姆人性理论的考察，就从两个方面着手，其一是人性与人的需要，其二是人性与人的精神健康。

一、人性与人的需要

弗罗姆的人性理论是和他的需要理论联系在一起的，在这里，还是显示了他对弗洛伊德和马克思理论的综合，而在这种综合中，他坚持的是一种扬弃的态度。弗罗姆赞赏马克思的需要理论中所表现出的心理学的丰富内容，认为马克思对"固定的需要"和"相对的需要"的划分为动力和本能心理学做出了极为重要的贡献，尤其是对根源于一定的社会结构和一定的生产和交往的条件所产生的需要，使人们理解了大多数人的欲望产生的动力，所以，马克思已经看出，在异化的世界，人的需要演变成什么东西，而且事实上极其明确地预见到这一过程的完成，"从社会主义角度来看，本来应当重视'人的需要的丰富性，从而某种新的生产方式和某种新的生产对象，'……而在资本主义世界里，这些需要并不表示潜在的、人的力量，就是说，它们不是人的需要；在资本主义制度下，'每个人都千方百计在别人身上唤起某种新的需要，以便迫使他作出新的牺牲'"。① 马克思的需要理论无疑启发了弗罗姆，为他的人性理论提供了重要的思想资源。

---

① 【美】弗罗姆：《马克思论人》，陕西人民出版社 1991 年版，第 193 页。

　　弗罗姆在论述人性需要的根源时，实际上也汲取了弗洛伊德的理论，他并不否认人性中存在的本能需要，承认人有与动物一样的不可或缺的本能需要，如饥、渴、睡眠等，弗罗姆将它们称为"自我保存"的需求，是人性中的一部分，在任何情况下，都必须得到满足。① 他相信，人性有它内在的动力系统，人性有内在的进化目标，人不仅受过去的推动，而且受到以生命结构中固有目标的推动，能够意识到自己实际的存在与他应有的存在之间的差距。他认为，"这里，'应该'一词并不被指道德意义上的命令，而是被用来指内在的进化目标，这些目标乃是他赖以形成的染色体中生而固有的，正如他未来的体格以及眼睛的颜色等早已'存在'于染色体中一样。"② 弗罗姆的这个观点与基因社会学的最新研究成果是一致的。基因结构与功能的发现是 20 世纪自然科学的一项重大成就，它也使人们能够对人性作进一步的认识与阐释，基因可以说是人性的原动力，基因既有本性的成分，也有习性的成分，因为基因的唯一目的就是复制自己，所以，基因是自私的，而自私行为又是进化的原动力，不自私，就难以度过自然选择进化这一关口。③ 所以，弗罗姆认为人性有它内在的动力系统和进化目标的观点是可以被最新科学成就验证并经得起当代自然科学成果的考验的。

　　但他还是批判了弗洛伊德对本能的过分强调，认为人性的需要来源于人类的特殊状况，来源于人的生活实践，而不是来源于弗洛伊德所制定的力比多发展的各个阶段，人的大部分情感追求都不能用本能的力量来加以解释，他这样辩证地说明人的两种需要的关系："我们并未低估生物因素在人性中的作用，并相信排除了生物因素，仅从文化上是不能正确提出问题的，但我们仍然认为人性在本质上

　　① 【美】弗罗姆：《逃避自由》，国际文化出版公司 2002 年版，第 11 页。
　　② 【美】弗罗姆：《精神分析与禅宗》，《弗罗姆文集》，改革出版社 1997 年版，第 465 页。
　　③ 孔宪铎：《基因与人性——生命科学与社会科学理论的分析》，《文史哲》2004 年第 4 期，第 7—8 页。

是受历史状况而定的。"① 所以针对弗洛伊德把人看成是封闭的自然本能系统，仅有本能满足的需要，弗罗姆反复强调人性中的社会需要，"尽管性动力及其衍生物多么强而有力，它们绝不是人的内在的最强的力量，在这些方面的挫折也不是精神错乱的原因。推动人的行为的最强有力的力量来自人类生存的条件，即'人类状况'"。"不是他的肉体，而是他生存的独特性决定着他的最激烈的感情和最迫切的需要。"②

在对人性的需要解释方面，他坚持的是马克思的观点，即"人类的动机大部分是由生产过程决定的"，③ 是根源于一定的社会结构和一定的生产和交往条件的，所以说："即使人的饥渴和性追求完全得到满足，他还是不会满足。和动物正相反，那时，人最迫切的问题不是解决了，而是刚开始"。④ 那么，这些迫切的需要是什么呢？是追求权利、爱、毁灭，是需要与自身之外的世界相联系，以免孤独；需要与他人相关，需要超越，需要有一个根、有身份感等等，⑤这些促使人行动的强烈的愿望，构成并表现了人的生命独特性的特征。这些迫切需要，实际上就是社会需要，因为只有社会的人，才会产生与世界相联系、与他人相关、超越性、有身份感等需要。正因为人性有社会的需要，弗罗姆的人性理论是开放的系统，他反对人性是固定不变的，认为持有这种观点的人"证明他们的伦理体系和社会制度是必要的、不可改变的，并是以这种固定不变的人性为

---

① 【美】弗罗姆：《逃避自由》，国际文化出版公司 2002 年版，第 206 页。

② 【美】弗罗姆著，孙恺祥译：《健全的社会》，贵州人民出版社 1994 年版，第 22 页。

③ 【美】弗罗姆：《精神分析的危机》，国际文化出版公司 1988 年版，第 55 页。

④ 【美】弗罗姆：《为自己的人》，三联书店出版社 1988 年版，第 61 页。

⑤ 见【美】弗罗姆：《为自己的人》，三联书店出版社 1988 年版，第 61 页；《逃避自由》，国际文化出版公司 2002 年版，第 12 页；《健全的社会》，贵州人民出版社 1994 年版，第 53 页。

基础的。"① 人一方面在创造着自己，创造着自己的历史和文化，另一方面又受着自身历史和文化的塑造，所以人性不可能固定不变。

所以对人性，弗罗姆有两个方面的理解。其一是对人性的双重理解，即人与自然的基本联系的人的生物性和人的社会文化的本质方面；其二是对人性的动态理解，即人性既受其社会文化的影响，同时又影响着社会文化，这一点决定了人性的历史变化特性。这充分表明他在人性论中的辩证思想。他既反对有固定不变的人性，同时也反对人性的的无限可塑性，因为"如果人具有无限可塑性，那么，不利于人类幸福的规范和制度确实会有机会把人永远塑造成适合于这些规范和制度的模型，而人不可能利用人性所固有的力量去改变这些模型。人将只是社会秩序的傀儡，而不是凭借他的内在特性，对不良的社会、文化形态之强大压力，具有强烈的反抗意识的行动者"。② 这一观点在封建社会制度的文化与启蒙思想张扬人性的冲突中可以得到很好的说明。正是因为启蒙思想家反对封建文化对人类本性的压抑，才使得人的自由、平等、尊严等思想深入人心，使得张扬个性成为现代人的普遍追求，这就是从人性的角度出发对不良社会、文化形态的批判和改造。所以，弗罗姆的人性论已经非常自觉地避免了生物学和形而上学的错误，同时也避免了社会学上相对主义的错误。

那么，我们也就容易理解弗罗姆以下基于人性理论对资本主义的批判了："社会的经济及社会结构的必然性塑造人，这当然是毋庸置疑的，但人并非能无限度地适应。人不但有某些心理需求急需满足，而且也有某些与生俱来的心理特性需要满足，如果满足受挫，就会引起某些反应。"这些心理特性主要是"人的成长、发展及其实现潜力的趋势，这些潜力是人在历史进程中发展起来的"。③ 这些潜

---

① 【美】弗罗姆：《为自己的人》，三联书店出版社 1988 年版，第 40 页。
② 【美】弗罗姆：《为自己的人》，三联书店出版社 1988 年版，第 40 页。
③ 【美】弗罗姆：《逃避自由》，国际文化出版公司 2002 年版，第 205 页。

力中的每一种都有自己的动力，这种动力一旦发展起来，就要得到表达展示，否则，就会受到压抑，而对这种动力压抑的结果就会形成破坏及共生的冲动。

弗罗姆以这种人性观点为基础，进一步提出了他更重要的主张，认为如果社会冲突超越了人性的某一点，这种冲突就会引发导致现存社会结构崩溃的新的动力："暴君可以长时间地征服、剥削整个民族或社会集团，但是被征服、受其剥削的人民会有所反应。他们的反应方式要么是漠不关心，要么是损伤才智、创造力与技能，于是慢慢地他们就不能发挥这些本来应用来为统治者服务的功能了；要么，他们的反应会是这样：仇恨与破坏愈积愈多，最终毁了他们自己，毁了统治者及其制度。再不然，他们的反应可能产生独立的意念和对自由的渴望，一个较好的社会便会在这种创造性冲动之上建立起来。究竟出现哪一种反应，取决于很多因素：经济、政治的因素及人们生活的精神气候。但是不管什么反应，所谓人几乎可以生活在任何条件下的说法只对了一半，我们还得补充另一半意思，即如果人生活的条件违背了人的本性，没有达到人类生长与健全的基本要求，那么，人就必定会作出反应。他要么堕落，灭亡，要么创造一些更适合自身需要的条件。"① 虽然弗罗姆在这里所说的人性内在的追求发展和自由的需求，带有某种先验的价值色彩，其实，弗罗姆自己也认识到这一点，他说："我们还有理由假设，追求正义与真理的冲动是人性的固有倾向之一，尽管它可以像自由冲动那样被压抑被扭曲。这个假设的理论基础是危险的。"② 然而，即使弗罗姆的理论建构或多或少有缺憾，然而它的批判性是显而易见的。

John Rickert 认为，这里问题的关键是：弗罗姆对人性理论的修正是否使他的理论保持了批判的功能？对此，John Rickert 做了详细

---

① 【美】弗罗姆著，孙恺祥译：《健全的社会》，贵州人民出版社 1994 年版，第 14—15 页。

② 【美】弗罗姆：《逃避自由》，国际文化出版公司 2002 年版，第 206 页。

的考察，认为弗罗姆与弗洛伊德理论的根本不同在于他对本能的作用较少重视，对后者来说，本能是人类行为的基本驱动力。而在弗罗姆看来，人类心理的关键不在生物的驱动，而在于事实上除本能以外，人所拥有的自我意识、理性和想象力等特性，这些特征使人产生了意义的"存在需要"（'existential needs' for meaning），只有这些需要得到满足才能确保人的精神生存（psychic survival）。①

弗罗姆认为，从心理学的角度讲，人解决生理需要的方法很简单，而要解决源于人类存在的特殊性的基本心理需要则非常困难，而这些需要必须以某种方式得到满足，否则人就会精神失常。"如果某种基本需要得不到完全满足，人就会精神错乱，如果满足了，但令人不满意，结果便是神经症。"②他接着举例人在满足与周围世界的相关性的需要时可能会出现的情形：如果这种关系是以共生（顺从或统治③）或异他的方式形成的，他便会丧失独立性和完整性，会变得敌视他人，感情淡漠；只有当他以友爱的方式把自己和他人联系起来时，他才能感到在保持自身完整的同时，与他人结合在一起，而人与世界结合的方式，不取决于人自己，多数取决于人居于其中的社会的性质。所以，弗罗姆对弗洛伊德人性论的修正不仅没有消弱相反强化了这一理论的批判功能，因为对人性需要的满足不仅要考察人自身，而且要考察人处于其中的社会。

尽管弗罗姆一生都在研究人的需要系统，但到晚年，他仍然认为这是人类面临的一项重大课题："迄今为止，我们对人的需求的特性几乎还没有进行过研究。这项基础研究将是关于人的新科学的一项重要任务。我们必须知道：哪些需求是来自我们的有机体；哪些

---

① 参见 John Rickert：The Fromm – Marcus debate revisited，Theory and Society，1986，15：366.

② 【美】弗罗姆著，孙恺祥译：《健全的社会》，贵州人民出版社 1994 年版，第 54 页。

③ 【美】弗罗姆著，孙恺祥译：《健全的社会》，贵州人民出版社 1994 年版，第 24 页。

需求是文化进步造成的。哪些需求是个人成长的表现；哪些需求是工业生产强加给人和非自然形成的；哪些需求具有'积极作用'。哪些需求具有'消极作用'；哪些需求是由疾病引起的，哪些是精神健康的表现。"①

二、人性与人的精神健康

一个人的精神是否健康，要看他的需要是否以及在多大程度上得到满足，要看他是以什么方式与他人、与世界联系起来，所以，弗罗姆在考察人的精神健康时，也特别联系一个人所处社会状况，这就避免了人本主义心理学过分强调个人在自我实现中的作用，忽视社会发展、社会现实对个人自我实现的决定性意义。弗罗姆认为不能以个人是否"适应"社会为前提来给精神健康下一个定义；恰恰相反，我们必须先看社会是否适应人的需要，社会的功能是促进还是阻碍精神健康的发展，然后再根据这一情况来下定义。所以他这样规定精神健康的标准：

"一个人是否精神健全，从根本上讲，并不是个人的私事，而是取决于他所处社会的结构。健全的社会能拓展人具有的爱人的能力，能促进他创造性地工作，发展他的理性与客观性，以及使其具有基于自己的生产力的经验的自我身份感。……社会可以具有两种功能：它可以促进人健康地发展，也可以阻碍人的进步。实际上，大多数社会都具有这两种功能，问题只是，社会对人的积极和消极影响的程度和方向怎样。"② 弗罗姆又依据人类生活的状况，提出了人类普遍的精神健康的条件，认为它适用于所有时代和文化中的人："精神健康的特点是：能够去爱和创造，摆脱了对氏族和土地的乱伦依恋，通过把自我看作自身力量的主体和代理者而建立一种自我意识，认

---

① 【美】弗罗姆：《占有还是生存》，三联书店出版社 1989 年版，第 186 页。

② 【美】弗罗姆著，孙恺祥译：《健全的社会》，贵州人民出版社 1994 年版，第 57 页。

清内在和外在的现实，促进客观性和理性。"① 他认为，他的这个概念与圣哲提出的人性原则是一致的。这里弗罗姆似乎有自相矛盾的观点，既然认为"精神健康的概念是由人类生存的状况得出来的"，既然认为人性是随着不同时代、社会的变化而变化，没有固定不变的人性，怎么会得出能够适用于所有时代和文化的"人类普遍的精神健康"的条件呢？当然弗罗姆似乎也意识到了这个问题，所以将一些心理学家的看法（包括他自己）作为理据，认为这表明心理学的前提不是"科学的"，而是哲学的或宗教的"观念"。②

关于精神健康与社会的关系，弗罗姆批评了两种观点，一种认为当代西方社会与人性最根本的需要是一致的，适应了这种方式就意味着精神健康与成熟。另一种以霍布斯、弗洛伊德为代表，认为人性与社会之间存在着根本的、不可改变的矛盾，因为人的本性是反社会的，人有侵略、破坏的本能，弗罗姆认为，这两种观点"都包含着一个护卫当代社会的意思，两者都带有片面性，曲解了人与社会的关系。"③ 而弗罗姆对当代西方社会对人的影响的分析着重点在于现代社会的致病作用。

精神分析学的批判是"对一切使人扭曲、使人畸形的社会安排的批判，它将关注于能够导致社会适应人的需要、而不是人去适应社会的进程。具体地说，它将审查构成当代社会的病态的心理现象：异化、焦虑、孤独、深沉的恐惧感、缺乏活力、苟言寡欢。"④ 所以，弗罗姆的批判，实质上是对使得健康的人看起来成为病态的资本主义社会的批判。

---

① 【美】弗罗姆著，欧阳谦译：《健全的社会》，中国文联出版公司1988年版，第67页。

② 【美】弗罗姆著，欧阳谦译：《健全的社会》，中国文联出版公司1988年版，第67页。

③ 【美】弗罗姆著，孙恺祥译：《健全的社会》，贵州人民出版社1994年版，第61页。

④ 【美】弗罗姆：《精神分析的危机》，国际文化出版公司1988年版，第33页。

长期的精神分析的临床经验使他认识到，多数认为自己有"病"的人，实际上是健康人，有病的不是人，而是这个社会。从心理分析的角度出发，弗罗姆批判的还是社会，是导致正常人看起来不正常，而不正常的人看起来却是正常的"社会"。

弗罗姆认为"健康或常态"的概念从个人角度看，就是有一个最适合个人成长和幸福的环境。但是"包括我们在内的绝大多数社会都不是这样的。"而大多数心理学家想当然地认可他们自己所在的社会结构，认为那些与社会不合拍的人就是没有价值的不健康者，而与社会合拍者则被认为更有价值，更合乎人类的价值尺度。弗罗姆认为："如果我们区分常态与精神病症两个概念，就会得出如下结论：一个所谓能适应社会的正常人远不如一个所谓人类价值角度意义上的精神病患者健康。前者很好地适应社会，其代价是放弃自我，以便成为别人期望的样子。所有真正的个体性与自发性可能都丧失了。"相反，精神病症患者则可以被视为在争夺自我的战斗中不准备彻底投降的人，从人类的价值角度来看，他要比那些完全丧失了个体性的常人更健全些。"对我们而言，精神病症患者的污名似乎并无根据，只有从社会功能角度出发它才能成立。"①

所以，弗罗姆认为，我们一般认为最正常的人也就是病的最厉害的人，而病的最厉害的人也就是最健康的人："在病人的身上，我们能看到某种属于人性的东西尚没有被压抑到无法与诸种文化模式相对立的程度……但是许多正常的人们只知道适应外界的需要，身上连一点自己的东西都没有，异化到变成了一件工具，一个机器人的程度，以至于感觉不到任何对立了。他们真正的感情、爱、恨都因为被压抑而枯萎了"。原因就在于"我们的社会是建立在尽可能地产生和尽可能地消费这种原则之上的。这就是生活的目的。人们只知道追求经济和技术的进步而无视人的存在。人们所津津乐道的不

---

① 【美】弗罗姆：《逃避自由》，国际文化出版公司 2002 年版，第 99 页。

是于人类有益的东西，而是有害于人类的东西。"①

弗罗姆举例说：一个性虐待狂在纳粹制度下不是相当有影响，而一个可爱的人不是颇不适应吗？那种薄情寡意、与众格格不入的异化了的人，不是比一个多愁善感、情深意厚的人更能适应今天的技术社会吗？② "如果今天的人们在人的意义上符合健康的化，那么他们就越不能发挥自己的社会作用；相反地，他们定会抗议这个病态的社会，要求那种能克服在社会意义上的健康和在人的意义上的健康之间的两歧的社会经济变革。"③

"只有当他发展了理性和爱的能力，只有当他能按照人道的方式来体验自然界和社会之时，他才会感到自在、安全，才能成为自己生命的主人。"④ 弗罗姆的这种批判维度，与法兰克福学派是一致的。当批判理论致力于人的解放事业，恢复人作为人的价值，争取人的自我实现的时候，他们认为，所遇到的巨大屏障就是社会：社会为了维护自己的稳固性，可以采取各种各样的手段与形式，强行压抑或迂回消解人性的反冲力量。弗罗姆对当代工业社会的非人道本质的揭露和抨击，是尖锐无情的，而且具有深度。它的深刻之处表现在他不仅停留在表面来批判抨击资本主义制度的不合理性，而是在资本主义体制与人性的发展存在着根本的冲突这一较深的层次上，揭示资本主义对人的本性、对人的精神的摧残，因而这种批判也具有浓厚的时代感、现实感。

国内对弗罗姆人性理论的批判主要的观点是认为他是抽象的人

---

① 【美】弗罗姆：《病人是最健康的人》，《弗罗姆文集》，改革出版社1997年版，第567、568页。

② 【美】弗罗姆：《精神分析的危机》，国际文化出版公司1988年版，第29页。

③ 【美】弗罗姆：《精神分析的危机》，国际文化出版公司1988年版，第30页。

④ 【美】弗罗姆著，孙恺祥译：《健全的社会》，贵州人民出版社1994年版，第54页。

性论,① 多数学者甚至一说起人本主义,就认为他们是抽象人性论,如一本介绍当代西方马克思主义的论著这样写道:"人本主义以人为中心,着重研究人的自然属性而不是人的社会属性,脱离阶级关系和社会条件去研究抽象的人性、即人的本质,研究人的异化与复归问题。"② 有的论者甚至将他与费尔巴哈的抽象人本主义划等号。③ 本人不同意这种观点。

马克思批判地指出了费尔巴哈人本主义人的理论的缺陷,认为费尔巴哈"把人只看作是'感性对象',而不是'感性活动'……没有从人们现有的社会联系,从那些使人们成为现在这种样子的周围生活条件来观察人们——这一点且不说,他还从来没有看到现实存在着的、活动的人,而是停留于抽象的'人',并且仅仅限于在感情范围内承认'现实的、单个的、肉体的人',也就是说,除了爱与友情,而且是观念化了的爱与友情以外,他不知道'人与人之间'还有什么其他的'人的关系'。"④ 在马克思看来,费尔巴哈的"人"之所以是抽象的,是因为他遗漏了"感性活动"和"其他的人的关系",没有从人的现实的实践活动和社会关系方面考察人,所以他的理论视野中的人只能是孤立、静止、抽象的人。

在本人看来,费尔巴哈人本主义的这些缺陷,在弗罗姆这里却不存在,弗罗姆对人的观察、研究恰恰是从"人们现有的社会联系"、从活动着的人出发的,他没有停留于抽象的"人",在对人性

---

① 如张伟:《弗洛姆思想研究》,重庆出版社 1996 年版,第 55 页;王元:《弗罗姆"人性异化论"探析》,《马克思主义研究》1996 年第 4 期,第 86 页;姜琴:《青年马克思与人本学的马克思主义》,《南京社会科学》2001 年第 4 期,第 23 页。

② 李青宜:《"西方马克思主义"的当代资本主义理论》,重庆出版社 1990 年版,第 20 页。

③ 陈贻新:《法兰克福学派"社会批判理论"的探析》,《现代哲学》2000 年第 1 期,第 83 页。

④ 【德】马克思、恩格斯:《德意志意识形态》,《马克思恩格斯选集》第 1 卷,人民出版社 1995 年版,第 77—78 页。

的需要解释方面，他坚持人类的动机大部分是由生产过程决定的，是根源于一定的社会结构和一定的生产和交往条件的，人性是随着社会结构和生产与交往条件的变化而变化的，没有固定不变的人性；从对人的性格形成的动力基础考察方面，他坚持的是社会经济结构对人的性格所起的决定和制约的作用，他在不同时代提出并剖析了具有典型意义的社会性格类型，都与当时西方的社会状态相关联，如20世纪40年代提出的权威性格、50年代提出的市场性格、六七十年代提出的注重占有的性格和破坏性的性格类型，他对当代资本主义人的"逃避自由"的心理、对非生产性的性格倾向：接纳、剥削、囤积性格类型的阐述等等，都是从资本主义社会的从事实际活动的具体的人出发、从在这种社会中人与社会的联系出发来说明的。所以，弗罗姆的"人"就是现实存在的、从事实践活动的、处于一定社会关系中的人，而不是费尔巴哈的"抽象的人"。

从人本主义心理学的理论取向来说，它"既反对行为主义的机械决定论，又反对精神分析的生物还原论，强调'以人为本'和'以整体人为对象'，关注人的价值和尊严，研究健康人格和自我实现"。[1] 只有以社会维度分析人，"人"才可能获得价值、尊严的属性，才有可能论及健康人格和自我实现，脱离了社会结构和社会关系，将人看成生物的存在，人的价值、尊严、自我实现就无从谈起。人本主义心理学代表人物马斯洛就批评弗洛伊德只研究人和动物的基本需要或低级动机，却忽视人类特有的"更高级的人性"[2]。在这方面，弗罗姆和马斯洛是一致的。

心理学家对这两种人本主义也做了区分，从另一个角度证明了本书的观点。在解释 Humanistic psychology 时，特别将它与费尔巴哈人本主义区别开来，认为"其含义需要同哲学上的'人本主义'区别开。哲学人本主义的代表人物是费尔巴哈，它反对把人分割为两

---

① 车文博：《人本主义心理学》，浙江教育出版社2003年版，第49页。
② 车文博：《人本主义心理学》，浙江教育出版社2003年版，第35页。

种独立的实质，坚持哲学上的唯物主义路线，但离开具体的历史的社会关系而把人看作是生物学上的生物……现代人本心理学则强调人的整体性，反对以还原论的分析来理解人，它以'存在主义'作为哲学思想基础，着重人的本性和动机的研究，强调心理学的社会意义。"① 所以，国内的学者以哲学费尔巴哈人本主义涵盖心理学的人本主义，对弗罗姆的这种指责是不公正的。

第三节　从个体无意识到社会无意识

弗罗姆从不厌倦地强调心理分析应当继承弗洛伊德的激进思想，那么，什么使得心理分析变得激进呢？对弗洛伊德和弗罗姆来说，激进意味着进入无意识的"根源"——个体和社会行为无意识的根基。②

弗罗姆的社会无意识来源于弗洛伊德的个体无意识。他对弗洛伊德的无意识概念给予很高的评价，认为它是精神分析学的基础，是弗洛伊德的主要成就："弗洛伊德理论的最富创造性的和最激进的成就是'非理性的科学'，即无意识理论的创立。"③ "在弗洛伊德的发现中，确实没有比无意识这个发现更为重要的了。精神分析学是建立在这样一种设想的基础上的：即我们压抑了最有意义的经验意识；我们内心的无意识的实在与我们意识中对这种实在的否定之间的冲突往往会导致神经病，因此只有将无意识变为意识，这种神经

---

① 【美】加德纳·墨·菲、约瑟夫·柯瓦奇：《近代心理学历史导引》，商务印书馆1982年版，第416页注。

② Rainer Funk：Erich Fromm's role in the Foundation of the IFPS. Int Forum Psychoanal, 2000, 9：196.

③ 【美】弗罗姆：《精神分析的危机》，国际文化出版公司1988年版，第7页。

病的症状或特征才能得以消除"。①

　　我们先认识个体无意识。弗洛伊德将人的精神结构划分为意识、前意识和无意识，认为，意识居于一个巨大的、不为人所知的、看起来很晦暗的王国的表层，这个不为人所知的王国即无意识。无意识指的是由个人生活状况所特有的处境而造成的被压抑的内容。这一思想的核心是：人的主体性是受客观因素所决定的。就人自己的意识而言，这些客观因素是活跃在人背后的。人一直以为自己的思考和选择是理性认识的结果，而事实上，人却是一个被绳子操纵的活动木偶，这些绳子位于人的背后或凌驾于人之上，它们又是受那些人所没有意识到的力量支配的，这种没有意识到的力量就是无意识。

　　无意识是无法知觉的，我们感觉不到它的存在，正如弗洛伊德所称："无论何种心理历程，我们若由其所产生的影响而不得不假定其存在，但同时又无从直接觉知，我们即称此种心理历程为'无意识的'。"② 人的精神活动只有很小一部分浮现于意识领域，而具有决定意义的大部分，即无意识，都淹没在意识之下，在弗洛伊德关于心理的描述中，所有的心理事件均始于无意识。无意识的想法只有通过审查才能变为意识，如果它通不过，就不会被允许进入意识。这种被压抑的无意识的主要是和性有关的内容，弗罗姆对无意识的改造就从这里开始，他认为，从压抑的内容看，这些被压抑的领域是不存在于社会大多数成员意识中的经验内容，即全社会的普遍精神；而无意识的主体也由个人扩大到全社会。

　　精神分析学界则将弗罗姆的社会无意识理论看成是无意识理论

　　① 【美】弗罗姆：《在幻想锁链的彼岸》，湖南人民出版社 1986 年版，第94 页。
　　② 【奥地利】弗洛伊德：《精神分析引论新编》，商务印书馆 1987 年版，第55 页。

发展的第三大里程碑。① 弗洛伊德把揭示这种无意识看作是治疗神经病的最重要的工具，而弗罗姆则把揭示社会无意识看成是揭露社会病症、批判资本主义社会的重要工具。

他认为："我所说的'社会无意识'是指那些被压抑的领域，这些领域对于一个社会的最大多数成员来说都是相同的。当一个具有特殊矛盾的社会有效地发挥作用的时候，这些共同的被压抑的因素正是该社会所不允许他的成员们意识到的内容。"②

和弗洛伊德无意识理论的深层次区别还包括压抑产生的原因。

在分析产生"压抑"的原因的时候，弗罗姆认为，弗洛伊德所说的"阉割恐惧"缺乏证据。但实际上，他也把压抑的原因归结为人性中的一种驱动力，当然这种驱动力不是人的生物本能，而是和人的社会性有关的驱动力，即"压抑的最强大的动力是对孤立与排斥的恐惧。"③ 弗罗姆的理据是这样的："为了成为一个健全的人，人必须与别人发生关系，同别人联系起来。这种与别人保持一致的需求乃是人的最强烈的欲望，这一欲望甚至较性欲以及人的生存欲望更加强烈。正是对孤立与排斥的这种恐惧，而不是'对阉割的恐惧'，使人们压抑了对那些被禁忌的事情的认识"④ 因为与众不同的认识、独立的思想意味着差异，意味着被孤立、被排斥。正是由于这个原因，个人对自己集团的人所宣布的不存在的事物熟视无睹，或者把大多数人所说的真实的事当做真理来接受。他认为这里也有他的心理学的临床经验依据："正如在精神分裂的催眠状态中，催眠

---

① 前两大里程碑指的是弗洛伊德的个体无意识和荣格的集体无意识。见车文博主编：《弗洛伊德主义原著选辑》，辽宁人民出版社 1989 年版，序言第 7 页。

② 【美】弗罗姆：《在幻想锁链的彼岸》，湖南人民出版社 1986 年版，第 93 页。

③ 【美】弗罗姆：《在幻想锁链的彼岸》，湖南人民出版社 1986 年版，第 132 页。

④ 【美】弗罗姆：《在幻想锁链的彼岸》，湖南人民出版社 1986 年版，第 132 页。

者的声音和言语代替了现实一样，社会的模式也构成了许多人的现实。人们把社会所承认的那些陈腐的思想视为真实的、现实的健全的思想，那些不符合这种陈词滥调的思想却被当做是无意识被拒斥在意识之外。"①

此外，弗罗姆还认为，弗洛伊德的分析只涉及了个人无意识，而不是社会压抑，正是这些社会压抑才真正关系到对社会矛盾、社会所产生的痛苦、以及对权威失败的压抑，不良的和不满意的感觉之认识的压抑等，"只有超越了个人的领域、以及这种超越的过程包括了对社会无意识的分析，对一切被压抑的事实的全面认识才是可能的。"② 也就是说，"除非一个人能够超越他的社会，认识到这个社会是如何促使或阻碍人的潜力的发展，否则的话，他就不可能全面地论及自己的人性。只要他不承认自己生活于其中的那个社会对人的本质的歪曲，那么对于他来说，社会规定的禁忌和约束当然就是'自然的'，而人的本质就一定会以一种歪曲的形式出现。"③

弗罗姆在《被遗忘的语言》中拓展了弗洛伊德无意识思想，无意识不仅仅是非理性冲动的场所，也是对现实的深层认识。从最容易发现无意识的梦境来说，弗罗姆认为，梦的内容不仅是欲望的表达，而且是洞察力的表现，梦包含了一种远比在清醒生活中所能知道的更真实、更清楚的顿悟。④ 在这个基础上，弗罗姆强调无意识的社会意义，并坚决主张，正因为它对社会现实具有否定的影响，我们所具有敏锐的洞察就被压抑了。所以，将无意识拓展到社会领域，弗罗姆所强调的就是它所蕴涵的对现实否定意义。

---

① 【美】弗罗姆：《在幻想锁链的彼岸》，湖南人民出版社 1986 年版，第133 页。

② 【美】弗罗姆：《在幻想锁链的彼岸》，湖南人民出版社 1986 年版，第138 页。

③ 【美】弗罗姆：《在幻想锁链的彼岸》，湖南人民出版社 1986 年版，第138 页。

④ 【美】弗罗姆：《被遗忘的语言》，国际文化出版公司 2001 年版，第122—123 页。

　　弗罗姆注重弗洛伊德无意识理论同样是因为这个理论蕴涵着批判性。认为："无论是在我们对人的认识方面，还是在我们对来自现实的人类行为中的现象的区别能力方面，无意识理论都是最有决定性的一步。其结果是揭示了新的诚实的一面，因而为批判的思维奠定了新的基础。"① 这是因为，在弗洛伊德之前，判断一个人的行为，只需考察他的意识用意就足够了，而无意识理论却向我们表明，以一个人的善良意图来证明其行为的正当性是不够的，即使是主观上完全诚实的意图，也要深究细察，因为，弗洛伊德认为，在人的心理结构中，意识所占的比重极小，"在意识背后潜伏着隐蔽的无意识的现实，无意识才是人的意图的关键。通过分析一个人，或用分析的观点审查其行为，资产阶级或其他人的'尊严'连同其虚伪和欺诈的传统观念，原则上就从根基上被动摇了。"② 所以，弗洛伊德是一个激进的思想家，"他开辟了通向理解'虚假意识'和人的自我欺骗的道路，并在一定程度上超越了他的社会的局限。他在某种程度上是个社会批评家"。③

　　我们发现，弗罗姆对弗洛伊德的肯定是因为他的激进的思想，对弗洛伊德的否定也是因为他的思想激进但还不够革命，原因仍然在于他的理论基础。"弗罗姆认为，弗洛伊德的'机械唯物主义'哲学前提，使得他的无意识理论被歪曲并变得狭隘"。④

　　在对弗洛伊德学说进行全面评价的《弗洛伊德思想的贡献与局限》中，弗罗姆探讨了弗洛伊德无意识理论的哲学基础："唯物主义哲学和对性意识的广泛压抑，是弗洛伊德建构潜意识理论的基础。"

---

　　① 【美】弗罗姆：《精神分析的危机》，国际文化出版公司1988年版，第7—8页。

　　② 【美】弗罗姆：《精神分析的危机》，国际文化出版公司1988年版，第8页。

　　③ 【美】弗罗姆：《精神分析的危机》，国际文化出版公司1988年版，第8、9页。

　　④ McLaughlin, Neil：Revision from the margins：Fromm's contributions to psychoanalysis. Int Forum Psychoanal，2000，9：243.

当然这里的"唯物主义"指的是机械唯物主义,他说:"在他所处时代的唯物主义影响下,弗洛伊德竭力寻找那些被压抑在种种冲动中的内容,这些冲动不仅仅是心理的和生理的,很显然,他还寻找那些被压抑在社会中的内容……他曾证实病理现象——如歇斯底里——常常是被压抑了的性冲动的表现。但他所做的却是将其阶级的社会结构和社会问题与整个人类存在中固有的问题混为一谈。这实在是弗洛伊德的一个缺陷。"① 可见,弗罗姆不满意弗洛伊德理论的不仅有他的无意识理论的基础,也包括他将某一社会的特殊问题与人性固有的问题混为一谈,弗罗姆认为,这是因为他对自己身处的资本主义社会缺乏批判性,对他来说,资产阶级社会与文明社会是同义语,一旦他发现存在某些与资产阶级社会有差异的特殊文化时,他便断言这些文化是原始的,尚未开化的。所以,弗洛伊德也深深地植根于他的历史时代、阶级的偏见和哲学,他对社会的批判局限于社会的性压抑。"弗洛伊德在作出他的伟大发现时是个勇敢而激进的思想家,但他在应用这些伟大发现方面却受到了妨碍,他无条件地相信,他生活的社会尽管并非尽如人意,但却是人类进步的最终形式,这个社会的任何本质特征都无须予以改善。""弗洛伊德从来就不是一个资本主义社会的激进的批判者。除了性的问题之外,弗洛伊德从来也没有怀疑资本主义的社会经济基础,也没有批判资本主义的意识形态。"②

一方面说无意识理论是"最富创造性、最激进"的成就,一方面又说他"从来就不是一个资本主义社会的激进的批判者",所以,弗罗姆认为,弗洛伊德无意识理论先天存在着矛盾的两个方面,这个理论一方面是哥白尼、达尔文、马克思工作的延续,另一方面它满足于将思想和感情禁锢在资产阶级意识形态和经验范畴内,他认

---

① 【美】弗罗姆:《弗洛伊德思想的贡献与局限》,湖南人民出版社 1986年版,第30页。

② 【美】弗罗姆:《精神分析的危机》,国际文化出版公司1988年版,第9、34页。

为，正统的弗洛伊德的追随者是改革者而不是激进者，① 相反，他本人则将弗洛伊德的成果从其时代的局限性中解放出来，使之进入广阔、更激进的结构中，从而发展弗洛伊德的理论，这就是他自己的社会无意识理论。

所以，马尔库塞指责弗罗姆，认为他不重视无意识理论，他把"精神分析重新定向于具有前弗洛伊德特征的传统的意识心理学"②，这种指责与事实不符。综上所述，他不仅重视而且发展了无意识理论。Rickert 认为，尽管马尔库塞使这种指责得到了广泛的接受，但他的根据并不能得到证实，"事实上，对弗罗姆来说，无意识这个概念是理解他的心理学和心理分析学的中心概念，没有它这些工作是不可想象的。"③

对于对社会无意识的认识，他认为，对社会无意识的认识深度，首先取决于某些人的个人经历，以及那些遭受大多数人的歧视的种族、宗教或社会少数民族集团的成员，除此之外，就是一些纯社会因素，这些因素决定了反对认识社会现实的程度："如果一个社会或一个社会阶级，由于客观上不存在任何向更好方面变革的希望，而没有机会运用自己的认识的话，那么，坚持幻想乃是这一社会中每一个人的机会，因为对真理的认识只能使他们感到更痛苦。……相反，那些准备向一个更美好的未来前进的社会或社会阶级却为人们更容易地认识现实提供了条件，特别是当这一认识有助于人们利用这些必要的机会的时候。"④ 弗罗姆举了 18 世纪资产阶级的例子，作为一个上升的阶级，他们抛弃了许多幻想，因为真理帮助了他们；

---

① 【美】弗罗姆：《精神分析的危机》，国际文化出版公司 1988 年版，第 9 页。

② 【美】马尔库塞：《爱欲与文明》，译文出版社 1987 年版，第 184 页。

③ John Rickert: The Fromm – Marcus debate revisited. Theory and Society, 1986, P. 370.

④ 【美】弗罗姆：《在幻想锁链的彼岸》，湖南人民出版社 1986 年版，第 136 页。

而当他们牢固地确立了自己的地位之后，他们又拒绝认识社会现实。

第四节　弗罗姆对弗洛伊德的 修正所导致的争论

弗罗姆对弗洛伊德力比多理论的放弃，在当时的法兰克福学派当中，引起了很大的争议，如阿多诺认为弗罗姆与弗洛伊德的决裂对法兰克福学派的政治和知识分子方针路线是一个很重要的威胁，[①]马尔库塞则认为，放弃力比多理论，使弗罗姆变成了一个墨守成规的非批判者。

30年代弗罗姆的文章《心理分析治疗的社会决定论》发表，弗罗姆和阿多诺的冲突公开化了。对阿多诺来说，弗罗姆对弗洛伊德理论的修正必然会导致真正的对现代社会激进批判的转向——以仁慈的治疗代替严峻的分析。他的一篇文章《心理分析中的社会科学或社会学倾向》认为，新弗洛伊德主义企图将心理分析和社会学层次的分析结合起来是一个错误的方向，对本我和自我相互异化相互作用的基本原理做了过分简单化的解释……在基本原理和社会经验之间设定了一个直接的联系，犯了"肤浅的历史主义"的错误。30年代后期，霍克海默接受了阿多诺对弗罗姆心理分析理论的批评，他们坚持认为"生物学上的唯物主义"是用来反对修正主义的心理分析理论的核心。[②]"没有力比多的心理学，在一定意义上就不成其

[①] Neil Mclaughlin: Origin myths in the social sciences: Fromm, the Frankfurt School and the emergence of critical theory. Canadian Journal of Sociology, 1999, 24 (1): 118.

[②] Neil Mclaughlin: Origin myths in the social sciences: Fromm, the Frankfurt School and the emergence of critical theory. Canadian Journal of Sociology, 1999, 24 (1): 118—120.

为心理学……心理学的恰当意义总是个体心理学，如果有必要的话，那我们得说我们通常指的是弗洛伊德的早期著作。"①

50年代马尔库塞继续阿多诺的线索，也开始了对包括弗罗姆在内的修正主义的批判，认为他们放弃了弗洛伊德最勇敢、最有启发的假设：死亡本能、原始部落、弑父娶母，因为这些假设是"不能得到临床证实的最思辨、最'形而上学'的概念"；修正主义抹平了个人与社会、本能欲望与意识之间的冲突，这就回到了前弗洛伊德的意识心理学，无论他们的主观意图如何都成为顺从主义者。②

马尔库塞批判了他认为的弗罗姆思想的软弱的一面："（新弗洛伊德主义——本书作者注）他们在把重心从无意识向意识，从生物学因素向文化因素转变时，抛弃了种种本能的社会基础，把社会看成个体面临的现成'环境'，不追究社会的起源与合法性。因而新弗洛伊德主义对这种'环境'的分析也只是对社会关系的故弄玄虚，他们的批评不过是在得到坚定认可和良好保护的现存制度内部兜圈子。结果，从严格的意义上说，这种批判依然停留在观念上，因为在现存制度以外，它毫无思想基础，它的大多数批判性思想和价值观念都是由现存制度提供的。"③ 他特别强调："弗罗姆的很多著作都是为了批判严重阻碍着生产性发展的'市场经济'及其意识形态而写作的。但关键就在这里：这些批判性的见解并没有导致对生产性价值标准（这正是被批判文化的价值标准）和更高的自我作重新评价。"④ 马尔库塞对弗罗姆的指责在50年代左派知识分子中产生了很大影响，也引起了很大的争议。

首先，我们看弗罗姆自己怎样对这些批评进行反驳。弗罗姆认

---

① 【美】马丁·杰伊：《法兰克福学派史》，广东人民出版社1996年版，第121页。

② 【美】马尔库塞：《爱欲与文明》，译文出版社1987年版，第184页。

③ 【美】马尔库塞：《爱欲与文明》，译文出版社1987年版，第20页。

④ 【美】马尔库塞：《爱欲与文明》，译文出版社1987年版，第195页。

为马尔库塞心理分析的临床经验不足，① 这导致了对弗洛伊德概念的严重曲解，对弗洛伊德的完整体系缺乏充分的认识，因而造成了对该理论的歪曲，如对心理学的概念的运用仅停留纯粹抽象思辨的世界之中，由幻想来构造其理论体系，就是因为他缺乏检验他的思辨理论的经验知识。② 认为"马尔库塞的革命的华丽词藻隐藏了其态度上非理性的、反革命的性格。……他被倒退到童稚、性反常行为以及在我看来是以一种更隐蔽方式的破坏和憎恶所诱惑。"马尔库塞"不仅错误地使用弗洛伊德的概念，而且还造成了这样一种印象：他是在重新表述弗洛伊德的立场，仅有微不足道的修正。实际上，他是在创建一种与弗洛伊德思想中的一切精华都相反的理论；这个理论是通过断章取义地引用脱离了上下文的词句堆砌而成了，或者是以弗洛伊德后来放弃了的论断完成的，或者是通过对弗洛伊德的立场及（或）对其意义的十足的无知来成就的。"③

　　然而，马尔库塞对弗罗姆的论断却得到了左派知识分子的广泛接受，这使得弗罗姆的很多贡献都被人遗忘了。80 年代后，当弗罗姆对正统弗洛伊德的修正得到了主流精神分析学的认可之后，有很多学者站在弗罗姆的立场为他辩护，也有学者专门就他们的争论进行重新考察，如 John Rickert 在《弗罗姆和马尔库塞论战的回顾和反思》一文中，完全赞同弗罗姆的立场。他认为，这里问题的关键是：弗罗姆对弗洛伊德本能理论的修正是否使他的理论保持了批判的功

---

　　① 法兰克福学派的其他成员也有这样的观点，认为"与其他核心成员不同，马尔库塞在去美国之前从未对心理分析有过认真的兴趣，早期的马尔库塞可能更多的是一个理性主义者，以至于不能在无意识的晦暗世界中发现有趣的东西。""他非但无意于心理学，而且也从未卷入以心理分析学范畴为基础的研究所的经验研究。"见【美】马丁·杰伊：《法兰克福学派史》，广东人民出版社 1996 年版，第 125、151 页。

　　② 【美】弗罗姆：《精神分析的危机》，国际文化出版公司 1988 年版，第17—18 页。

　　③ 【美】弗罗姆：《精神分析的危机》，国际文化出版公司 1988 年版，第21、23 页。

能？他认为马尔库塞既歪曲了弗罗姆的整体思路，也歪曲了他的具体内容："与马尔库塞相反，我认为，尽管对力比多理论的拒绝标志着弗罗姆思想的一个重要的转折点，但这并不标志着他从激进转向墨守成规。相反，从早期的 30 年代一直到他去世，弗罗姆不断地发展了他的批判的社会心理学，即使他放弃了力比多理论，他的中心目标仍然保持不变。"①

John Rickert 的一个结论贯穿他的文章的始终，他主张，尽管弗罗姆放弃了弗洛伊德的本能理论，弗罗姆从头到尾都是一个社会批判的思想家。因为马尔库塞没有证明对他的指责，而且他忽略了弗罗姆和其他新弗洛伊德主义者之间的区别，并且忽略了他的作品的杰出的部分，才使得马尔库塞将弗罗姆描写成一个折衷主义的人物。②

麦克劳林也对马尔库塞的立场提出了异议，认为，"马尔库塞是一个左派哲学家而不是一个心理学家。今天的人们已经很难找到对死亡本能、原始部落或本能力比多理论坚定的捍卫者了。多数的精神分析方面的工作都拒绝本能理论而涉及到，正如弗罗姆所指出的，相关性和自我认同的理论。"③

他认为，"心理分析学家大都不去理会阿多诺和马尔库塞，当代弗洛伊德主义者也很少有人像他们那样坚定地捍卫本能理论。在 40、50、60 年代正统弗洛伊德主义者欣赏马尔库塞对弗罗姆的批判是因为它强化了一个观点，即新弗洛伊德主义不是真正的心理分析……在 30、40 年代，心理分析主义者还没有为弗罗姆的出现作好准

---

① John Rickert：The Fromm – Marcus debate revisited. Theory and Society，1986，15：351.

② John Rickert：The Fromm – Marcus debate revisited，Theory and Society，1986，15：385.

③ Neil Mclaughlin：Origin myths in the social sciences：Fromm，the Frankfurt School and the emergence of critical theory. Canadian Journal of Sociology，1999，24（1）：123.

备……"所以，他认为"弗罗姆的工作很重要，因为他努力将激进
的社会学和深奥的心理学理论结合起来，而这种心理学是建立在对
心理分析理论的牢固理解的基础上的，而阿多诺和马尔库塞则用一
种高度抽象和思辨的方式来涉猎弗洛伊德的传统。"① 因而，在过去
的 50 年的时间里，弗罗姆对精神分析理论的大量的批评和修正已经
融合进了主流的精神分析理论中去了，他比其他理论家早了 10 年时
间提出了现在普遍被人接受的观点。②

哈贝马斯是公正评价弗罗姆的人物之一，在一次和马尔库塞的
谈话中，他说道："回顾历史，我想知道，当批判理论在纽约发展
时，你是否抹杀了弗罗姆所作的贡献……难道不是弗罗姆，在 20 年
代末首先将马克思主义的社会心理学介绍给法兰克福学派？……难
道不是弗罗姆，当然是在霍克海默的推动下，试图以他自己的方式，
把马克思和弗洛伊德结合起来，为批判理论提供一个确定的方式？
难道不是弗罗姆，清楚地表明一些细微的心理学假定不能决定主体
因素，但是后者……一定能将基本的心理分析概念和马克思主义整
合起来？……难道弗罗姆对批判理论形成时期的贡献没有被低
估吗？③

事实上，马尔库塞和弗罗姆之间的相同点远远多于他们之间的
差异。正如 John Rickert 所指出的："两人都诉诸于人的本性和人的
真正需要的理论，并把它们作为对发达工业社会进行批判的基础。
两人都揭露了隐藏在现代消费社会表面'幸福'下的深层异化，考
察了文化工业操纵和控制公共意识的方式。两人都抨击了社会科学

---

① Neil Mclaughlin: Origin myths in the social sciences: Fromm, the Frankfurt School and the emergence of critical theory. Canadian Journal of Sociology, 1999, 24 (1): 127.

② McLaughlin, Neil: Revision from the margins: Fromm's contributions to psychoanalysis. Int Forum Psychoanal, 2000, 9, P. 243.

③ John Rickert: The Fromm – Marcus debate revisited. Theory and Society, 1986, 15: 385.

中的折中主义……不象法兰克福学派的其他成员，他们都提供了真正的人类生活将会是什么的积极前景。"①

的确，我们可以看到，马尔库塞虽然批判"新弗洛伊德主义"缺乏批判的思想基础，其实，他本人也是以人性理论为基础对资本主义进行批判的，也始终是围绕着社会与人性的对立与冲突展开的，认为当代资本主义社会是与人性不相容的对立物。他提出了"总体异化"的观点，对"单相度"的社会和人的揭示和剖析，与弗罗姆对资本主义异化的批判是一致的。他对自己提出的概念，如"单相度"，也没有准确的解释，这些特点都与弗罗姆相像。因此，他也被认为是人本主义哲学家，国内学者对他的评价与弗罗姆相似，认为他对资本主义的批判是立足于人本主义的抽象人性论立场，比弗罗姆更甚的是，他是用弗洛伊德的泛性论心理学观点来分析当代资本主义社会的。②

马丁·杰伊也认为，他们有很多的共同点，"像常常发生的那样，较小的差异被认为比更大的一致更重要"，而且认为马尔库塞和弗罗姆一样都是修正主义者，虽然是在不同的方向上。③

John Rickert 认为，弗罗姆努力探索性格形成中的社会因素的影响为他打开了另一扇批判之门。④ 因为，这大大拓宽了他对人研究的视野，他从社会的经济、政治、文化、意识形态等多侧面、多角度去研究、解读人，而不像弗洛伊德那样，仅仅从人的本能力量去研究人，这种研究视野加深了他对资本主义批判的深度和广度。

作为心理学家，弗罗姆主要的研究对象是人，在对人的性格、

① John Rickert：The Fromm – Marcus debate revisited. Theory and Society，1986，15：387.

② 欧力同、张伟：《法兰克福学派研究》，重庆出版社 1990 年版，第315 页。

③ 【美】马丁·杰伊：《法兰克福学派史》，广东人民出版社 1996 年版，第 131、130 页。

④ John Rickert：The Fromm – Marcus debate revisited. Theory and Society，1986，15：354.

人性和潜意识理论的研究中，他不仅创造性地提出了自己的新理论，而且深入探究了形成人的性格、人性和潜意识的深层原因，弗罗姆一改弗洛伊德从个体生物本能探寻深层原因的路径，而依照马克思的历史唯物主义的方法论，从更广阔的视域——人生活于其中的社会来探寻这些心理因素的深层原因，这使他研究的人就不是弗洛伊德视域中孤立的、抽象的人，而是马克思视域中历史的、具体的、处于变化中的人，这就为他的批判理论提供了新的维度。

　　同时，我们不应当忘记，弗罗姆所提出的新的概念和范畴都是源于弗洛伊德，是在弗洛伊德理论的基础上对其发展而来的。而弗罗姆看重弗洛伊德同样是他的批判精神，他认为这种精神是他和马克思的共同基础，"弗洛伊德以同样的'批判精神'进行思考。他的整个精神分析的方法可以说就是'怀疑的艺术'。"[①] 正因为弗罗姆注重理论家们的批判精神，他就能够汲取他们的理论精华使其糅合进自己理论当中成为自己理论的有机组成部分，也使他自己的理论成为批判理论。

---

　　① 【美】弗罗姆：《在幻想锁链的彼岸》，湖南人民出版社 1986 年版，第 13 页。

第五章

社会心理学批判

在国外学者看来，对当代资本主义的批判是弗罗姆理论的一个重要构成部分，如麦克尔·麦科比认为，弗罗姆的著作包括四方面的内容：精神分析的社会性格论；对弗洛伊德学说的修正；对工业社会的批判；关于宗教及其对人的发展的分析。① 从批判理论的视角来看，前两个方面的内容都是在为他的批判理论提供理论基础的，对人的发展的分析也与他的社会批判密切相关。而弗罗姆对资本主义的批判利用的就是这些武器：社会性格、人性和社会无意识理论。

第一节　社会性格学说及其
对资本主义的批判

弗罗姆的性格学是他的心理学的最为丰富的部分。它既有理论建构，又有经验剖析，二者是不可分割的统一体，理论以经验为基础，经验剖析又以理论为指导。

一、社会经济条件与社会性格：作用力与反作用力

弗罗姆注重从功能方面来考察人的性格，认为："性格是一种特殊的结构，人的力量都在这个结构里组织起来，以追求人的目标；它依人的主要目标为准，来推动人的行为。"② 性格对于人来说，它的功能表现在它能使人们在必须立即去做的时候采取有效的行为，不会因为过多的疑虑而拖延。动物是在本能的驱动下发展起来对外界环境的应对机制的，而人类越是发展，得自遗传的适应性就越少，

---

① 【美】弗罗姆：《精神分析的危机——译序》，国际文化出版公司1988年版，第3页。

② 【美】弗罗姆：《人类的破坏性剖析》，中央民族大学出版社2000年版，第312页。

"人比黑猩猩的本能决定性更小，因此，如果不能发展出一种东西来代替他所缺乏的本能，在生物学上就是一个败笔，这个替代物必须具有本能的功能，让他能够像被本能所推动一样去行动。这个替代物就是性格。"①　所以说，一个人依据他自己的性格"本能"地而不必诉诸理性就去行动。性格的形成，取决于遗传、家庭、社会环境等各种因素的综合作用，而弗罗姆注重的是对社会性格形成的社会环境研究。

对社会性格形成的分析，最能体现弗罗姆对马克思和弗洛伊德思想的综合。正如前文所述，弗罗姆认为对形成社会性格最有影响力的因素是社会群体所处的社会和经济条件，这就是历史唯物主义方法论的体现。社会经济结构和生活实践的结果是构成个人经验的整个社会关系的性质和品质的重要因素。30 年代弗罗姆已经达到了这样的见解："在把精神分析的个体心理学方法应用于社会现象时，社会心理学的现象应该被理解为本能器官积极和消极地适应社会经济状况的过程。本能器官本身在一定方面是生物学上已知事物；但它具有较高的调节性。最初形成的原动力的作用归之于经济条件。家庭是基本的媒介，经济状况通过家庭对个人心理的形成施加影响。社会心理学的任务就是解释人所共有的、与社会相关的心理态度和意识形态及其无意识的根源，尤其是要解释经济条件对里比多冲动力的影响。"②

如果说，20 世纪 30 年代弗罗姆多少还带有弗洛伊德强调家庭、强调力比多在性格方面的作用的话，那么 40 年代，弗罗姆对性格形成的表述就已经很成熟了，他认为"社会性格的形成不能归结为一种单一的原因，因为它起源于社会和意识形态诸因素的相互作用。由于经济因素是不太容易变化的，所以它在这种相互作用的过程中

---

①　【美】弗罗姆：《人类的破坏性剖析》，中央民族大学出版社 2000 年版，第 312 页。

②　【美】弗罗姆：《精神分析的危机》，国际文化出版公司 1988 年版，第 131 页。

具有一定的优势。当然，这并不是说，获取物质财富的冲动是人身上的惟一和最强大的推动力。经济因素的重要性是指，个人和社会主要关心的是生存问题，只有生存问题得到解决，个人和社会才可能满足其他迫切的人性需要。生存的任务就意味着，人必须进行生产，即他必须保证最低限度的食物和居住条件以求生存，必须拥有生产最初阶段所需的工具。生产方式反过来决定了一定社会中的现存社会关系。它还决定了人的生活方式及其实践。"① 对经济因素决定作用的强调，对生产方式与社会关系相互作用的阐述，表明弗罗姆对马克思历史唯物主义的运用恰如其分。

弗罗姆解释了为什么经济条件的具有决定性的作用："在相互作用的心理驱动力和经济条件之间的相互影响中，后者是首要的。……自我保存需要的满足与物质生产密切相连；经济现实的可缓和性比人的本能器官（特别是性本能）的可缓和性要更受限制，正是在这个意义上，经济现实具有首要性。"② 这里弗罗姆对经济条件的首要作用的强调与马克思的历史唯物主义所揭示的经济基础和上层建筑的关系中，经济基础的决定作用有异曲同工之处，因此，弗罗姆思想中的历史唯物主义因素是不言而喻的。

和经济基础与上层建筑的关系一致，上层建筑虽然被经济基础所决定，但对经济基础具有能动的反作用，心理因素对社会经济的作用也是如此："经济、心理和意识形态力量在社会进程中如此发挥作用：人对变化的外在环境做出反应，改变自己，这些心理因素又反过来有助于塑造经济及社会进程。"③ 弗罗姆对心理因素塑造社会进程的强调是有一定的合理性的，我们应当看到，社会发展虽然在根本上是由社会的物质生产过程决定的，但引起社会发展变革决非

① 【美】弗罗姆著，欧阳谦译：《健全的社会》，中国文联出版公司 1988 年版，第 78 页。

② 【美】弗罗姆：《精神分析的危机》，国际文化出版公司 1988 年版，第 131 页。

③ 【美】弗罗姆：《逃避自由》，国际文化出版公司 2002 年版，第 212 页。

仅仅是经济的原因，而是由多方面的因素构成的，人的心理因素是其中一个重要因素之一。社会性格使人"心甘情愿"地做他必须去做的事情，它把外在的必然性变为内在的必然性，变为每个人自己内心的追求，并从中获得心理满足。所以，我们对社会进程的研究，不能仅局限于考察经济基础、上层建筑的因素，而必须兼顾社会心理因素的考察。这是弗罗姆的社会性格学说给我们的启迪，承认了这一点，弗罗姆的以下观点就容易理解和接受了。

他认为，性格反过来又决定着个人的思想、感觉和行动。除思想过程的纯逻辑因素外，这类思想，如伦理、哲学、政治等，在很大程度上都决定于思想者的人格结构。不但成套的学说或理论体系如此，"就连像爱、正义、平等、牺牲之类的单个概念也是如此。每一个这样的概念和每个学说都有一个情感的源泉，这个源泉则植根于个人的性格结构中。"[1] 他举出单个的概念，如爱，由两个不同性格的人说出，根据他们不同的性格结构，这个词的含义却是完全不同的。[2] 弗罗姆的社会性格学说对法兰克福学派有着积极的影响，"事实上，弗罗姆在心理分析性格方面的成果对霍克海默和阿多诺在这个领域的思想产生了最重要的影响。"[3] 当然，社会性格学说对心理学和社会学的影响更是不言而喻。

二、关于社会对人的心理、性格影响的阐释

将社会性格置于经济基础和上层建筑的辩证关系中来考察其形成和发展，弗罗姆形成了自己特有的社会性格学说框架，用它来剖析资本主义经济制度下人的心理性格，并从性格中所释放的心理能量考察社会性格对社会进程的影响，从微观的角度来透视人和社会。这在他的著作中占有很大的比重。

---

① 【美】弗罗姆：《逃避自由》，国际文化出版公司2002年版，第199页。
② 【美】弗罗姆：《逃避自由》，国际文化出版公司2002年版，第199页。
③ Held, David: Introduction to Critical Theory: Horkheimer to Habermas. London: Hutchinson, 1980, P. 119.

现代资本主义的根基、其经济结构及其精神，在于中、西欧的社会经济形式当中。既然社会性格是由既定社会的经济条件决定的，那么，要解剖一个特定时代的人的心理特征，首先就要考察这一时代的经济状况。弗罗姆认为，现代资本主义社会的发展是一个漫长的过程，"我们的时代只是一个过渡的时代。中世纪并未在 15 世纪结束，现代也没有随即就开始，结束和开始包涵着延续了四百年的一个过程。"① 资本主义几百年的发展有着它共性，但不同发展阶段的社会经济文化又有着不同的特点，在对不同发展阶段社会性格的解剖方面，这些都是必须仔细考察的因素。

从共性来说，资本主义经济的发展的基本要素：资本、市场及个人竞争，对每一个人都造成了心理影响。资本主义经济使资本获得了决定性的地位，作为一种超人的力量在控制着人们的经济和人们自身的命运。人们心理状态发生了显著变化：人们普遍觉得生活缺乏安定感，时间开始变得宝贵，人们认为不能把时间白白浪费在无用的地方。劳动日渐成为最有价值的事，效率观念成为一种最高尚的美德，财富和物质上的成功成为人们的最大追求。②

那么，现代西方社会人的性格的成因是什么呢？弗罗姆认为，"现代工业化社会的经济状况，造就了现代西方人的性格，使人的精神健康处于紊乱状态。因此，要了解社会经济状况这个问题，就得先理解资本主义生产方式的特有性质，以及工业时代'贪欲社会'的特性。"③ 基于这个原因，弗罗姆详细地分析了 17、18、19 及 20 世纪资本主义的生产方式及其对人们社会性格的影响。

例如，对 19 世纪资本主义人的生存状况的分析，弗罗姆强调了市场的作用："19 世纪，市场摆脱了一切传统的限制性因素，成了

① 【美】弗罗姆：《为自己的人》，三联书店出版社 1988 年版，第 225 页。
② 【美】弗罗姆：《逃避自由》，国际文化出版公司 2002 年版，第 41—43 页。
③ 【美】弗罗姆著，孙恺祥译：《健全的社会》，贵州人民出版社 1994 年版，第 65 页。

完全独立的主要调节机构。虽然每个人都认为自己是为了自身利益行事，实际上大家都受限于市场及经济机器所代表的无形法则……当生意开始做大之时，人们就不得不越做越大，不管他们想不想这样办。经济规律神不知鬼不觉地发挥着作用，强制人去行事而不给他自由决定的权利。"① 而且"市场是资本主义社会人与人之间关系形成的基础。"② 这种经济状况对人的影响表现在，它使人获得了虚假的自由，而人自己却并没有意识："所谓的个人'自由'多半是幻想。个人只知道没有什么外界力量迫使他签定某项契约，他却不太知道，在他背后，市场规律在起着作用。因而，他认为自己是自由的，虽然实际上他并不自由。"③ 但弗罗姆接着又辩证地分析道："尽管如此，这种通过市场机构进行的资本主义分配方式是阶级社会中迄今为止所设计出的最佳方式，因为它提供了一个基础，使个人在政治上相对自由。"④ 这说明他看到了市场经济的必然性和不可逾越性，这是他历史地辩证地分析社会现象的一个典范，证明他并非只是注重价值评价而完全忽略了历史评价。

市场导致了竞争的态度与日俱增，利润成了一切经济活动的目的。这种生产方式对人的心理动机造成了影响："我们的生产动机，不是为了产品的社会实用性，不是为了在工作过程中得到满足，而是为了通过投资而获得利润。"⑤ 弗罗姆的这种见解，和马克思在《资本论》中对资本主义生产方式的分析同出一辙，而且，他从心理

---

① 【美】弗罗姆著，孙恺祥译：《健全的社会》，贵州人民出版社1994年版，第68页。

② 【美】弗罗姆著，孙恺祥译：《健全的社会》，贵州人民出版社1994年版，第69页。

③ 【美】弗罗姆著，孙恺祥译：《健全的社会》，贵州人民出版社1994年版，第70页。

④ 【美】弗罗姆著，孙恺祥译：《健全的社会》，贵州人民出版社1994年版，第70页。

⑤ 【美】弗罗姆著，孙恺祥译：《健全的社会》，贵州人民出版社1994年版，第71页。

学的角度对资本家生产动机的变化也进行了分析，认为，贪婪常见于资本主义发展的早期阶段，现在的情况是"所有权和经营权分离，获取较多的利润的目的退居次要地位，希望企业不断扩大、运转顺利的愿望成了主要的动机。"①

此外，弗罗姆还从资本主义的分配、消费、剥削等方式的特点来分析这些方式对人的心理及性格的影响。弗罗姆这样概括19世纪的社会性格："竞争、囤积、剥削、权威、侵略以及个人主义。"②

从弗罗姆对资本主义的生产方式所造成的资本主义的性格的分析，可以看出马克思的唯物史观对他的强烈影响，而有些观点是直接源于马克思的，如他对资本主义生产方式的批判，和马克思完全一致："人利用人，表现了资本主义制度的基础——价值系统。用资本，这死的、代表过去的东西，雇佣劳动——活的生命力以及代表现存的力量。在资本主义的价值等级制度中，资本的地位高于劳动，积累的物的地位高于生命的表现形式。资本雇佣劳动，而不是劳动雇佣资本。"③

20世纪资本主义生产方式发生了很大变化，这表现在：封建特征消失，技术革命和资本集中相互促进，大型企业相对增加，经营权和所有权日益分离，操纵数字和人的人员越来越多，定量化和抽象化日益显著；工人阶级的经济、政治地位上升。④

生产方式的变化也导致社会性格的变化。弗罗姆认为，从早期资本主义到20世纪后半叶，社会性格发生了巨大的变化。"形成于16世纪至19世纪末，至少在中等阶级中一直占主导地位那种服

① 【美】弗罗姆著，孙恺祥译：《健全的社会》，贵州人民出版社1994年版，第71页。

② 【美】弗罗姆著，孙恺祥译：《健全的社会》，贵州人民出版社1994年版，第72页。

③ 【美】弗罗姆著，孙恺祥译：《健全的社会》，贵州人民出版社1994年版，第75页。

④ 【美】弗罗姆著，孙恺祥译：《健全的社会》，贵州人民出版社1994年版，第81—89页。

从权威、强制的、囤积的性格，逐渐与商品销售性格融合起来或被后一种社会性格所取代。"① 社会性格的这种变化是由社会经济的变化造成的，受基本的经济需要制约："19 世纪的资产阶级必须发展一种肛门性格，这是由节省、储存以及低消费的愿望所决定的。到了 20 世纪，还是这同一资产阶级，却发展了另外一种性格。这种性格使节省极少含有美德之意……这种发展受基本的经济需要所制约：在资本的原始积累阶段，节省是必要的；而在大生产阶段，消费取而代之，这具有极其重大的经济意义。如果 20 世纪的人的性格必然恢复到 19 世纪人的性格，那么我们的经济即使不崩溃，也将面临严重的危机。"② 所以，20 世纪资本主义的社会性格特征表现为："接纳与销售取代了剥削与囤积；日益增长的'协同'倾向取代了竞争；希望稳定而安全的收入的愿望取代了永不满足的争夺利润的欲望；分享及扩大财富，操纵他人——以及自己的倾向取代了剥削；匿名的权威——舆论及市场的权威取代了理性及非理性的公开权威。适应及认可的需要取代了个人的良心；虽然意识不到但却日益增长的无能为力感取代了自豪感与优越感。"③

由此可见，无论对于社会性格的形成，还是考察社会性格的变化，弗罗姆都从分析社会经济条件入手寻找它们发展变化的依据和根源。据此，弗罗姆分析得出了当代资本主义社会的几种典型的异化的社会性格，以此批判资本主义生产方式对人造成的影响。

---

① 【美】弗罗姆：《占有还是生存》，三联书店出版社 1989 年版，第155 页。

② 【美】弗罗姆：《弗洛伊德思想的贡献与局限》，湖南人民出版社 1986 年版，第 72 页。

③ 【美】弗罗姆著，孙恺祥译：《健全的社会》，贵州人民出版社 1994 年版，第 79 页。

三、对当代资本主义社会几种典型的社会性格的批判

1. 权威主义性格

法兰克福学派历来就有对权威主义人格研究的传统，从 1952 年到 1987 年，在这个主题下的出版物不下 1200 多种，而弗罗姆就是这个传统的开拓者之一。法兰克福学派注重将德国哲学思想与现代的经验方法整合起来，将马克思和弗洛伊德的洞见与当代的激进思想结合起来。学派成立早期，弗罗姆特别负责发展建立在精神分析理论及广泛的经验研究基础上的社会心理学的批判理论，这直接导致了"权威人格"的研究传统。①

弗罗姆的社会心理学高度关注与实践的联系。权威性格的研究直接来源于资本主义社会现实提出的课题。20 世纪 20 年代席卷整个世界的经济危机造成了社会各阶级特别是下层阶级的贫困，在这样的形势下，无产阶级并没有如法兰克福学派的成员们所期待那样起来造反，作为马克思主义理论家，他们所面临的课题是：为什么被剥削的各阶级没有起来反对经济和政治的剥削者？批判理论兴起的部分原因是对传统马克思主义无法解释无产阶级没有实现其作用的反应，1930 年霍克海默为研究所提出的主要任务之一是对魏玛共和国工人阶级的精神状态做经验性研究，弗罗姆是此计划的指导者，他为这一课题所做的理论的和经验的贡献最终成为权威主义经典概念的一个重要组成部分。②

弗罗姆方法论的处理和资料的分析包含了权威主义概念的性格因素，如权威主义的屈从和对权力与强硬的认同。他的基本原则是，

---

① Neil McLaughlin: Critical theory meets America: Riesman, Fromm, and The Lonely Crowd. American Sociologist, 2001, Vol. 32 Issue 1, pp. 8—9.

② 见 Jan Baars and Peer Scheepers: Theoretical and methodological foundations of the authoritarian personality. Journal of the History of the Behavioral Sciences, 1993, 29, pp. 345—151. 及【美】马丁·杰伊：《法兰克福学派史》，广东人民出版社 1996 年版，第 136—137 页。

对权威的屈从在资本主义社会是正常现象。起初，人们将父亲作为权威服从，后来，这个权威变成老师，最后变成国家。在 30 年代，弗罗姆通过经验的研究已经提出了权威人格这样几个特征：因袭主义、权威主义屈从、权威主义攻击以及对权力和强权的象征的认同，到 1936 年他又加上了迷信，1941 年他认为破坏性和墨守成规也是权威性格的组成部分。对权威人格有深入研究的学者认为，阿多诺在这方面的成果特别受益于弗罗姆的方法论及研究的最后结论。[①] 对此，麦克劳林也持同样的观点，认为阿多诺的《权威主义人格》直接来源于弗罗姆对德国工人所做的经验研究，"弗罗姆对权威人格起源的研究在 50、60 年代是人所共知的事实，尽管阿多诺和霍克海默后来忽略了弗罗姆所起的关键作用。"[②]

30、40 年代整个世界遭受纳粹的蹂躏，很多人认为，这只是因为一小撮人操纵了国家机器，大多数德国人听信了爱国主义和种族优越论的谎言，被迫为法西斯卖命。弗罗姆认为这种观点是错误的，他认为当时的德国人实际上是心甘情愿地为纳粹效力的，"数百万德国人那么如饥似渴地献出他们的自由，其热情不亚于当年为自由而斗争的先辈们"[③]。而他的《逃避自由》这本书就是用的跨学科的观点分析这个特殊的历史事件下人的心理问题，以及造成这种心理的深层原因，所以，这本书所产生的影响也是跨学科的，"书的内容不仅变成我的这代人政治学专业教育的核心，而且一度对社会学、人

① Jan Baars and Peer Scheepers：Theoretical and methodological foundations of the authoritarian personality. Journal of the History of the Behavioral Sciences, 1993, 29, pp. 349—350. 作者认为，阿多诺对权威人格的 9 个特征的描述，如因袭主义、权威主义屈从、权威主义攻击等（见阿道诺等著：《权力主义人格》，浙江教育出版社 2002 年版，第 303—304 页。）几乎都包含在弗罗姆早先的研究当中了，除了反内感作用和投射是他和霍克海默在《启蒙辩证法》中提出的之外。

② Neil Mclaughlin：Origin myths in the social sciences：Fromm, the Frankfurt School and the emergence of critical theory. Canadian Journal of Sociology, 1999, 24 (1)：115.

③ 【美】弗罗姆：《逃避自由》，国际文化出版公司 2002 年版，第 2 页。

类学和临床心理学产生了巨大的影响。"①

在分析资本主义日益增大的人的自由所带给人们的心理影响时，弗罗姆首先考察了社会的经济因素，认为经济自由是资本主义从心智、社会、政治上解放人的基础，资本主义经济的总体特征之一是个人活动原则，不像在封建制度下人的经济地位是生而决定的，个人生活限度在出生前就已被确定下来，每个人的位置都固定不变，资本主义经济是让个人完全自力更生，个人做什么、如何做、成功还是失败，完全是他自己的事，个人有凭借自己的才智及行动获得成功的机会，这个原则加快了个体化的进程。从人的自由的角度来看，资本主义的出现是有积极意义的。资本主义解放了个人，把人从集体制度的统治下解放出来，允许人自谋出路，自己去碰运气。人成了自己命运的主宰，个人的努力会使他经济独立，使他成功。

弗罗姆又辩证地分析到，在深化摆脱束缚、获得自由的过程中，个人活动这个原则又有助于切断个人与他人的所有纽带，并使个人陷于孤立，将他与同胞分离开来。经济制度的个体化特征对人的心理造成了双重影响：一方面，把人从传统的束缚中解放出来，促进了积极意义上的自由的增长，促进了积极进取、爱挑剔、有责任心的自我的成长；另一方面，它同时使个人更加孤独、更孤立，并使他感到自己的微不足道、无能为力。②

资本，这个在马克思看来是造成工人阶级贫困化的重要因素，被弗罗姆看成是造成人们心理上微不足道的原因之一。从马克思那个时代起，资本就一直是这个世界的主宰力量，它呼唤出了源源不断的财富，又制造出了无数的血腥和灾难。马克思在批判地考察现代社会时，基于历史唯物主义立场，把资本理解为现代社会一切现象的起因、动力和内在灵魂，对资本进行了深入细致的分析和批判，

---

① Paul Roazen：Fromm's Escape from freedom and his standing today. Int Forum Psychoanal, 2000, 9：239.

② 【美】弗罗姆：《逃避自由》，国际文化出版公司2002年版，第77—78页。

并且深入到对现代社会的不可见的层面——生产关系的反思上。即使在今天看来，这种视角都非常独到、有说服力。在马克思的理论视野中，资本具有总体性的意义，而不只是一个单纯的经济学范畴。资本为人类社会的现代化进程中起着积极的作用。马克思资本的辩证法表现在，他基于一种总体性的历史眼光，既肯定了"资本的历史的合理性"①，也肯定了"资产阶级在历史上曾经起过非常革命的作用"，它催生了个人关系和个人能力日益趋向普遍性和全面性，强化了人们探索自然的精神。马克思的资本辩证法更为重要的是让我们看到资本的负价值。马克思认为，资本的逻辑建立在异化劳动之上，异化是支配着现代社会的力量和关系。在资本的支配下，刚刚从自然伦理支配下走出来的人类陷入了自我的分裂，成为异化的人。资本是资本主义社会占统治地位的经济关系，它以普照之光的姿态统治着资本主义世界的一切社会关系和社会生活。政治、文化，甚至神圣的宗教，都以它为中心而舞动。资本统治的世界是一个"以物的依赖性为基础"的世界，一个物化的世界。这是由资本的本性决定的，一方面，正像马克思所说的："资本在具有无限度地提高生产力趋势的同时，又在怎样程度上使主要生产力，即人本身片面化，受到限制等等……总之，资本具有限制生产力的趋势。"② 另一方面，从资本的功能讲，它追求的目标是财富，而不是人的全面发展，财富属于经济领域，而经济以外领域的生产或人的需要，资本是不加理会的，也就是说资本决不会自觉地进行公共领域的生产，永远不会满足人的精神生产、人的自身的生产和社会关系的再生产，因为这是与资本的本性相违背的。

　　资本的本性决定了资本有限性，在这个有限的资本控制的世界里，货币、资本、产品，这些人们活动的产物，都成为人的异己的东西，支配着人的生活，奴役着人的身心。在这个世界中，"活动的

① 《马克思恩格斯全集》第 30 卷，人民出版社 1995 年版，第 247 页。
② 《马克思恩格斯全集》第 30 卷，人民出版社 1995 年版，第 406 页。

社会性，正如产品的社会形式以及个人对生产的参与，在这里表现为对于个人是异己的东西，物的东西；不是表现为个人互相间的关系，而是表现为他们从属于这样一些关系，这些关系是不以个人为转移而存在的，并且是从毫不相干的个人互相利害冲突中产生的。活动和产品的普遍交换已成为每一单个人的生存条件，这种普遍交换，他们的互相关系，表现为对他们本身来说是异己的、独立的东西，表现为一种物。"① 在这个世界中，人们被物驱使，以物观事，成为物的奴隶。它使资本主义世界的商品拜物教发展成为资本拜物教，马克思写道："在资本—利润（或者，更好的形式是资本—利息），土地—地租，劳动—工资中，在这个表示价值和一般财富的各个组成部分同财富的各种源泉的联系的经济三位一体中，资本主义生产方式的神秘化，社会关系的物化，物质生产关系和它的历史社会规定性直接融合在一起的现象已经完成：这是一个着了魔的、颠倒的、倒立着的世界。在这个世界里，资本先生和土地太太，作为社会的人物，同时又直接作为单纯的物，在兴妖作怪。"② 资本拜物教导致了这样一种幻觉，似乎资本会自动地产生利润、土地会自动地获得地租、劳动会完全地转化为工资等等，所以这是一个颠倒的世界。

所以，资本导致主体性的人被全面客体化，资本成为惟一"能动的"的主体，人成了一种完全失去了生活丰富性和全面性的片面而贫乏的现成存在物，成为失去了自我超越的单向度的人，成为资本的奴隶，丧失了主体性和个性，在《共产党宣言》中，马克思告诉我们："在资产阶级社会里，资本具有独立性和个性，而活动着的个人却没有独立性和个性。"③ 他认为，物役经济的基本含义就是资本奴役人的经济，而物化世界的本质就是资本统治弥漫的世界。这

① 《马克思恩格斯全集》第 30 卷，人民出版社 1995 年版，第 107 页。
② 【德】马克思：《资本论》第 3 卷，人民出版社 1975 年版，第 938 页。
③ 《马克思恩格斯选集》第 1 卷，人民出版社 1995 年版，第 287 页。

样的经济和世界虽然在一定的历史条件中有它的必然性和合理性，但终究是与人的全面自由的主体性发展不相适合的。

弗罗姆对资本的批判可以说是马克思的继续。在他看来，资本在现代制度下成为主人，在资本主义经济活动中，成功、获得物质利益成了目的本身。人的使命是促进经济制度进步，而并非为了自己的幸福或得救。"个人臣服于经济目的，成为实现它的一种手段，这是基于资本主义生产方式的特殊性的，它使积累资本成为经济活动的目的和目标。人为获利而劳动，但所获利润并不用于消费，而是作为新资本投资。"① 这种积累资本而非消费所获利润的原则是现代工业制度获得巨大成功的前提。虽然这个原则客观上促进了人类进步，但主观上它却使人为自身之外的目的而劳动，使他成为自己所造机器的仆人，因而使他有一种个人微不足道及无能为力的感觉。所以，弗罗姆的结论是："资本主义生产方式把人变成了超人的经济目的的工具，加深了禁欲主义精神和个人的微不足道感。"② 所以，弗罗姆和马克思一样批判的是资本主义的生产方式，所不同的是，马克思通过对生产方式的批判揭示的是工人受剥削的经济地位，而弗罗姆则是通过对这种生产方式的批判揭示它对人造成的心理影响；马克思通过科学的考察资本主义的剥削机制来揭示和批判这种特殊的生产方式，而弗罗姆则通过考察人们的社会性格来批判这种生产方式。他们的相同之处在于，批判这种生产方式将人变为物，将人变为生产过程的客体，将人变为价值增值的手段。

西方社会普遍存在的强烈的孤独感也被很多其他的心理学家和社会学家所揭示，这种孤独感不是一般人"存在的孤僻"，而是缺乏与别人建立关系的能力的心理综合症，即由自我分离和自我拒绝的持久感受所造成的一种神经症反应。它同样也是人的一种自我渺小感。心理学家布勒指出："由于我们的生活日益变得机械化，由于我

---

① 【美】弗罗姆：《逃避自由》，国际文化出版公司2002年版，第80页。
② 【美】弗罗姆：《逃避自由》，国际文化出版公司2002年版，第81页。

们从前对科学的信仰受到怀疑，由于知道宇宙是如此广袤，人类存在中的这种极度的孤独之感，已经深入人心，事实上，已经扎根于我们的文化之中，我们许多人无法肯定，作为个人我们意味着什么，这是一个多么奇怪的矛盾：一方面我们在内心深处认为自己作为个人是无比重要的，另一个方面，如果从外部世界来看，我们作为个人似乎又毫无意义。世界使我们变得一文不值。"① 美国著名的社会学家里斯曼（David Riesman）在弗罗姆的批判理论影响下所著的《孤独的大众》（耶鲁出版社 1961 年版）认为 20 世纪的美国社会已经由"他人导向"的性格取代了"传统"和"内在"导向的性格，这种性格取向对他人的期望和偏好非常敏感，生活在传媒的控制和寻求一致的不断的压力的社会中，不像"传统导向"的性格由建立在宗教、神话和传统将社会大众整合起来，② 所以"他人导向"性格缺乏凝聚力。

那么，面对这种孤独、无能为力、自我渺小的感觉，人们的对策是什么呢？弗罗姆分析道：在这种情形下人就面临两种选择：道路之一是沿着"积极自由"前进；他能够自发地在爱与劳动中与世界相连，能够在真正地表达自己的情感、感觉与思想中相连，不用放弃个人自我的独立与完整。另一条道路是退缩，放弃自由，试图通过消弥个人自我与社会之间的鸿沟的方式来克服孤独。③ 而致使纳粹得以控制德国大多数人的权威主义性格选择的就是第二条道路。

弗罗姆认为，逃避自由的更明确的形式在于渴望臣服或主宰，这就是心理学上所说的受虐与施虐冲动。这里，弗罗姆接受了弗洛伊德的一个结论，即认为，尽管看似矛盾，受虐和施虐倾向总是连在一起的，所以造成这种性格特质就有共同的根源，但它不是弗洛

---

① 【美】夏洛特·布勒等：《人本主义心理学导论》，华夏出版社 1990 年版，第 59 页。

② Mclaughlin，Neil：Critical theory meets America：Riesman，Fromm，and the Lonely. American Sociologist，2001，32（1），pp. 5—13.

③ 【美】弗罗姆：《逃避自由》，国际文化出版公司 2002 年版，第 100 页。

伊德所说的死亡本能的结果，而是"帮助个人摆脱难以忍受的孤独和无能为力感"。① 受虐和施虐双方都失去自我的完整性，完全互相依靠，"一种情况是把我自己消解在一个外在的权力中，我失掉了自我。另一种情况是，使别人成为自我的一部分，扩大自我，并获得独立的自我所缺乏的力量……据此，显然可以明了为什么受虐与施虐倾向总是纠缠在一起。虽然表面看来它们是对立的，但在本质上却是源于共同的基本需求的。"②

弗罗姆的这个结论来自于对受虐者的心理分析及其他观察，而且，对这种性格的观察，要深入到他的无意识的精神领域中去。他认为，"有显著证据表明，他们恐惧孤独和自己的微不足道。他们在主观上经常意识不到这种情感，常常掩盖在卓然超群和完美之类的补偿性情感中。然而，只要深入这种人的潜意识领域，就会准确无误地发现这些情感。"③ 弗罗姆认为，施虐—受虐者的特征总是指对权威的态度：他仰慕权威，并欲臣服于它，但同时又想自己成为一个权威，要别人臣服于他，所以他把这种性格特征称为权威主义性格，当然他指的是常人而非精神病患者身上的，因为人人身上可能都有施虐受虐特质，而大部分德国及欧洲其他国家的下层中产阶级的典型性格就是施虐受虐性格，纳粹意识形态吸引的正是有这类性格结构特征的人。④

下层中产阶级指的是小店主、手工工匠和白领工人，他们全都狂热地拥护纳粹意识形态。他们的社会特征与工人阶级、上层中产阶级显著不同，他们"爱强者、恨弱者，对感情和金钱偏狭、敌视、节俭，及本质上的禁欲主义。他们的生活目光短浅……将嫉妒合理化为道德愤怒，他们的全部生活以匮乏原则为基础，不但指经济上

---

① 【美】弗罗姆：《逃避自由》，国际文化出版公司 2002 年版，第 101—108 页。

② 【美】弗罗姆：《逃避自由》，国际文化出版公司 2002 年版，第 113 页。

③ 【美】弗罗姆：《逃避自由》，国际文化出版公司 2002 年版，第 108 页。

④ 【美】弗罗姆：《逃避自由》，国际文化出版公司 2002 年版，第 116 页。

的而且指的是心理上的匮乏。"① 20 世纪初期德国经济、政治的一系列变化使得这个阶层的心理受到了更大的打击，他们的心理状况成为纳粹主义出现的基础。

所以，"纳粹主义是个心理学问题，但心理因素本身是由社会经济因素塑造而成的；纳粹主义是个经济政治问题，但它对整个民族的统治主宰是建立在心理基础之上的"。② 可见，弗罗姆对纳粹赖以滋生的心理基础进行分析时，事实上已经触及到纳粹产生的阶级背景、社会基础的社会历史根源，把法西斯主义的产生与资本主义制度联系起来考察，使得他的分析批判具有一定的深刻性。

2. 市场性格

以市场性格为例，可以鲜明地表现出弗罗姆的性格理论所体现的批判思想。市场性格是现代社会中最常见的一种社会性格，它指的是"人把自己当做一种商品，并把个人价值当做交换价值的取向性格"。③ 弗罗姆仍然是将社会的经济条件作为这种性格形成的最重要的基础，认为要了解市场性格取向的本质，必须认识现代市场社会中市场的经济功能，这是"现代人这种性格取向发展的基础和主要条件"④。那么，现代市场都有哪些因素促成了这种性格呢，弗罗姆这样描述："现代的市场不再是一个集会的场所，而是一台以抽象和无个人要求为特征的机器。生产者是为市场、而不是为他所熟悉的主顾们生产；他的决断是以供求律为基础的；这种供求律决定商品能否出售、及以什么价格出售。"⑤ 虽然现代社会的意识形态是建立在为个人生活和幸福而追求的基础上，但随着市场经济的发展，人们所关心的不是他的生命和幸福，而是他的销路，是他是否成功，而他是否成功则完全取决于市场："成功主要依靠一个人在市场上怎

---

① 【美】弗罗姆：《逃避自由》，国际文化出版公司 2002 年版，第 150 页。
② 【美】弗罗姆：《逃避自由》，国际文化出版公司 2002 年版，第 148 页。
③ 【美】弗罗姆：《为自己的人》，三联书店出版社 1988 年版，第 79 页。
④ 【美】弗罗姆：《为自己的人》，三联书店出版社 1988 年版，第 78 页。
⑤ 【美】弗罗姆：《为自己的人》，三联书店出版社 1988 年版，第 78 页。

样很好地出售他的人格"。① 这种市场性格完全是现代社会市场经济的产物,在最近的几十年,在中产阶级的职业中,如医生、律师、艺术家等为主要的社会基础,并由电影、杂志、报纸和大众媒介传播,得到迅速的发展。

市场性格的主要目的就是成功,如果他成功了,他就有价值;如果没有成功,他就没有价值。为了取得成功,人必须在人格市场上赶时髦,他必须知道何种人格是市场上需要的。"因为个人把自身体验为一种商品,他并没有体验到自身的价值,或自身的'使用价值',而是把自己体验为一种'交换价值'。人成了'人格市场'上的商品,其价值标准如同商品市场一样。"②

于是,在商品交换、市场经济占主导地位的社会,决定一个人是否成功主要看他是否具有交换价值,他的人格是否畅销:"一个人能否成功,主要还是看他在市场上好卖还是不好卖,看他是否能在竞争中获胜,看他的'装潢'是否有吸引力,是否'开朗'、'规矩'、'能进取'、'可靠'、'有雄心',以及背景如何。"③ 在这种情形下,一个人总把自己体验为一种商品,既视自己为销售商,同时又视自己为待售的商品。人关心的不是自身的生活和幸福,而是他的销路。而"商品销售性格的最高目的就是全面适应,以便在人格市场的各种条件下都能成为抢手货。"④ 所以,这种类型的人不具有自我,也没有感情生活,对任何事情都漠不关心,他所追求的就是不断地运动和尽可能以最高效率去做一切。这里,马克思所批判的商品拜物教以人格所摄价值体现出来,弗罗姆对市场经济使人格扭

---

① 【美】弗罗姆:《为自己的人》,三联书店出版社 1988 年版,第 80 页。

② 【美】弗罗姆:《占有还是生存》,三联书店出版社 1989 年版,第 155 页。

③ 【美】弗罗姆:《占有还是生存》,三联书店出版社 1989 年版,第 155 页。

④ 【美】弗罗姆:《占有还是生存》,三联书店出版社 1989 年版,第 156 页。

曲的批判，表明当代资本主义社会商品拜物教的影响已经扩大到社会生活的一切方面，商品拜物教是因为商品所摄价值对人们魔一般的支配力，而现在人自身的交换价值也对人产生了魔一般的支配力，驱使人们将自身作为达到"成功"的手段。所以，现代资本主义社会一切东西，包括人自身，都商品化了，纳入商品交换的总过程，金钱成为衡量一切事物的价值尺度，商品拜物教或拜金主义盛行，人完全受金钱与市场的支配和奴役。弗罗姆对市场性格的批判是马克思拜物教批判的继续和深化。

对人自身交换价值的崇拜和追求也造成人们心理的变态，由于他自身的价值主要不是由他所具有的人的特性所构成的，而是由一个条件不断变化的市场竞争所决定的，他的威望、他的地位、他的成功以及他作为一个特定的人这个事实，都有赖于他人对他的看法、有赖于他人的承认，这样，他的自尊以及他把自己当做有力量的行动者加以体验的自我同一感都受到了严重的威胁，于是，就造成了人的孤立无援感、不安全感及自卑感。"我就是我所是"变成了"我就是你需要的"。① 对弗罗姆深有研究的加拿大学者麦克劳林认为，弗罗姆的这些观点对美国知识分子的生活产生了极大的影响，因为弗罗姆有关社会批判畅销著作成为 60 年代批判美国社会的萌芽。②

所以，弗罗姆认为，市场性格是一种异化，是人与自身关系及人的心理的异化。人自身是能动的、有生命力的存在物，但在变幻莫测的市场中，人却将自己体验为一种具有市场使用价值的物品，他没有感到自己是一种积极的因素，也没有感到自己是人类力量的承担者。他与人类的这些力量相异化，他生命的惟一目标就是在市场上成功地出卖自己。为此目的，他将他的身躯、大脑和灵魂作为

① 【美】弗罗姆：《为自己的人》，三联书店出版社 1988 年版，第 80—83 页。

② Mclaughlin, Neil: Critical theory meets America: Riesman, Fromm, and the Lonely, American Sociologist, 2001, 32（1），pp. 5—22.

他的资本，他的生存的任务就是把他的资本拿去投资，使它生利。不仅如此，"人类的品质如友爱、礼貌和善意都变成了商品，变成了'人格交易'中的财产。这些品质都可以在人格市场上以高价出售……同所有的商品一样，如果他不能在市场上高价出卖自己，即使他的使用价值还存在，他的交换价值也就等于零。"① 这种人自身的异化的直接后果是人丧失了"尊严感"这一人的重要特征。他不再感到自己是一个有着爱、恐惧、信念和怀疑的人，也丧失了自我，丧失了自我意识和自我体验，因为人只将自己体验为物，体验为商品。

人的市场倾向造成了人的心理的异化：交换需要成了现代人身上的基本驱动力。在资本主义社会中，交换本身成为目的，在任何一种活动中，人们都要证明他们的活动是否是获益的有效投资，不仅人际关系是这样，旅行、欣赏音乐、听演讲等等活动，都要衡量他付出的时间、金钱与他所得到的价值是否相等，弗罗姆对这种"把生活视为能够获利的一种事业"进行了有力的批判："生活的失败就等于事业的破产，它所失去的大于它所获取的，这种观念实属荒谬。我们也许幸福也许不幸福，我们可能达到一些目的而达不到另一些目的，但不存在一个合理的天平能够表明生命是否值得。从收支平衡的角度来看，或许生命就根本没有存在的价值。"② 所以这种异化的心理从根本上说就是对生命本身的否定，这也就是西方人自杀现象的深刻心理根源。

3. 重占有的性格

弗罗姆对资本主义所做的最严厉的批判，就是普遍存在的"占有"态度——特别是在当代资本主义社会，他把它与"存在"对立

① 【美】弗罗姆著，欧阳谦译：《健全的社会》，中国文联出版公司1988年版，第144页。
② 【美】弗罗姆著，欧阳谦译：《健全的社会》，中国文联出版公司1988年版，第151页。

起来。"占有"是他憎恶和斗争的典型。①

弗罗姆借助心理分析的方法，通过对个别人和群体的具体研究作为经验根据，认为，在人身上存在着两种倾向（他也称两种不同的生存方式或不同的体验②，两种不同的价值取向或性格结构③），一种是重占有的倾向，在这种生存方式中，人与世界的关系是一种据为己有和占有的关系，我要把所有的人和物，其中包括自己都变为我的占有物。另一种是重生存倾向，在这种生存方式中，人不占有什么，也不希求去占有什么，而是创造性地发挥自己的能力与世界融为一体，以奉献、分享和牺牲为乐。弗罗姆认为重生存的生存方式的主要特征是积极主动地生存，"这种主动性说的不是那种外在的、身体的活动，不是忙忙碌碌，而是内心的活动，是创造性地运用人的力量。"④ 重生存的另一种形式是强调一个人的真正的本质及现实性。

弗罗姆认为在大多数人的身上，这两种倾向都存在，而哪一种占主导地位，是由社会的结构及其价值观和规范来决定的："那些有利于人去追求财富、从而也有利于重占有生存方式的社会，是以人的一种潜能为根基的；而那些促进人重生存和共同分享一切的社会则是以人的另一种潜能为根基的。我们必须自己做出决定，在这两种潜能中选择哪一个来加以培植，同时又意识到，我们的决定在很大程度上是受一个社会的社会经济结构制约的，社会让我们优先做

---

① Miroslaw Chalubinski：The sane society：Remarks on utopianism by Erich Fromm. Dialogue Universalism，2001，7/8：80.

② 【美】弗罗姆：《占有还是生存》，三联书店出版社 1989 年版，第20 页。

③ 【美】弗罗姆：《占有还是生存》，三联书店出版社 1989 年版，第29 页。

④ 【美】弗罗姆：《占有还是生存》，三联书店出版社 1989 年版，第94 页。

出这一选择或那一选择。"①

而从根源上来说，他认为重占有的性格是从私有财产派生出来的，是在私有制社会才会出现的。从性格形成的动力基础来说，这种性格就是由人们的"相对欲望"驱动，即不是根源于人类的本能，而是根源于一定的社会结构和一定的生产和交往的条件而出现的："我们的社会是建立在私有财产、利润和强权这三大支柱之上的，生活在这样的社会里，我们的判断带有极大的偏见。捞取、占有和获利是生活在工业社会中的人不可转让的、天经地义的权利。财富是怎么来的并不重要，财产也没有和一定的义务联系起来，'……只要我不触犯法律，那我的权利就是无限的和绝对的。'"② 弗罗姆对重占有性格根源的考察实际上已经涉及到对私有制的批判，和马克思对私有制的批判不同在于，他是从私有制对人的心理和性格产生的影响对其进行批判的。对未来社会所有制形式，他和马克思的设想完全不同，我们先不赘述，但对私有制的批判态度，他们是一致的。

重占有这种性格倾向在当代社会表现尤甚，原因还是在社会的取向："我们的这个社会是一个以追求占有和利润为宗旨的社会。因此，重生存的生存方式的例子是极为罕见的，绝大多数人都把以占有为目标的生存看作是一种自然的、唯一可能的生活方式。所有这一切都使人们特别不易理解重生存的生存方式的特性和占有只是诸种价值取向中的一种。"③

弗罗姆的重占有的性格是受到了弗洛伊德的性格类型说——肛门性格的启发，并认为他的这种性格学说含有对资本主义的批判。弗洛伊德的肛门性格的特征是"人将其主要精力用于其财产、节省、

---

① 【美】弗罗姆：《占有还是生存》，三联书店出版社 1989 年版，第113 页。

② 【美】弗罗姆：《占有还是生存》，三联书店出版社 1989 年版，第75 页。

③ 【美】弗罗姆：《占有还是生存》，三联书店出版社 1989 年版，第35 页。

储存钱和其他的物品，甚至情感、手势和语言也在储存之列。这是一种吝啬的性格结构，通常与过度的爱整齐、准时和骄傲联系在一起。弗洛伊德思想的一个重要方面，就是他象征性地把金钱与粪便——金子与污秽——联系起来……弗洛伊德在金钱与粪便之间划等号，其中包含着（虽然不是有意识的）对资产阶级社会运转方式和这个社会的贪婪的批判。"① "重要的是，他认为，占有取向占主导地位是人完全成熟之前的那一阶段的特征，如果在以后的生活中这种取向仍占主导地位，那必须将其作为病态来看。换言之，在弗洛伊德看来，只注重占有和关心自己财产的人其心理是病态心理，其神经是不正常的，因此说，一个肛门性格占主导地位的社会是病态社会。"②

当然，弗罗姆提出这种性格特征也受到马克思对人性的"固定欲望"和"相对欲望"划分的启发，马克思所说的社会主义条件下人具有丰富的需要，而在私有制范围内，一切肉体的和精神的感觉都被"拥有"这一单纯的感觉所代替，这是马克思所说的"片面"发展的人的典型。重占有的性格正是对这种"片面"人格的深入研究。

"一个以人为中心的社会与一个以物为中心的社会之间的区别倒与生存和占有这两种生存方式之间的区别相差无几。占有取向是西方工业社会的人的特征。在这个社会里，生活的中心就是对金钱、荣誉和权力的追求。"③ 为了证明西方社会越来越成为一个占有的社会，弗罗姆从语言的变化考察，认为"近100年来，西方人在其语言的运用上也显示出一种日益从生存（to be）转向占有（to have）

---

① 【美】弗罗姆：《占有还是生存》，三联书店出版社1989年版，第89页。

② 【美】弗罗姆：《占有还是生存》，三联书店出版社1989年版，第89—90页。

③ 【美】弗罗姆：《占有还是生存》，三联书店出版社1989年版，第24页。

的倾向，比如说，人们越来越多地使用名词和越来越少地使用动词。"① 弗罗姆举例说，一个找他作精神分析的病人跟他说"我有一个难题"，而在几十年前，病人一般会说"我忧虑"，弗罗姆认为现代的语言风格是当前社会异化的标志，说"我有一个难题""那就把主体的经验排除了。经验的主体我为一个可以为人占有的中性名词所取代。……'难题'只是种种困难的抽象表示。我无法占有它，因为它不是一个可以为人占有的物，可是难题却能占有我；准确地说，我把自己变为一个'难题'，我的创造占有了我。这种表达方式说明了一种潜在的无意识的异化。"②

重占有可以导致什么样的后果呢？从人和自然的关系来看，重占有使人将自然作为征服和掠夺的对象，造成了全球生态危机和自然资源枯竭的危险，"想要征服自然界的欲望和我们对它的敌视态度使我们变得盲目起来，我们看不到这样一个事实，即自然界的财富是有限的，终有枯竭的一天，人对自然界的这种掠夺欲望将会受到自然界的惩罚。"③

从人和人之间的关系来看，弗罗姆分析道："一般地说，在重占有的生存方式里，人与人之间的关系是以竞争、对抗和恐惧为其特征的。"这种对抗关系是由占有的心态决定的。"占有欲是重占有取向的必然产物。"④ 在弗罗姆看来，一个民族进行战争，并非因为它的经济状况不好，或可能存在的生存危机，而是因为重占有生存方式那种根深蒂固的要更多地去占有和征服的欲望，所以即使在只有一线获胜希望的情况下，也会导致征战："重占有的生存方式以及由

---

① 【美】弗罗姆：《占有还是生存》，三联书店出版社 1989 年版，第25 页。

② 【美】弗罗姆：《占有还是生存》，三联书店出版社 1989 年版，第27 页。

③ 【美】弗罗姆：《占有还是生存》，三联书店出版社 1989 年版，第10 页。

④ 【美】弗罗姆：《占有还是生存》，三联书店出版社 1989 年版，第120 页。

此产生的那种占有欲必然会导致人与人之间的对抗和斗争，对一个民族来说是这样，对个人来说也是如此。"① 对于有人认为，在追求财富和利润的基础上也能保持和平，弗罗姆坚决反对，认为这种观点是危险的幻想，"因为这种幻想使人们认识不到，他们必须做出一种明智的选择，或者从根本上改变人的性格，或者永远是战争。"② 也就是说，弗罗姆从资本主义的多数人的这种重占有的性格特征中，已经预见到了资本主义世界的战争会连绵不断。

弗罗姆还从基督教英雄和非基督教英雄的对比中批判重占有的生存方式及其对社会的危害。基督教的英雄是殉道者，他奉献一切给别人，与别人同甘共苦，是重生存的英雄；非基督教英雄的目标是征服、战胜、毁灭和掠夺，他们追求的是荣誉、权力、名望以及成为屠杀技巧最高的人。"如果说，殉道者的特征的重生存、奉献和分享，那么，非基督教英雄的特征则是重占有、剥削和强制。"③ 这是两种根本对立的生存模式，那么，西方是哪一种模式起决定作用呢？弗罗姆回答是："倘若看一看我们的内心世界以及绝大多数人和政治领袖的行为，那我们就必须承认，非基督教英雄仍然是我们心目中的榜样、善的象征和价值的尺度。虽然欧洲和北美洲的人们都皈依了基督教，但他们的历史仍然是征服、贪婪和傲慢的历史。我们的最高价值是：强于别人、掠夺胜利、奴役和剥削他人。"④ 弗罗姆站在心理学家的立场上分析西方社会暴力产生的内在原因，认为西方的历史是征服、剥削、暴力和压迫的历史，暴力在每一个历史时期、每一个种族和阶级都在使用，而经济和政治只是引起暴力行

① 【美】弗罗姆：《占有还是生存》，三联书店出版社1989年版，第121页。
② 【美】弗罗姆：《占有还是生存》，三联书店出版社1989年版，第121页。
③ 【美】弗罗姆：《占有还是生存》，三联书店出版社1989年版，第150页。
④ 【美】弗罗姆：《占有还是生存》，三联书店出版社1989年版，第150页。

为的表面原因，从内在原因来说，就是大多数人的非基督教的重占有的性格特征，这是战争永远都存在的根源："从内心上说，他们（指参与暴力战争的人）都是基督教徒吗？或者说，只有那些首领才是掠夺成性的异教徒，而大多数群众都是基督教徒？如果真是这样，那我们也就倍觉轻松了。遗憾的是，事实并非如此。……假如征服他人、战胜他人的愿望不是深植于社会性格之中，他们就无法将其计划付诸实现；现在依然如旧。"①

弗罗姆从一种普遍存在于西方人的性格类型，揭示了这种病态的性格对整个世界所造成的灾难性后果，这种从典型心理根源出发对现代社会的批判和反思不能不说是深刻的。所以，西方学者也充分肯定了弗罗姆对这种典型性格解剖的意义："他的作品使得人们意识到在20世纪后半期人所处状况的严重性，如'占有'的对立立场，生态的深刻危机，可能爆发的世界战争以及这些问题全球解决的必要性。西方社会没有因为科学技术进步的成果而自我满足地狂欢，他们与我们文化的权威主题相协调……也许，这就是弗罗姆作品的积极影响。"②

可见，弗罗姆和马克思一样，都对私有制进行了批判。马克思批判私有制造成了贫富两极分化、造成了无产阶级与资产阶级的对立以及人的异化；弗罗姆则批判私有制造成了人们重占有的心理，这种心理导致人的片面追求，是人和自然关系恶化、人与人之间产生对立、冲突和战争的根源。

从不同时期对资本主义具有典型特征的性格的揭示和批判，弗罗姆的理论贡献在于，他不仅揭示了这些性格类型产生的资本主义生产方式根源——这正是马克思唯物史观运用于分析社会性格的具体体现，也揭示了这些扭曲的社会性格对社会历史进程所造成的影

① 【美】弗罗姆：《占有还是生存》，三联书店出版社1989年版，第151页。

② Miroslaw Chalubinski：The sane society：Remarks on utopianism by Erich Fromm. Dialogue Universalism，2001，7/8：104.

响。也就是说，资本主义生产方式导致人的性格扭曲，而扭曲的社
会性格又加深了社会现实的矛盾和危机，如法西斯主义战争以及全
球生态灾难，这就是弗罗姆基于社会性格学说对资本主义的批判，
也就是他批判理论的主要构成部分。

第二节　资本主义社会的病态本质——异化批判

　　弗罗姆对异化的理解带有人本主义心理学家的独特视角，将异
化理解为一种体验方式，他说："异化是一种体验方式，在这种体验
中，个人感到自己是陌生人。或者说，个人在这种体验中变得使自
己疏远起来，他感觉不到自己就是他个人世界的中心，就是自己行
动的创造者——他只是觉得自己的行动及其结果成了他的主人，他
只能服从甚而崇拜它们。异化的个人与自身相脱离，就象他与其他
人相脱离一样。"① 将异化理解为一种体验，这是人本主义心理学考
察人的方式的结果，因为人本主义心理学家的一个突出特点是强调
人的内心生活，这或许是由于人本主义心理学家对人类精神生活的
重视，或许是因为临床心理学家听到的都是关于内心生活体验的倾
诉。② 人本主义心理学的这一特点有它存在的合理性，车文博教授指
出："人本主义心理学家把人的经验和主观体验摆在心理学研究的突

---

　　① 【美】弗罗姆著，欧阳谦译：《健全的社会》，中国文联出版公司 1988
年版，第 120 页。
　　② 【美】夏洛特·布勒等：《人本主义心理学导论——中译本前言》，华
夏出版社 1990 年版，第 11 页。人本主义心理学的代表人物马斯洛就非常强调
体验对人的意义，认为无我地体验生活，全身心地献身于事业，是实现自我的
一个途径，"高峰体验"是自我实现者的重要特征。见车文博：《人本主义心理
学》，浙江教育出版社 2003 年版，第 138—148 页。

出地位，这既是西方心理学摆脱生物还原论和机械决定论的客观主义的重大变革，又是促进心理学向人学回归的重要标志。"①

即使我们不去考虑人本主义心理学的这个特征，说异化一种体验也是可以理解的，因为，人们一般是以情绪化的态度来看待异化问题的，异化能够在中西方成为一个理论热点问题，是因为科技和工业的发展及战争的灾祸使西方人与人之间的关系越来越疏远化，中国的"文革"同样也使东方人与人之间的关系越来越疏远化，而异化正是道出这种普遍的疏离感和压抑感的概念，② 异化表述的是主体所创造出来的客体反过来支配主体这种现象，它的产生既有客观的社会根源，又不能否认有主观的认识和心理因素的原因，认识的片面性行动的盲目性和畸变心理，往往使得人们努力以求的东西，转化为反对自己的力量，如消费的攀比心理会使人成为消费品的奴隶就是一个很好的例子，弗罗姆重视对这种主观原因的考察，这的确可以视为心理学家的独到之处；再者，马克思在使用异化概念时，是对私有制社会客观存在的状态的揭示，但马克思并没有否认人可以在主观上体验到这种状态，也许正是因为有了马克思对异化的客观存在的揭示，当人们认识到这种客观存在之后，才会有人们对它的主观体验，这也表明弗罗姆实际上将异化概念深入到人的微观的心理层面，这毋宁说是深化了马克思的异化概念。③

弗罗姆异化批判的一个首要特征是将异化概念拓展到心理学领域，认为很多心理疾病都是异化现象的直接表现，当代资本主义社会的典型性格是异化：如市场性格、重占有的性格是异化，权威性

① 车文博：《人本主义心理学》，浙江教育出版社 2003 年版，第 346 页。

② 俞吾金：《从"道德评价优先"到"历史评价优先"》，《中国社会科学》2003 年第 2 期，第 95 页。

③ 张一兵教授将弗罗姆对异化的主观体验的理解说成是"将马克思的异化概念'油炸'成新人本主义能够接受的主观体验说。"见张一兵：《异化：生产性的否定》，《天津社会科学》2003 年第 4 期，第 18—22 页，这完全是对弗罗姆的误读。

格的受虐—施虐倾向也是异化，无意识、移情和自恋也都含有异化。
有学者将这种批判称为"常态的病理学"，意指一个"正常"的人
在病态的文化价值中体现出病态的特征，而心理分析就是引导人们
意识到体现在这种病态的文化特征的自我的病态特征。① 弗罗姆通过
他的心理分析，揭示了看似正常的现代人心理的异化特征。

　　他认为，异化的问题是压抑、无意识或分离的主题的继续，因
为在资本主义社会，在他们所处的文化中，社会无意识压抑的是对
事实的认识，是对人的真实自我的隐藏，所以压抑导致异化，异化
问题是压抑、无意识或分离主题的继续，"用精神分析的术语去表述
异化的机制就是：通过异化，那些潜在于我的经验，成为外在于我
的对象。"② 异化这个术语表明我剥夺了我自己，移空了我自己，我
去除了自己活生生的经验，我自发的思想、情感、需要、愿望都被
压抑了，我将自己的思想、自己的情感都投射到一个外在的人或物，
这个人就拥有了我的灵魂，这就是异化。因此，上帝、英雄、官僚
机构都是人的异化，是人自己的爱、智慧、勇气、决策能力的异化，
人将自己的爱、勇气、智慧、决策能力投射到这些对象中去，崇拜、
依赖他们，受他们束缚，而自己则丧失或压抑了这些内在的品质和
经验，这就是无意识理论所揭示的异化内涵。

　　所以，弗罗姆认为，人的思想、希望都会异化。人们通常以为
思想是自身思维的结果，而事实上，只不过是"诸如公众舆论、报
纸、政府领导人这样一些偶像"③ 的思想；而希望的异化则指的是
人将未来作为判断并确定一个人是否有正确信仰的标准。不仅如此，
"压抑、依赖和偶像崇拜的一切形式都是异化的直接表现，都是对异

----

　　① Ortmeyer, Dale H. Revisiting Erich Fromm. Int Forum Psychoanal, 1998, 7：32.

　　② Fromm：Dealing With the Unconscious in Psychotherapeutic Pracitice, Int Froun Psychoanal 2000, 9：170.

　　③ 【美】弗罗姆：《在幻想锁链的彼岸》，湖南人民出版社 1986 年版，第57 页。

化的补充说明",而且"精神病学中最主要的、最基本的现象,即未能经验到自身统一性的现象也是异化的一种结果,正因为这个异化的人把自己的感觉和思维的功能转变成为一个外在的客体,因此,他并不就是他自身,他没有意识到这个'我',也没有意识到同一性。"① 这种异化就是精神分裂症的根源。

因此,弗罗姆认为异化问题同时也是一个道德的和心理学的问题。② 认为处在异化状态中的人是个精神病患者,很多心理疾病都是异化现象的直接表现,他将异化现象和移情现象联系起来,"为了克服内在的空虚感和虚弱感,这个患者选择了一个对象,并向这个对象倾注了自己全部人的特性:他的爱,他的智慧和勇气等等。通过对这个对象的服从,他接触到了自己的特性;并感觉到自己是强大的,聪明的,勇敢的,安全的。失去这个对象,便有失去自身的危险性。这种机械般的偶像崇拜乃是以个人异化这个事实为基础的,同时也是移情的主要动力。"所以,弗罗姆认为,"精神病学是异化的一种表现形式。"③

在弗罗姆看来,自恋也是一种异化。他将个体自恋发展为集体自恋、人类自恋,认为个体自恋是认为自己无所不知、无所不能,妄想自大,这种病态心理容易察觉,但集体自恋,当一个人将自恋转向团体、民族、国家,人们不但不会觉察他的病态,反而会使他声名显赫,如一个人说:我的国家是最强大、最文明、最热爱和平、最富有智慧的国家,他不但不会被看作精神不正常而遭受蔑视,相反会被看成是一个非常爱国的公民。④ 当个人将团体作为他个人自恋

---

① 【美】弗罗姆:《在幻想锁链的彼岸》,湖南人民出版社 1986 年版,第58 页。

② 【美】弗罗姆:《在幻想锁链的彼岸》,湖南人民出版社 1986 年版,第50 页。

③ 【美】弗罗姆:《在幻想锁链的彼岸》,湖南人民出版社 1986 年版,第54 页。

④ 【美】弗罗姆:《弗洛伊德思想的贡献与局限》,湖南人民出版社 1986年版,第 60 页。

的化身，个人以归属并将自己与团体等同起来来满足他的自恋，这
就发生了异化。现代人以自己惊人的创造能力将自己与上帝等同起
来，产生了对他的创造的极端自负，沉迷于其人造新世界的高贵华
美之中，"整个人类都注视着这面不但映出他的美丽，而且映出了他
的智巧和权力的镜子。他是否也会象那喀索斯淹死在当做镜子来欣
赏自己漂亮身体的湖中一样，淹死在这面人造镜子之中呢?"① 弗罗
姆这里实际上是通过对自恋这种精神异化形式的揭示提示人们，不
要过分地妄自尊大，否则就会像古代那位自恋者一样，在对自己影
子的孤芳自赏中抑郁致死。

在进行异化批判时，可以很明显地看出，弗罗姆仍然有着很强
的人本主义心理学家的价值判断、价值创造、价值批判的特征，这
是弗罗姆异化理论的又一个重要特征。这正像人本主义心理学家布
勒所说："人本主义心理学家把发现价值与信念的问题看作是我们时
代最复杂最急迫的问题之一。""人本主义心理学的根本信念之一就
是追求价值，这被看作是人生来就有的需要。"② 为什么发现价值与
信念是最急迫的问题之一，是人生来就有的需要，这需要联系当代
美国的社会背景。

当代美国存在着严重的价值观危机，在以往的以"基督教新教
伦理"的价值观和幸福观被抛弃的情况下，有些美国人主张把追求
内心的满足摆在首位，但是许多人却不知道自己正在追求什么，也
不知道什么是值得追求的。因而，不少青年人把纵欲、感官快乐和
暂时满足作为幸福的标准和追求的目标。其结果是在获得一时痛快
之后陷入更深的痛苦之中。③ 所以，人本主义心理学家认为他们的当
务之急就是要为社会制定一套正确的价值观，这在弗罗姆对异化批

---

① 【美】弗罗姆:《弗洛伊德思想的贡献与局限》，湖南人民出版社 1986
年版，第 63 页。

② 【美】夏洛特·布勒等:《人本主义心理学导论》，华夏出版社 1990 年
版，第 83、64 页。

③ 车文博:《人本主义心理学》，浙江教育出版社 2003 年版，第 17 页。

判的论述中随处可见。

如对人与人之间关系异化的阐述，弗罗姆首先设想人与人应该是一种什么样的关系，"人是一种社会存在物，他非常需要与他人分享其乐，需要他人的帮助，需要感到自己是群体中的一员。"但是，现代社会中实际存在的人际关系却是："这是一种两个抽象物、两个活机器之间相区别利用的关系。雇主利用他雇来的人；售货员利用他的顾客。每个人都被当做是一件商品，他之所以总是被别人友好地相待，这是因为他即使现在无用，但可能以后会有用。"① 原因是："我们与同胞的个人交往受制于自我中心主义原则：'人人为自己，上帝为我们大家。'……是自我中心的利益而不是与同胞的团结、对同胞的爱，推动着个人的行动。与同胞的团结、对同胞的爱可说是次要的情感，是个人的慈善或仁慈行为，而不是我们社会关系的基本构成部分"。② 也就是说，弗罗姆认为，人与人之间社会关系的基本构成部分应当是与他人休戚相关和对他人的爱，而现代社会中人与人的确异化为相互利用的关系，"引起人们关心和焦虑的是生活中那些涉及个人的孤立因素，而不是那些与同胞相关的普遍的社会问题。"③

对消费异化的分析等也是如此，他首先设定了"应该"："消费的行为应当是一种具体的人的行为，包括我们的感觉、身体需要、审美感——这就是说，在消费中我们是实在的、有感觉的、有感情的、有判断力的人；消费的行为应当是一种有意义的、有人情味的、创造性的经验。"④ 他据此"应该"对资本主义的消费过程的异化进

① 【美】弗罗姆著，欧阳谦译：《健全的社会》，中国文联出版公司1988年版，第141、140页。
② 【美】弗罗姆著，孙恺祥译：《健全的社会》，贵州人民出版社1994年版，第110页。
③ 【美】弗罗姆著，孙恺祥译：《健全的社会》，贵州人民出版社1994年版，第111页。
④ 【美】弗罗姆著，孙恺祥译：《健全的社会》，贵州人民出版社1994年版，第105页。

行批判，"在我们今天的文化中，这是难以看到的。消费本质上是人
为刺激起来的幻想的满足，是一种与我们真实自我相异化的虚幻活
动。"① 如饮食的消费，"我们吃一种没有什么味道，也不富有营养
的面包，因为这种面包使我们幻想到财富和身份——面包如此之白
而'新鲜'。实际上我们在'吃'一种幻想，而与我们所吃的真正
东西失去了联系。"②

弗罗姆对价值、信念的强调也契合了霍克海默提出的批判理论
的方法，即批判理论的建立需要自我再创造，而这种创造性思维在
整个理论中所起的作用比经验证明更重要。他们把客观现实看成是
社会的产物，所以批判理论决不忽视人这一主体的参与作用，这种
作用就表现在主体要确立人与自然、人与人之间"应当"是怎样的
关系，这正如康德所说，人要为自然"立法"，这种"确立"、"立
法"不是凭空产生的，它以对人、对社会、对人与自然的关系的经
验研究为基础。这种经验事实只能是尽可能的达到客观、科学，但
对人自身、对社会的经验研究，不可能做到绝对的客观、精确，因
为这种研究不可能与人的价值判断相脱节，正如人本主义心理学家
马斯洛所说的，人本主义是科学的真正本质，科学永远只能是人类
主体的科学："科学过去不是，现在不是，并且也不可能是绝对客观
的，科学不可能完全独立于人类的价值。而且，科学是否应努力做
到绝对客观（而不是人类可能达到的客观），甚至也很值得讨论。"③

批判理论的一个重要特征就是：事实的经验研究无疑是重要的，
但尤为重要的是，要提供价值判断，要从经验研究中推断出人的本
性，只有这样，才能将理论与实际、价值与研究、认识与对象统一
起来。弗罗姆确立价值，正是批判理论从康德起就一直在坚持的原

---

① 【美】弗罗姆著，欧阳谦译：《健全的社会》，中国文联出版公司1988
年版，第134页。

② 【美】弗罗姆著，孙恺祥译：《健全的社会》，贵州人民出版社1994年
版，第105页。

③ 【美】马斯洛：《动机与人格》，华夏出版社1987年版，第21页。

则。人本主义研究者席勒认为："人本主义自身实际上是最简单的哲学观点；它仅仅是这样一个理解：哲学问题所关心的是力求以人的心灵的手段来把握人的经验世界的人。……假如人不可能在他对自己经验的推理中推断出他自己的本性的话，请问他还能对什么进行推理呢？"①

但国内学者一提到法兰克福学派的价值批判，就认为这是"先验"的，② 似乎人本主义者所提出的"应该"没有任何经验研究的基础，我认为这种观点没有依据。如上所述，难道弗罗姆对人与人之间的关系、对消费"应该"是什么的确立，就没有心理学、社会学的经验依据，就只是不顾当代社会的现实凭空提出"应该"的吗？

弗罗姆在利用异化概念对资本主义批判的过程中，马克思异化思想的痕迹也很突出，这可以认为是他的异化批判的第三个重要特征。对异化的分类，如人与人、与自我、与人生活在其中的社会力量的异化，与马克思的异化劳动批判中对异化的论述几乎一致。同时也可以看出，他不仅将异化理解为人的主观体验，更加揭示了资本主义社会异化的客观存在。而且他拓宽并加深了异化概念，使它不再局限于劳动分工的客观后果或任何特别的阶级，③ 而是认为异化普遍存在于社会生活的各个方面，存在于几乎所有的人。盲目的经济力量、政治力量和技术装备操纵了人们的生活，金钱、商品、资本、国家、权力、先进机器以及电脑等等，都成为凌驾于人之上支配人的力量，不仅工人、资本家异化了，经理、商人、医生、职员、官僚、政治领袖、甚至心理学家都异化了。"在现代社会中，异化几乎存在于各种情况中，存在于人与工作、人与消费品、人与他自己

---

① 【英】F. C. S. 席勒：《人本主义研究》，人民出版社 1966 年版，第 12 页。

② 如荣剑：《社会批判的理论与方法》，中国社会科学出版社 1998 年版，第 256 页。

③ Stephen Eric Bonner：Of Critical Theory and Its theorists. New York：Routledge，2002，P. 168.

等关系中。人创造出一个前所未有的人造世界。他构筑了一部复杂的社会机器来管理人建造的技术机器。但是他所创造的一切却高踞于他之上。他没有感到自己是创造者，是中心，而觉得自己是他的双手创造出的机器人的奴仆。人释放出的力量越大，人越感到作为一个人是多么无能为力。"①

那么，这种普遍异化是否符合当代资本主义的现实呢？本人认为，既然异化概念表述的是主体与客体的这一关系的哲学概念，那么就应该承认，在私有制社会里，异化劳动虽然是异化的主要形式，但却不是惟一形式，弗罗姆将异化的考察拓展到广泛的领域，揭示了消费、心理、技术、语言异化等众多异化形式，这反映了当代资本主义社会的实际状况，有助于人们对异化现象做出全面深入的总体认识，在理论上拓宽了人们的视野，对资本主义的批判也就更加有深度。

即便是对异化劳动的论述，也表现出这个时代新的内容和特征。

其一，人的生产和人本身的目的相异化。现代社会广为流传的看法是：人已经成为现代社会的中心及一切活动的目的，他的所作所为都是为了自己，人类活动的全部强大动力便是自利与自我中心主义。

为了说明这一点，弗罗姆将中世纪与资本主义进行了对比：中世纪的经济活动是达到目的的一种手段，生活本身才是目的。"而在资本主义经济活动中，成功、获得物质利益成了目的本身。人的命运便是促进经济制度的进步，帮助积累资本，这并非为了自己的幸福或得救，而把它作为目的本身。人成了巨大经济机器上的一个齿轮，如果他有很多资本，便是一个重要齿轮；如果没有资本，便是一个无足轻重的齿轮，但都总是一个服务于自身目的之外的齿

---

① 【美】弗罗姆著，孙恺祥译：《健全的社会》，贵州人民出版社1994年版，第98页。

轮。"① 在这一点上，弗罗姆与马克思是一致的，马克思认为资本主义的生产方式使得资本家只为交换价值而生产，工人只能为了维持生存而生产，这都不是将劳动看作目的本身、为了人本身而生产。这种生产目的所造成的结果是什么呢？弗罗姆写道："虽然以积累资本为目的的劳动原则客观上对人类的进步意义非凡，但主观上它却使人为自身之外的目的而劳动，使他成为自己所造机器的仆人，因而使他有一种个人微不足道及无能为力的感觉。"②

其二，从人和自然的关系来看，对自然主宰能力的不断增长必然使得个人自我力量的增长。弗罗姆认为，即便这个观点是正确的，但是，虽然人对大自然的主宰达到了相当高的程度，但社会并未控制它所创造的力量："从技术方面来看，伴随生产制度的理性化而来的是它的社会方面的非理性化。"人创造的这个世界成了他的主人，"他似乎是受自利的驱使，但实际上他的全部自我连同其全部具体的人格却成为他亲手制造的机器之目的的工具。他自欺欺人，幻想着自己是世界的中心，然而却深陷于一种强烈的微不足道感和无能为力感之中。"③ 这实际上就是马克思所说的人与自己的产品相异化，人用自己双手创造出来的力量变为控制人自身的力量，弗罗姆对这种异化的深入挖掘就是指出了它在当代社会的表现及对人的心理造成的影响。

其三，弗罗姆也像马克思那样，揭示出现代社会人与人之间的关系的异化特征，"它呈现出物与物之间的关系的特征，而非人与人的关系。……人不但卖商品，而且也卖自己，觉得自己是一件商品。体力劳动者出卖自己的体力，商人、医生、职员则出卖它们的'人格'。"④ 弗罗姆详细探讨了现代人在生产、消费活动过程中，与自

① 【美】弗罗姆：《逃避自由》，国际文化出版公司2002年版，第79页。

② 【美】弗罗姆：《逃避自由》，国际文化出版公司2002年版，第80、81页。

③ 【美】弗罗姆：《逃避自由》，国际文化出版公司2002年版，第85页。

④ 【美】弗罗姆：《逃避自由》，国际文化出版公司2002年版，第86页。

己及他人离异的情况。

从生产方面来说，"劳动和工作本身不再是一种令人满意、给人以快乐的活动，劳动和工作成了一种义务，一种摆脱不掉的思想负担。人们越是可以通过工作致富，就越是把工作当成他们发财和成功的单纯手段。"① 产业工人"只是机器的一个部分，而不是作为主动的掌握机器的人。"经理、资本家和工人一样也异化了，"经理的问题揭示出异化文化中的最重要的现象——官僚主义化……官僚是管理物和人的专家。由于管理机构庞大，官僚同人民的关系便是一种彻底的异化关系。官僚们把被管理的人民当成物，对他们既不爱也不恨，完全没有什么人的感情；就其活动而言，经理——官僚不应带有什么感情，他必须把人当成数字或物来加以操纵。"②

弗罗姆的深刻之处，在于他以心理学家的视角看到了消费异化带给人们的另一种心理影响，西方人的消费方式必然导致他们永不满足，因为他们不是以真实具体的人来消费真实具体的物，注重占有的生活方式控制了他们，于是便产生了愈来愈多的需要，需要更多的东西，更大的消费。消费原本的意义在于给人以一种更幸福、更满足的生活。消费是通向目的即幸福的手段。但是现在，消费却成了它自身的目的。不断增加的需要迫使现代人不断努力，消费使人们依赖这些需要："人感到他的消费欲望永远也得不到满足。购买及消费的行为已经成了一种强制性的非理性的目的，因为这种行为本身成了目的，而与所购、所消费的东西的使用及享用没有什么联系。购买最新发明的玩意儿、市场上最新式的任何东西，是每个人的梦想；相形之下，使用的真正乐趣倒是次要的了。"③

---

① 【美】弗罗姆著，孙恺祥译：《健全的社会》，贵州人民出版社 1994 年版，第 142—143 页。

② 【美】弗罗姆著，孙恺祥译：《健全的社会》，贵州人民出版社 1994 年版，第 99 页。

③ 【美】弗罗姆著，孙恺祥译：《健全的社会》，贵州人民出版社 1994 年版，第 106 页。

对消费异化的批判是法兰克福学派思想家的一个共同主题，如马尔库塞认为现代人的消费大多是被外界力量刺激起来的为满足自己虚荣心的虚假需要，是特定的社会利益从外部强加到这个人身上的，而真实的人的需要实际上很小，现代社会的消费行为已经变成控制人的意识形态，结果就是商品拜物教发展到了顶点，人拜倒在物面前，把物作为自己的灵魂，丧失了自己的主动性。而后马克思主义者鲍德里亚则将新出现的社会命名为"消费社会"，认为这是当代资本主义社会与早期资本主义社会的根本区别，消费的存在与维持是一切社会活动运转的先觉条件，消费范围的扩大、消费地位的提升、消费模式的变化都表明消费已成为社会运行结构中的核心，消费社会的主体已经完全被物的世界吞没，使消费与商品的使用价值相脱离，购买行为与真实需要相脱离，消费不再是手段，而成为目的本身。消费社会就由以前的商品拜物教变成符号拜物教，通过符号体系对社会进行有效的控制，使消费者作为需要被完全内化到了系统之中，消费成为压倒一切的"超意识形态"，资本主义社会的重点已经从剥削工人转向剥削消费者。可见，弗罗姆与这些西方马克思主义者都有相似的主题，甚至相似的观点，只不过作为心理学家的弗罗姆更侧重于消费异化对人的心理影响。

弗罗姆列举了当代这种经济特征对性格的影响的一个有趣的例子是"大规模的消费的需要——有助于形成现代人的社会性格的一个特征，这种特征与19世纪的社会性格形成了最鲜明的对照。我这里所说的就是，每一个欲望都必须立即满足，任何愿望都不得受挫的原则。"[①]"虽然，每个人都知道，'即刻致富'的命题实际上并不存在，但人们却还是在做着这一步登天的白日梦。"[②] 这的确是心理学家分析人的生活方式异化的深刻与独到之处。这种心理我们并不

---

① 【美】弗罗姆著，孙恺祥译：《健全的社会》，贵州人民出版社1994年版，第130页。

② 【美】弗罗姆：《为自己的人》，三联书店出版社1988年版，第88页。

陌生，当下中国就是一个异常浮躁的社会，企业家千方百计地想在最短的时间将企业做强做大，官员们为了政绩而打造最能看到成效的面子工程，学者、艺术工作者为了快出成果而粗制滥造，而弗罗姆指出了产生这种心态的根源：经济利益的驱动、整个社会的急功近利，造成了人们浮躁、急于求成的心理。所以，这种心理并非仅局限在消费领域，很多领域的问题都是这种心理造成的结果，这显示了弗罗姆社会心理学批判的现实意义，值得我们借鉴。

此外，弗罗姆还试图去探究异化的本质，在对马克思异化理论的解读中，接受了马克思关于资本主义生产方式的观点："谁要是不注意到现代社会生活的一个特定方面，即现代生活的合理化及其对人类生存基本问题的掩盖，谁就不能充分认识异化的本质。"① 那么，异化的本质是什么呢？那就是人在为生存而忙碌的时候很容易就陷入日常生活的罗网之中，"人只有当他跟其存在的根本实情仍然保持着联系，能感受到爱与休戚相关的崇高，同时体验到孤独的悲怆、存在的支离破碎之时，他才能完善自己。如果他完全落进了例行公事的罗网，沉浸在人为的生活中，如果他只看到了人为的、流于常识的世界，他便丧失并不能掌握自己及世界。"② 弗罗姆本人和其他西方马克思主义者洞察到了表面合理的西方社会存在的危机和矛盾，深刻揭露了资本主义社会在经济、政治、文化、精神层面的异化本质，揭示了资本主义社会人的心理失常、精神痛苦的真实生存状态，抨击西方社会人性的丧失，人失去了本应有的创造性、主动性，蜕变成了消费机器，变成了被动消极的物，而不再是人。弗罗姆对现代人生存状态的揭示的确入木三分。

20 世纪西方社会科学技术的飞速发展，促进了社会生产力高度发展和社会财富急剧增加，但生产和科技的发展并没有消除各种社

---

① 【美】弗罗姆著，欧阳谦译：《健全的社会》，中国文联出版公司 1988 年版，第 145 页。

② 【美】弗罗姆著，孙恺祥译：《健全的社会》，贵州人民出版社 1994 年版，第 114 页。

会危机，反而造成人与自然关系的破坏和人与人异化的加剧，弗罗姆并没有被西方社会表面的繁荣和富足所迷惑，深刻体验到存在的根本实情，揭示了当代社会所面临的矛盾和危机，显示了他因继承了马克思的异化理论而拥有的深刻的洞察力，也表明了马克思的异化理论蕴含着批判理论的巨大的潜能和诠释空间。更因为他从社会心理学的角度深化了并拓展了异化理论，从不同方面揭示了现代人异化的性格结构和心理机制，所以有学者指出："在新马克思主义者中，弗罗姆对现代人的异化的生存方式做了最为深刻的探讨。"①

第三节　社会无意识理论所蕴涵的批判思想

心理分析的激进意味着寻找途径——作为一种事实——进入无意识的冲动、情感、幻想、观念等等。这就是说，心理分析理解人的行为以及从根本上心理分析激进的获得必须涉及到一种方法，通过它，人们接触到无意识。所以，如果人们想界定无意识的本质，就必须着重于这种方法并寻找新的方法去揭示无意识。弗罗姆本人就是沿着经典心理分析的道路同时发现新的方法去理解无意识过程的心理分析学家的代表人物。对他来说，接触无意识的经典方法对心理学家来说无疑是根本的。②

弗洛伊德的个体无意识压抑的是原始的欲望和本能的冲动，代表着社会和道德所不容的罪恶，弗罗姆的社会无意识压抑的是对事实的真实反映，是人的自我的隐藏，是对现实的社会处境的一种自

---

① 衣俊卿：《新马克思主义的文化批判理论理论及其启示》，《中国社会科学》1997 年第 6 期。

② Rainer Funk：Erich Fromm's role in the Foundation of the IFPS. Int Forum Psychoanal，2000，9：196.

动适应。因为人们害怕受到孤立和排斥，人有与世界发生联系、与他人保持一致的强烈要求。

那么，无意识的压抑是怎么发生的呢？弗罗姆提出了"社会过滤器"的概念，他这样解释这一概念：对于任何被觉知到的经验来说，它必须是按照有意识的思维被组织起来的范畴来理解的。我只有与自己所感知到的范畴体系联系起来的时候，才能认识到我自身之内或我自身之外的任何事物。即经验只有在一个概念体系中方可以被感知、被联系起来，形成条理。这一范畴体系的作用就像是一个受社会限制的过滤器：经验要被觉察到，除非它能够穿透这个过滤器。他认为，压抑是通过一系列社会过滤器完成的：语言、逻辑和社会禁忌是社会过滤器的主要组成部分。①

弗罗姆认为无意识理论一个方面是压抑具有歪曲现实的作用。一个人自觉意识到的东西，绝大部分是出于虚构；而他所压抑了的东西即那些无意识的东西反倒是真实的："我们不妨说大多数人在自认为清醒的时候，实际上却处于半睡眠状态。所谓'半睡眠状态'，指的是他与现实的接触只是极其有限的接触；他相信为现实的东西，无论是外在的还是内在的，大部分都出自他头脑中营造的一套虚构。他对现实的觉察，仅限于他的社会职能认为必要的程度；他对自己同伴的认识，仅限于他需要与他们合作的程度；他对物质实在和社会现实的认识，仅限于他为了驾驭它而需要认识的程度；总之，他对现实的认识，仅限于生存目的认为必要的程度。……大多数人的意识基本上是由各种虚构和幻相组成的'虚假意识'，而那些他未能觉察到的东西却恰恰是真实的。"② 也就是说，压抑使得我们以一种歪曲的方式去看待现实，我们得到的关于现实的意识，都是虚假的幻象，即马克思所说的意识形态。

---

① 【美】弗罗姆：《在幻想锁链的彼岸》，湖南人民出版社1986年版，第119—126页。

② 【美】弗罗姆：《精神分析与禅宗》，《弗罗姆文集》，改革出版社1997年版，第467—468页。

　　那么，哪些意识和感觉被人们压抑了呢？造成这种压抑的原因又是什么呢？

　　弗罗姆认为，当代资本主义社会不仅没有将人们从对现实的歪曲认识和人性扭曲的压抑状态下解放出来，反而不断地强化这种压抑，为人们造成了越来越多的幻想，也使人性更加扭曲。所以，首先被压抑的就是西方社会的不合理之处。

　　弗罗姆列举并批判了西方世界的诸多不合理之处：

　　"当世界上千百万人民正在挨饿，我们却花费成千上万的美元来储存农业的剩余物资；当武器被用来摧毁我们的文明的时候，我们却将国家预算的一半经费花费在武器制造上；当我们用基督教的善和无私这些教义来教育孩子们的时候，又为孩子们准备了这样一种生活，即在这种生活中，为了获得成功，需要倒是善的反面；上两次世界大战，我们都是为着'自由和民主'而战，并以消灭了'自由的敌人'而结束这两次战争。仅几年以后，我们又为了'自由和民主'重新武装了起来，所不同的是，以前是自由的敌人，现在却成了自由的捍卫者，以前的同盟者，现在却成了敌人；我们一方面极力反对那些不能容忍言论自由和政治活动自由的制度，另一方面，如果我们与这些制度结成一个军事同盟的话，我们就会说，这些制度或那些更无情的制度是'热爱自由'的。"① 弗罗姆认为，所有这些都是西方社会生活方式的不合理之处、虚伪和矛盾。只是这些不合理之处几乎不被人注意到，被人们"压抑"了。

　　这就是资本主义的意识形态。资本主义给人们造成的幻象远不止这些。弗罗姆从资本主义制度的根本——人人都信以为真的"民主"来揭示这个社会给人们的假象。

　　在现代资本主义社会，一般人们有这样的信念：现代民主制度把个人从外在束缚中解放出来，人们可以自由表达自己的思想与感

──────────

　　① 【美】弗罗姆：《在幻想锁链的彼岸》，湖南人民出版社 1986 年版，第 129、130 页。

情，不屈服于任何外在的权威。然而弗罗姆却提出了他的独特思想：
表达我们思想的权利，只有在我们能够有自己的思想时才有意义。
只有内在的心理状况能使我们确立自己的个性时，摆脱外在的权威，
获得自由才是永久的。① 然而现实的资本主义社会却从各个方面麻痹
人们的批判思维能力，使人们以他人的思想取代了自己思想，把他
人的需要当做自己的需要，从而丧失了人的真正的自我。

其次，自发的思想、情感被压抑了。

弗罗姆把这种将他人的愿望、思想及感觉误认为是自己的，而
失去了自己本身的愿望、思想和感觉的过程称为趋同趋势。在对资
本主义的考察中，他认为资本主义社会对个人的自发感觉及真个性
的压抑从早期的儿童教育就开始了，"即便教育的真正目的在于促进
儿童的内在独立和个性……然而，在我们的文化中，教育的结果常
常却是扼杀了自发性，外加的感觉、思想和愿望取代了原始的心理
活动。"② 所谓"原始的"，弗罗姆解释道：并非指别人以前从未想
到过的思想观念，而是指它生发于个人，是他自己活动的结果，在
这个意义上是他的思想。

在现代社会中，大量自发的情感受到压抑，并被伪情感取而代
之。弗罗姆举例说，儿童通常都有的一定程度的敌视和叛逆倾向很
早就被教育压抑了，从而使他们丧失了辨别好坏的能力；而与市场
打交道的人都必须有"令人愉快的人格"，否则买卖就不可能成功，
而"友好、欢愉及微笑能够表达的所有东西，都像电开关一样，成
了自动的反应。"③ 以至于"不带情感去思想和生活已成为理想，
'有情感'已成为不健全、不正常的同义词。"④ 而原创性的思想也
一样遭到扭曲。如教育从一开始就把准备好的思想灌输到人的脑子

---

① 【美】弗罗姆：《逃避自由》，国际文化出版公司 2002 年版，第 171—
172 页。

② 【美】弗罗姆：《逃避自由》，国际文化出版公司 2002 年版，第 172 页。

③ 【美】弗罗姆：《逃避自由》，国际文化出版公司 2002 年版，第 173 页。

④ 【美】弗罗姆：《逃避自由》，国际文化出版公司 2002 年版，第 174 页。

里，教育的方法也是强调事实的知识，这妨碍了学生进行独立的思考，而对于个人和社会生活的所有基本问题，"我们大部分的文化所能做的只有一点，就是把这些问题弄糊涂。烟幕之一就是断言这些问题太复杂了，一般个人根本弄不明白。……个人陷入数据的迷宫中，觉得无助，只好傻呆呆地静等专家来告诉他如何做，向何方。"①

再次，真实的愿望也被压抑了。

不仅感觉和思想缺乏"原创性"，愿望活动也是如此。现代人似乎有很多的愿望，但大多数人"没有停下来想一想，他们正在孜孜以求的目标是否是自己所想的。"这表明："现代人生活在幻觉中，自以为知道自己想要的东西是什么，而实际上他想要的只不过是别人期望他要的东西……弄清楚一个人真正想要什么并不象多数人想的那么容易，而是人必须解决的最大难题之一。"②

现代社会的商业化也在强化着这种趋势。比如现代广告方式也加强了这种态势，它们以非理性的方式麻醉人，扼杀人的鉴别力，他说大部分的现代广告"并不诉诸于理性，而是情感；像其他任何一种催眠暗示一样，它先着力在情感上征服对象，然后再让它们在理智上投降。……让他们幻想生命突然发生变化。所有这些方法基本上都是非理性的"。这种非理性的广告的直接负面作用是："它们根本与商品的质量无关，而像麻醉剂或直接催眠法那样麻醉扼杀顾客鉴别力。它们像电影那样具有白日梦的特点，能满足顾客的某种需求，但同时又增加了它们渺小感与无能为力感。"③

弗罗姆将这种方法称为"弱化人的批判思维能力的方法"，认为这种方法的直接坏处是"对我们民主的危险性更大，远胜于许多对它的直面攻击，从人类诚实的角度看，则比我们加以惩罚的黄色出

---

① 【美】弗罗姆：《逃避自由》，国际文化出版公司 2002 年版，第 178 页。
② 【美】弗罗姆：《逃避自由》，国际文化出版公司 2002 年版，第 179—180 页。
③ 【美】弗罗姆：《逃避自由》，国际文化出版公司 2002 年版，第 92 页。

版物更不道德。"① 而经济领域的这些现象也同样存在于政治领域。
"政治宣传的方法同广告对顾客产生的影响一样，能加深个体投票人
的微不足道感。重复口号，强调无关主旨的话题麻痹了他的批判力。
政治宣传的规则绝对不是让他有清晰冷静的思维，即使在民主国家
里也是如此。面对宣传里展示的政党的权力与规模，个体投票人不
禁会觉得渺小而又微不足道。"②

最后，重生存的倾向也被压抑了。

从重占有还是重生存这一角度对资本主义社会的批判，弗罗姆
首先从无意识这一角度揭示了这种性格的根源，认为是人的生存取
向受到了压抑，重占有成为占统治地位的模式所导致的结果，"人的
这一需求（指奉献、分享和牺牲意愿）受到这样大的压抑，以致于
在工业社会（和其他的许多社会）里，利己主义成为规则，而团结
精神成了例外。……一个建立在赚取—利润—个人财产原则上的社
会也造成了一种以占有为导向的社会性格，占统治地位的行为模式
一旦固定下来，任何人都不愿意做一个局外人或者说被排斥出去
的人。"③

压抑为什么会形成呢？弗罗姆分析道：

在人类历史上，大部分社会的特征都是少数人统治并剥削大多
数人，少数人要统治多数人，仅靠武力是不可能的，最重要的是使
大多数人自愿接受剥削，而这要依靠各种谎言和虚构来解释和证明
少数人统治的合理性，使谎言和虚构成为大多数人的意识。这谎言
和虚构不是对客观现实的真实反映，而对现实的真实反映则被压抑
着，处于无意识状态，即社会无意识："在整个人类史中，除了某些
原始社会以外，酒席总是为少数几个人准备的，大多数人吃到的只
是残菜剩饭。如果大多数人都彻底意识到自己被欺骗了这个事实的

---

① 【美】弗罗姆：《逃避自由》，国际文化出版公司 2002 年版，第 92 页。
② 【美】弗罗姆：《逃避自由》，国际文化出版公司 2002 年版，第 93 页。
③ 【美】弗罗姆：《占有还是生存》，三联书店出版社 1989 年版，第114 页。

话，那么，就会产生一种怨恨，这种怨恨将会威胁着现存的秩序。因此，这些思想不得不遭到压抑，那些还没有充分意识到这一压抑过程的人则陷于生命或自由的危险之中。"① 因为，"从无意识上讲，他是不会甘于忍受的，而且正是这种不甘忍受本身成为了一种最终导致他去改变使他畸形的社会制度的因素。如果他不能这么做，那么，他所处的某一特定的病态社会就不会消失。"②

弗罗姆认为，"任何特定社会中的不合理之处都必然导致该社会成员对自己许多感觉和意识的压抑。一个社会越是不能代表该社会全体成员的利益，这种必然性就越大。"③ 他认为，在工业发达的国家就显示出许多矛盾和不合理之处。由此可见，弗罗姆是将压抑的原因归结为意识形态控制。

弗罗姆接着分析了无意识的另一个侧面：意识只代表由社会塑造的一小部分经验，而无意识则代表具有普遍性的人性的全部丰富深邃的经验。④ "无意识是一个完整的人——减去了他与社会相一致的那部分。意识代表了个人所处的历史状况所造成的偶然的局限性。无意识代表了植根于宇宙中的普遍的人、完整的人；它体现了人本身的植物性和动物性，体现了人的精神；体现了人类过去到人类生存的黎明，体现了人类的未来至那一天的到来，即人将成为全面的人，成为'自然化'的人……认识到人的无意识，意味着接触到了人的完整的人性，抛弃了社会设在每个人身上的、最终设在每个人与他人之间的种种障碍。"⑤ 他认为，要达到这个目的是困难的，至

---

① 【美】弗罗姆：《在幻想锁链的彼岸》，湖南人民出版社 1986 年版，第 129 页。

② 【美】弗罗姆：《人的呼唤》，三联书店出版社 1991 年版，第 20 页。

③ 【美】弗罗姆：《在幻想锁链的彼岸》，湖南人民出版社 1986 年版，第 128 页。

④ 【美】弗罗姆：《精神分析与禅宗》，《弗罗姆文集》，改革出版社 1997 年版，第 468 页。

⑤ 【美】弗罗姆：《在幻想锁链的彼岸》，湖南人民出版社 1986 年版，第 135 页。

今还没有人能做到这一点。但他认为，是否能做到这一点，及在多大程度上达到人性的完整，也取决于社会："一个社会越人道，个人也就越不需要在脱离社会或失去人性之间作出选择。社会的目的与人类的目的之间的冲突越大，在这种危险的孤立的两极之中，人就越来越处于分裂的状态。"① 所以，压抑不仅对现实造成了歪曲的认识，同时也会使人性扭曲：

"压抑状态必然导致这样一个事实：作为偶然的、社会的人的我，被分割在作为整个人性的人的我之外。我对我自己来说是一个陌生人，在同样的程度上，每个人对于我也都是陌生人。我被割裂在人性经验的广阔领域之外，自始至终是人的一块碎片，是一个畸形人，仅仅体验到于己于人来说都是真实的东西的极小一部分。"② 这是对马克思资本主义状态下"分离的个人"一个最好的注解。

对于未来社会与无意识的关系，弗罗姆更倾向于马克思的观点，马克思认为，当剥削和阶级冲突消失的时候，全面发展的社会就不需要任何意识形态，也就可以取消任何意识形态了。所以弗罗姆认为，"在充分人性化的社会里，不存在压抑的需要，因而也就不存在社会的无意识。"③

批判本身不是目的，批判的目的是为变革现实，怎么变革现实呢？弗罗姆认为，变革现实要求助于真理，丢掉虚假的幻想，而我们多数人是生活在幻想中。弗罗姆论道："马克思认为，真理乃是引起社会变革的一种武器"，"马克思……求助于对现实的认识，求助于真理。构成马克思所说的'真理的武器'的思想基础与弗洛伊德是相同的：人靠幻想活着，因为这些幻想使人得以忍受现实生活的

---

① 【美】弗罗姆：《在幻想锁链的彼岸》，湖南人民出版社 1986 年版，第134 页。

② 【美】弗罗姆：《精神分析与禅宗》，《弗罗姆文集》，改革出版社 1997年版，第 468 页。

③ 【美】弗罗姆：《在幻想锁链的彼岸》，湖南人民出版社 1986 年版，第139 页。

痛苦。如果人们能清楚地认识到究竟什么才是幻想，如果人们能从半梦幻状态中清醒过来的话，那么，人们就能恢复自己的理智，意识到自己所特有的力量和权力，并以这种方式来改变现实，致使幻想已没有再存在的必要。"① 弗罗姆认为，幻想，即虚假的意识，是对被歪曲了的现实的描述，会削弱人的意志。只有丢掉自我独立性的幻想，克制贪婪的欲望，并认识到决定我们生存的基本真理，我们才能摆脱痛苦。

有国内学者认为，马克思着眼于对资本主义经济基础和社会制度的批判，其目的在于从根本上推翻资本主义制度，而弗罗姆主要展开对资本主义心理及社会性格的批判，而较少涉及这种心理及社会性格赖以滋生的经济基础，尤其是所有制关系，这是一种在不触动资本主义根本制度前提下的批判，这种差异，我们不应忽略。这种观点对马克思的理解是正确的，对弗罗姆则有误解。说弗罗姆较少涉及社会性格赖以滋生的经济基础，这显然是错误的。对所有制问题，弗罗姆与马克思的确有不同的观点，容后文再述。

弗罗姆从社会心理方面对资本主义的批判，与马克思批判的角度虽然不同，但他们批判理论的出发点是相同的，他们都是从直接生活的物质生产方式出发，始终站在现实历史的基础上对资本主义进行批判。这点也得到了西方学者的承认，麦克劳林指出："弗罗姆坚持和发展了马克思主义对社会关系的具体的历史的分析以及异化理论。"② 对弗罗姆来说，他遵从马克思的方法，不是从观念出发，而是从社会物质实践出发、从现实的处于一定社会关系的人出发去解释人的心理和性格及其形成，所以，当他从社会性格和心理的角度分析批判当代资本主义社会时，他的矛头所指，仍然是资本主义生产方式本身，是资本主义的私有制，是资本主义的金钱拜物教，

① 【美】弗罗姆：《在幻想锁链的彼岸》，湖南人民出版社 1986 年版，第14 页。

② McLaughlin, Neil: How to become a forgotten intellectual: intellectual movement and the rise and fall of Erich Fromm. Sociolocal Forum, 1998, 13 (2): P. 232.

是对资本主义贬低人、把人化为物、化为奴隶的批判，他对异化的批判更加可以说是对马克思异化理论的拓展。他从社会无意识角度引发的批判，深入到人类精神领域的深层，探索当今西方社会对人的深层意识麻痹与摧残，让人生活在幻想与压抑的状态中，丧失了辨别和批判的能力。从社会心理学角度阐发的颇有深度的批判为我们提供了可贵的思想资源。

结 语

    本书从批判理论的角度对比了马克思与弗罗姆的思想，他们与康德所开拓的西方批判哲学之间有着传承关系，弗罗姆不仅领悟了马克思批判理论的根本方法和理论内涵，还将这种方法运用于自己的批判理论中，独创式地提出了他的社会心理学理论，为批判理论同时也为马克思主义提供了有价值的思想，其理论意义和现实意义不容忽视。

    本书认为，马克思的批判理论是以历史唯物主义为基础，以从事实践活动的、现实的人为出发点，注重对资本主义生产关系的分析和解剖，把资本主义的生产过程作为整个资本主义生产方式解剖的基础来看待，以揭示剩余价值的秘密为中心，以对典型的资本主义生产方式的批判为主要内容，揭示其产生、发展和灭亡的规律。马克思的批判理论无论是从方法还是从内容上，都对其后的批判理论家们产生了深刻的影响，也提供了重要的思想基础。弗罗姆的批判理论正是在这个基础上建立起来的。

　　弗罗姆从一开始创建他的社会心理学理论并从事对资本主义的批判，就已经接受了马克思的影响，在"新弗洛伊德主义者"中，他的修正主义立场最为彻底，重要的原因就是对马克思的认同，对历史唯物主义和马克思的人学方法论的运用。他以《德意志意识形态》、以《〈政治经济学批判〉序言》为主要文本解读历史唯物主义，将它和近代机械唯物主义区别开来，认同马克思对社会发展规律的揭示，对经济基础和上层建筑的辩证关系的阐发，并将它理解为认识资本主义社会的本质从而对其进行批判的重要方法。当然，对历史唯物主义的阐发也包括他用弗洛伊德的精神分析学中有关人的学说以及他所提出的社会性格理论来补充历史唯物主义。精神分析学关于人性、人的性格、无意识等方面的理论为历史唯物主义关于人的思想做出了很大的贡献，事实上，现今的马克思主义哲学教科书关于意识以及认识论中关于非理性认识的作用都已经汲取了精神分析学的发现和成果，这就足见弗罗姆的确有理论上的先见之明。在社会性格对历史唯物主义的补充方面，他认为社会性格的功能在经济基础和上层建筑的辩证关系中起了中介的作用，这方面的补充使历史唯物主义更加具体化、细致化了。

　　对马克思的人学理论解读方面，弗罗姆阐释了马克思有关人的本质、人性理论以及将人作为最高价值对资本主义的批判。在人的本质方面，他认同并继承了马克思从实践活动和社会关系方面考察人的视角，并以此为方法论修正精神分析心理学，指出心理学的关键问题是个人与社会的特殊联系问题，而不是本能需求的满足与受挫。在人性理论方面，他注意到了马克思对人的两种欲望的划分：因本能而产生的与因一定的社会结构而产生的欲望，前者是任何历史条件下都必须得到满足的因而是不变的；后者则是相对的，因为它会随着一定的历史条件的变化而改变。作为心理学家，他注重人性的研究，承认人性中的生物和社会双重因素，但尤以后者为他的研究重点，所以他反对弗洛伊德将人性的内驱力归结为生物本能，认为推动人的行为的最强有力的力量不是源于人的生物本能，而是人的社会需要。他既反对有固定不变的人性论，也反对人性的无限可塑性。弗罗姆受到马克思对私有制造成的人的需要的狭隘性论述的启发，提出了一种重占有的性格类型，以批判资本主义对人的心理需求的扭曲。所以，即便是在阐述马克思的人学思想，他也注重马克思的批判理论，因为这种批判理论是以人为最高价值的批判，是对资本主义社会经济利益至上摧残了人、将人变成工具、机器、受动者的批判，他认为，马克思的最高理想就是解放人，恢复和发展人的全部丰富人性，显示出在人的价值理想方面对马克思的推崇和认同。本人认为，在人的问题上，弗罗姆注重从社会关系和人的活动来考察人，他的人本主义心理学不是孤立抽象的而是具体的现实的人的理论。

弗罗姆社会心理学的重要组成部分——社会性格理论，最明显的体现了他以历史唯物主义取代弗洛伊德的精神分析学的机械唯物主义基础，将个体性格发展为社会性格理论，探寻每一时代具有典型意义的社会性格特征及产生这些性格的社会经济根源。从对当代人的心理诊断来说，他提出了纳粹时代的权威主义性格、当代资本主义的市场性格和重占有的性格，剖析了这些典型性格的社会基础、心理特征及其对社会进程的影响，以批判资本主义社会所造成的人的扭曲心理以及这种心理对社会进程的负面影响。这部分内容是弗罗姆最具有独创性的思想，是他的社会心理学的核心内容，无论是对心理学界还是社会学界都有广泛的影响。

异化理论实质上也是他的社会心理学批判的重要组成部分。从弗罗姆对马克思的异化理论的阐释可以看出，他既认识到马克思早期对人的本质设定的价值批判，也认识到成熟期的马克思对异化的历史评价，而且还指出了马克思异化产生的根源以及消除异化的途径。正是在这个基础上，弗罗姆以人本主义心理学家的视角拓展了异化概念：将异化理解为一种人心理的体验方式，将异化拓展到心理学领域，认为当代资本主义社会典型的性格都属于异化的性格，社会无意识对人的认识和经验的压抑是异化，精神病患者中的移情和自恋现象都是异化的表现；强调异化批判的价值维度，并且认为在现代社会中，有"总体异化"的趋势，异化普遍存在于社会生活的各个领域和各个方面，存在于几乎所有的人。他的观点反映了当代资本主义社会的实际存在的状况，显示了马克思异化批判的巨大的潜能和诠释空间，对资本主义的批判也更有深度。当然他的社会心理学批判还包括社会无意识学说、人性理论蕴涵的批判思想。

无论从批判理论的广义还是狭义上讲，弗罗姆的人本主义的社会心理学都是名副其实的批判理论。从狭义上来说，弗罗姆属于法兰克福学派的"批判的马克思主义"；从广义上来说，弗罗姆坚持了从康德以来的批判理论的传统，强调人的主体的参与作用，以经验研究为基础，提供价值判断，并将理论与实际、价值与研究、认识与对象统一起来。弗罗姆的批判理论属于跨学科研究，无论是对心理学还是对社会学，他都有卓越的建树。

弗罗姆的批判的方法、视角很多渊源于马克思的批判，他们的批判肯定有着一致的地方，但他们毕竟面对的是不同时代的资本主义，在不同的领域批判资本主义，因而同是批判理论，他们之间的差异也是显而易见的。

下面对他们理论的同和异，从他们的批判方法和他们对未来社会的设想方面给予进一步说明。

一、关于他们的批判方法

如果我们将历史唯物主义作为一种方法论，将它理解为研究探索的出发点，即从直接生活的物质生产而不是从观念出发、从从事实践活动的现实的人出发，而不是将历史唯物主义作实证化、科学化的理解，狭义地将它理解为社会历史资料的具体的指导原则，那么，历史唯物主义就是他们共同的出发点，是他们共同的批判基础。

弗罗姆把社会看成一个动态的整体，从宏观的广泛的联系中研究心理现象，而传统的社会心理学往往缺乏这种宏观的眼光。这与弗罗姆所受的马克思主义的影响分不开。以往的心理学家往往把一种在一定范围内适用的具体学说推演成一种广泛适用的社会学说，这就容易陷入心理决定论或心理学主义。弗罗姆一开始就受到历史唯物主义和辩证法的影响，因而避免了重蹈心理主义的覆辙。

从具体的理论研究方法来说，他们都以经验的研究为依据，同时又有很强的价值取向。他们的经验研究都属于科学范畴。马克思经济学的经验科学方法已经人所共知，这里不再赘述。对弗罗姆来说，他一直都没有离开过心理治疗的临床实践，他的理论研究和分析都建立在精神分析实际工作的基础上，是以对人的行为的实际观察为基础的。

对弗罗姆有深入研究的学者张伟这样概括弗罗姆的研究方法，第一是总体性方法，弗罗姆在人性理论和异化理论中运用了这种方法。这种方法反对只考察事物的某一方面，而要考察事物在相互作用中各个方面的总体联系；不局限于一个特定时刻，而将现在、过去和将来结合在一起，考察一个历史过程的总体；不静止孤立地考察主体和客体，而考察主客体相互作用的总体运动。第二是辩证方法，弗罗姆对人性、人的自由、社会性格等问题的论述经常使用一对矛盾范畴，充分运用辩证思维方法分析人的存在的矛盾特征。第三是实证方法。作为一个受过严格训练和长期进行临床治疗的精神分析医生，他坚持以观察到的事实作为理论思维的基础，认为这是理论思维不可缺少的，倘若理论与事实不等，则应力求修正理论，他坚信将经验观察与理论思考结合起来具有更大的价值。①

从这种总的方法来说，弗罗姆既有对马克思及西方马克思主义者卢卡奇方法（如总体性方法）的继承，也有他自己本学科的特点，如心理学的实证方法。但在这方面，弗罗姆也有明显的严重的不足，也受到来自各方面的批评。弗罗姆的人本主义使得他的概念有时含糊不清，这在上文中有详细的论述。没有一个严密的体系，也是他受到指责的方面。对这些问题，弗罗姆受到了来自心理学家和社会

---

① 张伟：《弗罗姆思想研究》，重庆出版社 1996 年版，第 169、170 页。

学家的批评。有心理学家认为：毫无疑问，弗罗姆激进的政治立场有时会有损于他的心理分析的思想和实践。他过分强调很多心理学问题所涉及的社会学基础，而对很多病人过去所经历的痛苦、耻辱和无意识的伤害重视不够。还有心理学家指出，弗罗姆从未为他的修正的心理分析学勾画出一个详尽的理论和实践体系。而正统心理学派对他敌视的根源是他在本性上是类似社会学家的知识分子。弗罗姆的观点受到弗洛伊德捍卫者的强烈抵制恰恰是因为他洞察到经典理论的局限与矛盾，站在学派的立场上就认为这是对心理分析学派的严重威胁。① 社会学家也对弗罗姆的实证性的缺乏表示不满：多数社会学家不同意弗罗姆对实证主义的批判（弗罗姆是个不成熟的后实证主义者），拒绝他缺乏相对系统的经验实证研究。"逃避正统"的弗罗姆使得他边缘化，同时使他很难将他的观点局限在适应学院要求的标准和规范中，他作品的清晰和广为流行的成功也使他在学院社会学家当中丧失了荣誉。②

所以，在使理论科学化的方面，弗罗姆远远不及马克思。这或许是人本主义学者的先天不足。

二、在对未来社会的设想方面

弗罗姆不仅身体力行地参与变革现实的活动，从理论上对未来社会也做了有益的探索，尽管带有乌托邦的色彩。

以上几章我们涉及弗罗姆的批判理论都是对资本主义的诊断方面的内容，他认为当代资本主义社会人们精神病的根源在于资本主义社会的政治、经济和文化的基本结构和制度。在他批判理论的"乌托邦"方面，他提出并探讨了根除资本主义社会精神病的几种主要方案，包括极权主义、超资本主义和社会主义。仔细分析之后，

---

① McLaughlin, Neil: Revision from the margins: Fromm's contributions to psychoanalysis. Int Forum Psychoanal, 2000, 9, P. 244.

② McLaughlin, Neil: How to become a forgotten intellectual: intellectual movement and the rise and fall of Erich Fromm. Sociolocal Forum, 1998, 13 (2), P. 237.

他最终有选择条件地接受了马克思主义的"公有社会主义"的方案。

他认为，取代西方病态社会的只能是马克思的社会主义社会，而不是极权主义、超资本主义。认为社会主义社会的最终目标是：使人摆脱人对人的压迫和剥削，使人从经济王国的统治下解放出来；使人重新成为社会生活的最高目的，在人与人和人与自然之间创造一种新的统一，"（人）他决不是一种手段，决不是一种被他人或自己使用的东西。人对人的利用必须终止，经济必须为人的发展服务。资本必须为劳动服务"① 等等。所以在终极目标上，弗罗姆与马克思是一致的。但不同之处也很明显。

1. 在具体实施途径、方案上，弗罗姆与马克思的社会主义有很大的差异

要实现这样一个理想的健全的社会，弗罗姆认为必要的条件是："只有当工业和政治的体制、精神和哲学的倾向、性格结构以及文化活动同时发生变化，社会才能够达到健全和精神健康。"② 只注重一个领域而忽视其他领域的变化，就会像历史上无数次的重大变革一样以失败而告终。这一观点似乎是学派成员们的共识。霍克海默也认为："仅仅依照经济去判断未来的社会形式，却是一种机械的思维，而不是辩证的思维。……仅凭经济不能提供衡量人类社会的规范。"③

而弗罗姆认为现行的马克思主义的社会主义强调社会经济变化的必要性，而忽略了人的内在变化的必要性，他认为，没有这种内在的变化，经济变革是决不会产生健全的社会的。

为此，弗罗姆制定了一整套详尽的包括经济、政治、文化、精神生活在内的改革措施和方案。而他和马克思的最大不同，仍然是

---

① 【美】弗罗姆著，欧阳谦译：《健全的社会》，中国文联出版公司 1988 年版，第 372 页。

② 【美】弗罗姆著，欧阳谦译：《健全的社会》，中国文联出版公司 1988 年版，第 275 页。

③ 【德】霍克海默：《批判理论》，重庆出版社 1989 年版，第 235 页。

表现在经济变革的方案中，如所有权的问题。

他说，按照马克思主义的社会主义，社会主义社会必须建立在两个前提之上：生产资料和分配的社会化，中央集权的计划经济。而这两个前提都被俄国社会主义实践证明是行不通的。认为马克思主义社会主义的不足之处，或许也是它深得人心之处，正是在于对资产阶级的财产权和纯经济因素的过分强调。他认为，"所有权和财产权是资本主义经济的核心范畴，当马克思通过颠倒资本主义的财产制度并要求'剥夺剥夺者'来定义社会主义之时，他仍停留在这些理论范畴之内。"①

他所倡导的社会主义是注重劳动的组织和人与人之间的关系，而不是强调所有权问题，"现存社会主义的错误并不在于社会主义的基本目标，这就是建立一个非异化的社会，使每个劳动者可以积极负责地参与工业生产和政治的管理，而是在于错误地强调与私人所有权相对的公共所有权，忽略了人性和一定的社会因素。人们也逐渐地认识到，社会主义的预见必须注重工人参与和共同管理的思想，必须把权力分散和人在劳动过程中的具体作用放到中心的位置，而不是去强调抽象的所有权观念。"②

他将他所倡导的社会主义仍称为"公有社会主义"，这种社会强调的是共同管理的必要性，不注重改变所有权。他认为，公有社会主义的中心问题是要改变劳动处境，使工人共同参与管理与决策，调动劳动者个人的主动性。共同管理和共同决策的原则意味着对所有权的严格限制，但不会带来所有权的革命性的变化。他引证英国工党领袖的实际经验，认为，所有权由私人资本家转向社会或国家，并没有给工人的劳动处境带来什么变化。

而要实现改变劳动处境的新的经济制度，不必进行暴力革命，

---

① 【美】弗罗姆著，欧阳谦译：《健全的社会》，中国文联出版公司1988年版，第286页。

② 【美】弗罗姆著，欧阳谦译：《健全的社会》，中国文联出版公司1988年版，第335页。

可以通过工人控股、通过立法来进行这种变革。他认为，实际上现在已经有了一系列法规来维护公共福利和限制财产所有权，如工人可以通过购买公司的股份，或工会能够买下足够的企业股份，代表工人控制企业的管理部门等方式来参与企业的决策与管理，同样，也可以通过立法来保证经理、股东、职员、工人各自的权利，保证所有成员都参与生产、管理和决策。

无论是哪方面的变革，最终的目的还是为了人的尊严和价值。所有权变革的目的也是："根本的问题不在于财产所有权的法定权利或是利润的分享，而是在于劳动的共同分担和经验的共同分享。必须使所有权的改变最终造成一个劳动的共同体，最终防止利润动机将生产引向危害社会的发展。必须使收入达到这样一种平等程度，即为每个人过上人性尊严的生活提供物质的基础。从而防止社会各阶级因经济的差别而造成他们完全不同的生活感受。"①

弗罗姆对未来的社会既有对马克思的认同，也有他自己设想。"马克思主义的目的在于建立一个超越资本主义的人道主义社会，一个以全面发展人的个性为宗旨的社会"。② 他自己理想中的健全社会也是"人道主义的民主的社会主义"，是健全的社会，这种人道主义的社会主义既不同于苏联的共产主义，又不同于资本主义，在这样的社会中，人永远是目的，不是手段："在这种社会中，人是中心，一切政治和经济的活动都要服从人的发展这一目的。在健全的社会中，诸如贪婪、剥削、占有和自恋这些品质，都不再被使用来获取更大的物质财富或是提高个人的威望。"③

至于政治、文化方面的变革，如民主、公共决策、教育、宗教

---

① 【美】弗罗姆著，欧阳谦译：《健全的社会》，中国文联出版公司 1988 年版，第 371 页。

② 【美】弗罗姆：《在幻想锁链的彼岸》，湖南人民出版社 1986 年版，第 149 页。

③ 【美】弗罗姆著，欧阳谦译：《健全的社会》，中国文联出版公司 1988 年版，第 279 页。

等弗罗姆都提出了具体的变革方案，这种设想越具体，就越是给人一种"乌托邦"的感觉。

2. 变革社会依靠的力量不同

我们都很熟悉马克思关于无产阶级革命的理论。无产阶级因为必须承担社会的一切重负而不能享受社会的福利，由于它被排斥于社会之外，因而必然与其余阶级发生最激烈的对立。这个阶级是社会成员中的大多数，从这个阶级中产生出必然实行根本革命的意识，即共产主义的意识。他们通过剥夺资产阶级的所有权，推翻资产阶级的统治，通过夺取社会的生产力而成为建设新社会的主人。包括弗罗姆在内的法兰克福学派的批判理论家们在这一观点上是比较一致的：马克思的阶级斗争理论不再能无条件地运用于发达的资本主义社会了。但具体要依靠谁来构建他所设想的新的社会，弗罗姆语焉不详。

在阶级斗争的问题上，弗罗姆不仅抛弃了马克思的某些观点和预见，甚至与早期西方马克思主义者如卢卡奇的观点也产生了极大的分歧，认为马克思主义关于无产阶级与资产阶级的阶级斗争的观点并不足以解释 20 世纪的资本主义发展。弗罗姆早在 20 年代末就对德国工人进行了一个实证的调查，起因就是"为什么德国工人没有象马克思主义理论所预言的那样抵制希特勒的纳粹独裁统治。"[①]这是一个问卷调查的实证研究，弗罗姆的结论是，德国中下层是权威主义的典型性格，他们需要像纳粹党这样的权威统治，所以他们不可能是新社会的中坚力量，因而在这一方面他不认同马克思，他说："在马克思生活的时代，工人阶级是唯一依附于他人的庞大阶级……现在，绝大多数人都是靠工资（薪金）来维持生活，几乎所有就业者都处于一种雇用关系之中……今天，那种传统的囤积型性

---

① Neil Mclaughlin: Origin myths in the social sciences: Fromm, the Frankfurt School and the emergence of critical theory. *Canadian Journal of Sociology*, 1999, 24 (1): 115.

格的主要代表是工人；所以，比起更为异化的中间阶层来说，他们更不愿意变革，至少在美国是这样。"① 而且，尽管在《马克思论人》这本书中曾为马克思的暴力革命思想做过辩护，弗罗姆反对暴力革命的态度也很明确："暴力不会带来任何变化，变化必须是在经济、政治和文化领域同时发生的。局限于一个领域的变化，只会导致一切变革的失败。"②

　　弗罗姆的这种观点，与法兰克福学派的其他成员，如马尔库塞与哈贝马斯是一致的。他们认为自马克思那个时代以来的现代社会和经济的发展在一定程度上已经使无产阶级不能成为社会变革的起因，因为欧洲的工人大部分已经被同化。20 世纪以后，发达资本主义国家发生了很多变化，从经济领域来看，他们纷纷施行高福利政策和国家干预政策，逐步将早期自由资本主义阶段的无序竞争引向了国家控制之下的成熟的市场经济阶段。由于有强有力的政治国家干预的存在，可以利用所得税、遗产税等手段使经济上的不平等维持在社会可承受的范围之内。在这种改良了的经济运行体系中，包括工人在内的更多社会成员以持有股份的方式拥有了对企业的抽象所有权，从而改变了自由资本主义阶段的社会关系结构。从政治领域看，经济关系的改变实际上就意味着阶级关系的改变，这种改变导致阶级对立的弱化。传统的产业工人不再是社会的主要阶级，以白领阶层为主体的中产阶级成为社会生产的主要力量。当代经济政治生活所发生的这些变化，显然是马克思的政治经济学所没有涉及到的。③ 基于这样一种对变化了的资本主义的认识，批判理论家们得出的结论是，马克思并不能预见到 20 世纪社会发展的某些特点，他

---

　　① 【美】弗罗姆：《占有还是生存》，三联书店出版社 1989 年版，第209 页。

　　② 弗罗姆著，欧阳谦译：《健全的社会》，中国文联出版公司 1988 年版，第 273 页。

　　③ 参见王新生：《马克思主义哲学中的批判之维》，《学术研究》2002 年第 2 期，第 52 页。

的阶级斗争理论不再能够无条件地适用于发达的资本主义社会，所以他们基本上放弃了这一理论。

在如何看待马克思的阶级斗争理论的问题上，很多西方学者持有不同的观点，如海尔布隆纳认为，当代资本主义国家绝大多数人都为资本劳动，都是被雇用的无产阶级："如果我们象马克思那样给无产阶级下定义，即把无产阶级看作没有直接占有生产资料的劳动者，那么马克思所预言的倾向就被惊人地证实了。"① 其实，弗罗姆自己也认为"几乎所有就业者都处于一种雇用关系之中"。人们通常把阶级斗争想象为公开的或强暴的行为，但实际上，阶级斗争通常是隐蔽而非明显的，是潜在而非实际的，很可能完全以思想论战、政治争执或宗教争端的形式伪装起来。当代分析学派的马克思主义者也非常重视马克思的阶级分析理论，明确提出做一个今天的马克思主义者就是要成为阶级分析的支持者。晚期马克思主义者德里克、詹姆逊等人对马克思的阶级斗争理论的肯定都使我们更加坚信马克思的这一理论的当代价值。

对全球化进程中劳资关系探讨的过程中，正如德里克指出的，全球化时代的阶级矛盾更加尖锐，所以马克思的阶级分析法没有过时，反而更加适用了。詹姆逊也有类似的观点，他不仅强调必须坚持从经济角度看问题的马克思主义基本观点、立场和方法，还坚持阶级斗争和阶级分析的方法，并且说他对资本主义阶段的分析具体地运用了马克思主义阶级理论和经济决定论。阶级理论是在马克思主义理论中最受西方学者批判和否定的部分，然而他不仅承认并且运用了这一理论，尽管他一再提出目前的阶级斗争的存在较以前远为复杂的局面，工人阶级的意识形态与统治阶级的意识形态之间的界限已模糊不清了。

在当今社会，反资本主义运动反对的主要目标之一是跨国公司、

① 【美】海尔布隆纳：《马克思主义：赞成和反对》，中国社会科学院情报所1982年版，第84页。

金融市场、国际金融机构，还有主要资本主义国家对经济的联合垄断。全球资本主义及其组织结构被计划得如此紧密，其实施也是如此高效，以至于人民大众的力量根本无法对其造成任何显著的破坏。全球资本正在一个缺少管制的世界市场中运作，而劳动者需要在国际水平上重新组织起来以与全球资本抗衡。马克思是资本最大的敌人，他的思想和所开创的事业尽管没有将资本打倒，但却起到了有效的制约作用。只要这个世界还由资本统治，就不能"没有马克思"，否则，资本及其代理者就会肆无忌惮、恣意妄为。

那么，弗罗姆变革社会的主体是谁呢？他给人的印象模糊。在他有生之年的最后一部著作中，他对"新人"和"新社会"提出了很多具体的设想，认为马克思和以往的共产党人对未来的社会主义或共产主义社会都没有一个具体的方案，"这是社会主义一个很大的弱点。……假如没有许多具体的设计方案、模式、专门的研究和实验，把什么是必要的与什么是可能的两者联系起来，那这种新的社会结构将不会出现。具体的意思是说，除了全面长远的规划以外，一定要有关于头几步应该怎样走的设想和方案。关键的是那些制定这些方案的人的意志和人道主义精神。"① 他的新社会"头几步应该怎样走"的方案的确很具体，如把生产建立在健康消费的基础上；所有成员都必须履行起经济和政治职能；消除富国与穷国之间的鸿沟；保证每人每年有最低收入的办法来消灭现今社会的一系列弊端；解放妇女；消减核军备；基础科学研究独立，不受工业和军事上需要的束缚等等，② 那么，是谁来制定这些方案？社会民主党人、重生存的人还是人道主义者？弗罗姆从性格结构为"新人"提出了很多的设想，如注重生存而不是占有，放弃幻想，克服自恋，提高对人自身弱点和优势的认识能力等等，大多是从人的心理和认识觉悟的

---

① 【美】弗罗姆：《占有还是生存》，三联书店出版社 1989 年版，第185 页。

② 【美】弗罗姆：《占有还是生存》，三联书店出版社 1989 年版，第185—206 页。

程度上来界定新人，而新人怎么出现呢？他又说："新社会的功能是促进新人的形成。"① 对这个问题的探讨似乎最终会走向悖论：健全的社会实施必须有赖新人，而新人的出现又有赖于健全的社会，对于这个悖论，弗罗姆这样消解："我们无法想象一个与旧人有天壤之别的新人；关键在于方向的改变。向着新的方向一步一步迈进，如果方向正确，那迈出的每一步都具有重要意义。"② 如此看来，虽然他的设想乌托邦色彩浓厚，他的确是想使自己的设想具有可操作性，一步一步变为现实，作为一个知识分子，对社会、对人类的责任心却是难能可贵。

　　弗罗姆的健全社会是以个人的解放为最终目的，通过对人的解放的可能途径的探索，以社会走向健全之路，人获得解放而成为新人作为这一过程的终结。但他的变革设想的确是从人的心理性格着手，所以显得不切实际，他说："我们唯一的希望是，一个新的社会前景会具有吸引力和焕发人的精神……只有当陈腐的动机——利润、强权为新鲜的动机——生存、分享和理解所取代，只有当商品销售性格被一种创造性的、爱的性格所取代，只有当对控制论的崇拜为一种崭新的、彻底的人道主义精神所取代，新社会和新人才会变为现实。"③

　　确实，弗罗姆抛弃了马克思主义中他认为与现今无关的方面，尤其是阶级斗争理论。不过，我们不应简单地将批判理论斥责为反马克思主义的而不加以深入的探讨。更明确地讲，他的批判理论在历史观上与马克思主义并未发生根本的分歧，他仅是放弃了马克思主义的某些观点或预见，并没有从根本上否定了马克思主义。

---

　　① 【美】弗罗姆：《占有还是生存》，三联书店出版社 1989 年版，第179 页。

　　② 【美】弗罗姆：《占有还是生存》，三联书店出版社 1989 年版，第208 页。

　　③ 【美】弗罗姆：《占有还是生存》，三联书店出版社 1989 年版，第210 页。

　　我们整本书都在探讨他们之间的差异和相容之处，马克思和西方马克思主义之间的传承关系是显而易见的，但不同之处也很明显。从他们的相容之处我们看到了马克思思想丰富的内涵及其当代价值，它像一个丰富的宝藏，有待我们去挖掘。对他们之间的差异，我们只是初步地探讨了其中的原因；法兰克福学派批判领域及方法的转变，转变的理论及现实原因，这种转变对我们的意义，都值得我们继续深入的探讨，这些都是需要进一步研究的课题，这对我们当代研究和发展马克思主义都有极为重大的意义。

主要参考文献

说明：在中文文献中"Erich Fromm"有三种译法，即"弗罗姆"、"弗洛姆"和"佛洛姆"，为统一起见，本书只用第一种译法。

一、中文文献

1. 【德】马克思：《1844年经济学哲学手稿》，人民出版社2000年版。

2. 【德】马克思：《经济学手稿（1857—1858年)》，《马克思恩格斯全集》第30卷，人民出版社1995年版。

3. 【德】马克思：《经济学手稿（1857—1858年)》，《马克思恩格斯全集》第31卷，人民出版社1998年版。

4. 【德】马克思：《资本论》，《马克思恩格斯全集》第44卷，人民出版社2001年版。

5. 《马克思恩格斯选集》，第1—4卷，人民出版社1995年版。

6. 《马克思恩格斯全集》，第 1 卷，人民出版社 1956 年版。

7. 《马克思恩格斯全集》，第 2 卷，人民出版社 1957 年版。

8. 《马克思恩格斯全集》，第 14 卷，人民出版社 1964 年版。

9. 《马克思恩格斯全集》，第 19 卷，人民出版社 1963 年版。

10. 《马克思恩格斯全集》，第 24 卷，人民出版社 1972 年版。

11. 《马克思恩格斯全集》，第 25 卷，人民出版社 1974 年版。

12. 《马克思恩格斯全集》，第 26 卷（第三册），人民出版社 1974 年版。

13. 《马克思恩格斯全集》，第 31 卷，人民出版社 1972 年版。

14. 《马克思恩格斯全集》，第 48 卷，人民出版社 1985 年版。

15. 【美】弗罗姆著，孙依依译：《为自己的人》，三联书店出版社 1988 年版。

16. 【美】弗罗姆著，关山译：《占有还是生存》，三联书店出版社 1989 年版。

17. 【美】弗罗姆著：《健全的社会》，孙恺祥译，贵州人民出版社 1994 年版；欧阳谦译，中国文联出版公司 1988 年版。

18. 【美】弗罗姆著，张燕译：《在幻想锁链的彼岸——我所理解的马克思和弗洛伊德》，湖南人民出版社 1986 年版。

19. 【美】弗罗姆著，郭乙瑶、宋小萍译：《被遗忘的语言》，国际文化出版公司 2001 年版。

20. 【美】弗罗姆著，王大鹏译：《生命之爱》，国际文化出版公司 2001 年版。

21. 【美】弗罗姆著，刘海林译：《逃避自由》，国际文化出版公司 2002 年版。

22. 【美】弗罗姆著，毛泽应等译：《人的呼唤——弗罗姆人道主义文集》，三联书店出版社 1991 年版。

23. 【美】弗罗姆著，孟禅森译：《人类的破坏性剖析》，中央民族大学出版社 2000 年版。

24. 【美】弗罗姆著，孙月才、张燕译：《人心》，商务印书馆 1989 年版。

25. 【美】弗罗姆著，康革尔译：《爱的艺术》，华夏出版社 1987 年版。

26. 【美】弗罗姆著，薛冬译：《恶的本性》，中国妇女出版社 1989 年版。

27. 【美】弗罗姆著，陈世夫、张世广译：《马克思论人》，陕西人民出版社 1991 年版。

28. 《弗罗姆文集》，改革出版社 1997 年版。

29. 【美】弗罗姆著，申荷永译：《弗洛伊德思想的贡献与局限》，湖南人民出版社 1986 年版。

30. 【美】弗罗姆著，许俊达、许俊农译：《精神分析的危机》，国际文化出版公司 1988 年版。

31. 《法兰克福学派论著选辑》，商务印书馆 1998 年版。

32. 姜丕之、汝信主编：《康德黑格尔研究（第二辑）》，上海人民出版社 1986 年版。

33. 杨祖陶、邓晓芒：《康德〈纯粹理性批判〉指要》，人民出版社 2001 年版。

34. 李泽厚：《批判哲学的批判：康德述评》，人民出版社 1984 年版。

35. 张世英等著：《康德的〈纯粹理性批判〉》，北京大学出版社 1987 年版。

36. 张能为：《康德与现代哲学》，安徽大学出版社 2001 年版。

37. 郑涌：《批判哲学与解释哲学》，中国社会科学出版社 1993

年版。

38. 俞吾金：《论黑格尔理性观的发展，康德黑格尔研究》，上海人民出版社 1986 年版。

39. 朱亮、张继武等编译：《国外学者论黑格尔哲学》，南京大学出版社 1986 年版。

40. 中国社会科学院哲学研究所西方哲学史研究室编：《国外黑格尔哲学新论》，中国社会科学出版社 1982 年版。

41. 许征帆、李鹏程等编著：《马克思主义学说史（第 1、2 卷）》，吉林人民出版社 1987 年版。

42. 洪远朋：《〈资本论〉教程简编》，复旦大学出版社 2002 年版。

43. 廖丹清：《〈资本论〉讲义》，山西经济出版社 2003 年版。

44. 顾海良、张雷声：《马克思劳动价值论的历史与现实》，人民出版社 2002 年版。

45. 高新军：《揭开历史发展之谜——〈资本论〉历史唯物主义思想研究》，中央编译出版社 2002 年版。

46. 刘永佶、王郁芬：《剩余价值发现史》，北京大学出版社 1992 年版。

47. 马建行、郭继严：《〈资本论〉创作史》，山东人民出版社 1983 年版。

48. 程恩富、樊建新、周肇光主编：《劳动·价值·分配》，安徽大学出版社 2003 年版。

49. 汤在新：《马克思经济学手稿研究》，武汉大学出版社 1993 年版。

50. 冯景源：《马克思异化理论研究》，中国人民大学出版社 1987 年版。

51. 吕世荣：《马克思社会发展理论研究》，中国社会科学出版社 2001 年版。

52. 江天骥主编：《法兰克福学派——批判的社会理论》，上海人民出版社 1981 年版。

53. 徐崇温：《西方马克思主义》，人民出版社 1982 年版。

54. 陈振明、陈炳辉等著：《“西方马克思主义”的社会政治理论》，中国人民大学出版社 1997 年版。

55. 李青宜：《“西方马克思主义”的当代资本主义理论》，重庆出版社 1990 年版。

56. 欧力同、张伟：《法兰克福学派研究》，重庆出版社 1990 年版。

57. 欧力同：《哈贝马斯的“批判理论”》，重庆出版社 1997 年版。

58. 荣剑：《社会批判的理论与方法》，中国社会科学出版社 1998 年版。

59. 张伟：《弗罗姆思想研究》，重庆出版社 1996 年版。

60. 万俊人：《佛洛姆》，香港中华书局 2000 年版。

61. 郭永玉：《孤立无援的现代人》，湖北教育出版社 1999 年版。

62. 衣俊卿、丁立群等：《20 世纪新马克思主义》，中央编译出版社 2001 年版。

63. 衣俊卿等著：《20 世纪的文化批判：西方马克思主义的深层解读》，中央编译出版社 2003 年版。

64. 俞吾金、陈学明：《国外马克思主义哲学流派新编·西方马克思主义卷》，复旦大学出版社 2002 年版。

65. 俞吾金：《从康德到马克思——千年之交的哲学沉思》，广西师范大学出版社 2004 年版。

66. 俞吾金：《意识形态论》，上海人民出版社 1993 年版。

67. 刘放桐等著：《马克思主义与西方哲学的现代走向》，人民出版社 2002 年版。

68. 杨耕：《为马克思辩护》，北京师范大学出版社 2004 年版。

69. 孙伯鍨：《卢卡奇与马克思》，南京大学出版社 1999 年版。

70. 孙伯鍨、张一兵主编：《走进马克思》，江苏人民出版社 2001 年版。

71. 张一兵：《回到马克思——经济学语境中的哲学话语》，江苏人民出版社 1999 年版。

72. 中国人民大学编：《马克思恩格斯论人性、人道主义和异化》，人民出版社 1984 年版。

73.《人性、人道主义问题讨论集》，人民出版社 1983 年版。

74.《关于马克思主义人道主义问题的论争（译文集）》，三联书店出版社 1981 年版。

75. 刑贲思：《欧洲哲学史上的人道主义》，上海人民出版社 1979 年版。

76. 刑贲思主编：《马克思哲学思想研究》，人民出版社 1983 年版。

77.《关于人的学说的哲学探讨（论文集）》，人民出版社 1982 年版。

78. 韩庆祥：《马克思人学思想研究》，河南人民出版社 1996 年版。

79. 袁贵仁主编：《人的哲学》，工人出版社 1988 年版。

80. 袁贵仁主编：《对人的哲学理解》，河南人民出版社 1994 年版。

81. 赵敦华：《人性和伦理的跨文化研究》，黑龙江人民出版社

2003 年版。

82. 李青宜：《阿尔都塞与"结构主义马克思主义"》，辽宁人民出版社 1986 年版。

83. 姚大志：《现代意识形态理论》，黑龙江人民出版社 1993年版。

84. 黄颂杰等：《萨特其人及其"人学"》，复旦大学出版社 1986年版。

85. 车文博：《人本主义心理学》，浙江教育出版社 2003 年版。

86. 车文博主编：《弗洛伊德主义原著选辑》，辽宁人民出版社 1989 年版。

87. 车文博主编：《弗洛伊德文集（第 2 卷）》，长春出版社 1998年版。

88. 【德】康德著，韦卓民译：《纯粹理性批判》，华中师范大学出版社 1991 年版。

89. 【德】康德著，韦卓民译：《判断力批判》（下卷），商务印书馆 1985 年版。

90. 【德】黑格尔：《小逻辑》，商务印书馆 1980 年版。

91. 【德】黑格尔：《法哲学原理》，商务印书馆 1961 年版。

92. 【德】黑格尔：《精神现象学》，商务印书馆 1979 年版。

93. 【匈】卢卡奇：《历史与阶级意识》，重庆出版社 1989 年版。

94. 【德】霍克海默：《批判理论》，重庆出版社 1989 年版。

95. 【德】霍克海默：《霍克海默集》，上海远东出版社 1997年版。

96. 【美】马尔库塞：《爱欲与文明》，译文出版社 1987 年版。

97. 【美】马尔库塞：《理性与革命》，重庆出版社 1993 年版。

98. 【奥地利】弗洛伊德：《精神分析引论新讲》，安徽文艺出版社 1987 年版。

99. 【奥地利】弗洛伊德:《精神分析学引论·新论》,百花洲文艺出版社 1996 年版。

100. 【奥地利】弗洛伊德:《精神分析引论新编》,商务印书馆 1987 年版。

101. 【奥地利】弗洛伊德:《日常生活的心理分析》,浙江文艺出版社 1986 年版。

102. 《弗洛伊德后期著作选》,译文出版社 1986 年版。

103. 【美】马斯洛:《人性能达的境界》,云南人民出版社 1987 年版。

104. 【美】马斯洛:《动机与人格》,华夏出版社 1987 年版。

105. 【美】马斯洛等:《人的潜能与价值》,华夏出版社 1987 年版。

106. 【奥】阿尔弗雷德·阿德勒:《理解人性》,国际文化出版公司 2000 年版。

107. 【法】萨特:《存在主义是一种人道主义》,译文出版社 1988 年版。

108. 【美】马丁·杰伊著,单世联译:《法兰克福学派史》,广东人民出版社 1996 年版。

109. 【英】佩里·安德森:《西方马克思探讨》,人民出版社 1981 年版。

110. 【美】麦金泰尔:《马尔库塞》,中国社会科学出版社 1989 年版。

111. 【美】西奥多·W·阿道诺等著:《权力主义人格》,浙江教育出版社 2002 年版。

112. 【英】F. C. S. 席勒:《人本主义研究》,人民出版社 1966

年版。

113.【美】夏洛特·布勒等著，陈宝铠译：《人本主义心理学导论》，华夏出版社1990年版。

114.【美】大卫·戈伊科奇等编，杜丽燕等译：《人道主义问题》，东方出版社1997年版。

115.【英】凯蒂索珀著，廖申白、扬清荣译：《人道主义与反人道主义》，华夏出版社1999年版。

116.【英】安东尼·吉登斯著，田禾译：《现代性的后果》，译林出版社2000年版。

117.【美】查普林、克拉威克：《心理学的体系和理论（上下册）》，商务印书馆1984年版。

118.【美】杜·舒尔茨著，杨立能等译：《现代心理学史》，人民教育出版社1981年版。

119.【苏】巴赫金、沃洛希诺夫：《弗洛伊德主义批判》，中国文联出版公司，1987年版。

120.【英】奥兹本：《弗洛伊德和马克思》，三联书店出版社1986年版。

121.【美】加德纳·墨·菲、约瑟夫·柯瓦奇：《近代心理学历史导引》，商务印书馆1982年版。

122.【英】A. T. 卡利尼科斯著，罗汉等译：《反资本主义宣言》，上海译文出版社2005年版。

123. 参见胡大平：《后革命氛围与全球资本主义》，南京大学出版社2002年版。

124.【比利时】曼德尔著，廉佩直译：《论马克思主义经济学》，商务印书馆1979年版。

125. 奚兆永：《马克思的危机观和当代危机问题》，乌有之乡网站，http：//www. wyzxsx. com/Article/Class20/200811/59292. html.

二、外文文献

126. Benhabib, Seyla (1986). Critique, Norm, and Utopia: A Study of the Foundations of Critical Theory. New York: Columbia University Press

127. Bonner, Stephen Eric (2002). Of Critical Theory and Its Theorists. New York: Routledge

128. Bannet, Eve Tavor (1993). Postcultural Theory: Critical Theory after the Marxist Paradigm. Basingstoke, Hampshire : Macmillan

129. Cannon, Bob (2001). Rethinking the Normative Content of Critical Theory: Marx, Habermas, and Beyond. New York: Palgrave

130. Cohen, Jean L. (1982). Class and Civil Society: The Limits of Marxian Critical Theory. Amherst: University of Massachusetts Press

131. Feenberg, Andrew (2002). Transforming Technology: A Critical Theory Revisited. New York: Oxford University Press

132. Feenberg, Andrew (1981). Lukács, Marx, and the Sources of Critical Theory. Oxford: Martin Robertson

133. Fromm, Erich (1991). The Crisis of Psychoanalysis: Essays on Freud, Marx, and Social Psychology. New York: Henry Holt and Company, Inc.

134. Held, David (1980). Introduction to Critical Theory: Horkheimer to Habermas. London: Hutchinson

135. Jay Bernstein (1994). The Frankfurt School. London: Routledge

136. Landry, Lorraine Y. (2000). Marx and the Postmodernism

Debates: An Agenda for Critical Theory. Westport, CT: Praeger

137. Postone, Moishe (1993). Time, Labor, and Social Domination: A Reinterpretation of Marx's Critical Theory. New York: Cambridge University Press

138. Schroyer, Trent (1973). The Critique of Domination: the Origins and Development of Critical Theory. New York: G. Braziller

139. Wolman, B. B. (1981). Contemporary Thories and Systems in Psychology. New York: Plenum Press

后 记

有人说，女人学哲学是对女人与哲学的双重伤害。初听这话时刚进大学哲学系，那时年少轻狂，踌躇满志，在思想与智慧的天地里尽情遨游，所以很不以为然。虽然当时并没有立志终身以学哲学为业，感觉至少可以将这双重否定变成一个否定：哲学对女人的影响总是积极的吧？转眼二十多年过去，看着自己力不从心的作品和斑白的鬓角，不禁心中黯然。

学哲学的这二十多年，最大的收获是将自己变成立场和方法论上的坚定的马克思主义者。作为马克思主义理论的专业教师，每有学生问我："老师，你信马克思吗？"而这就是我的回答。讲马克思，就一定会讲到他的精髓——批判精神，批判不仅需要理论和方法，更需要勇气和智慧，在当今社会尤为如此。当今中国现实的种种表征，正是马克思思想研究的问题域，由此，马克思的视角就显得更为珍贵。

此书是在我博士论文的基础上修改而成的，在此要特别感谢当初为它付出心血的师长和朋友。首先最该感谢的是恩师章海山教授。

和章老师的缘分是在二十多年前，那时本科的学年论文就有幸得到
了章老师指导，章老师儒雅、谦和、宽厚，我也有幸又一次成为章
老师的学生。章老师不仅著述丰厚、在伦理学领域颇具声望，为了
弟子们的学业成长也费尽心血。记得一次清华大学的万俊人教授来
中大讲学，章老师安排所有的弟子与万教授会谈，请他点评论文的
选题并解答我们写作过程中出现的问题，在学期间，像这样的交流
机会还有多次。章老师自身学养深厚，但他总期望他的学生从各方
面受到教益，这种豁达开明的精神至今令人难忘，也使我的论文得
以在宽松的学术气氛下自由进展。论文第一稿拿给老师看后，章老
师提出了详细的修改意见，一条条仔细地列在文后。如今博士毕业
已经五年，章老师也已退休赋闲在家，但依然关注着我的一点一滴
的进步，令我感念至深。

还要特别感谢的是徐长福教授。论文的写作过程中曾多次向徐
老师请教，当初论文的构架就得自于这样的探讨。徐老师有很深的
西学功底，同时又异常勤奋，无论是从他的文章或他的谈吐当中显
露出的才气都令人惊叹、敬仰。每当写作出现问题，被一些问题
"卡"住而不能继续时，徐老师的点拨总是能打开另一片天地，令写
作的思路峰回路转。中国人民大学的陈先达教授、复旦大学的俞吾
金教授、南京大学的张一兵教授对素昧平生的学子不吝赐教，他们
严谨的学风、谦虚的为人对后学者是最好的不言之教，而所有这些
学者在本领域的开拓性研究都使我获益匪浅。在论文答辩的过程中，
刘森林教授、王晓升教授、旷三平教授还有我的硕士导师李尚德教
授都曾给予很多有价值的意见，我的同事夏银平博士、林滨博士和
大学同窗韩安贵博士提供了弗洛姆的相关资料，到今天依然时时想
起写作过程中与夏博士一次次的纯学术的精神交流所给予我的巨大
激励，在此一并致谢。

最后还要感谢将拙文纳入课题并资助出版的钟明华教授和叶启
绩教授，他们亦师亦友，在工作和学术上都给了我全力的支持和帮
助。当然还要感谢人民出版社林敏编辑的辛勤付出，感谢我所有的

亲人、朋友，你们的支持是我前行的最大动力。

　　受本人能力局限，本书的疏漏和错误一定不少，期待得到同行和有缘看到此书的所有朋友的指教。

薛　蓉

2010 年 4 月 18 日于中山大学康乐园

责任编辑:林　敏
封面设计:林静文化
版式设计:文渊阁图文工作室

图书在版编目(CIP)数据

弗罗姆与马克思的批判理论/薛蓉 著. -北京:人民出版社,2010.12
(马克思主义与当代社会发展研究丛书/叶启绩,钟明华主编)
ISBN 978-7-01-009544-8

Ⅰ.①弗…　Ⅱ.①薛…　Ⅲ.①弗罗姆,E.(1900~1980)-辩证批判理论
②马克思,K.(1818~1883)-辩证批判理论　Ⅳ.①B712.59 ②A811.63

中国版本图书馆 CIP 数据核字(2010)第 247377 号

弗罗姆与马克思的批判理论
FULUOMU YU MAKESI DE PIPAN LILUN

薛蓉　著

人民出版社 出版发行
(100706　北京朝阳门内大街166号)

北京龙之冉印务有限公司印刷　新华书店经销

2010年12月第1版　2010年12月北京第1次印刷
开本:710毫米×1000毫米 1/16　印张:18.5
字数:250千字

ISBN 978-7-01-009544-8　定价:39.00元

邮购地址 100706　北京朝阳门内大街166号
人民东方图书销售中心　电话 (010)65250042　65289539